山东大学文学院史料丛编

第二辑

杜泽逊 主编

张洪刚 李振聚 编

山东大学出版社
SHANDONG UNIVERSITY PRESS

图书在版编目(CIP)数据

山东大学文学院史料丛编.第二辑/张洪刚,李振聚编.
—济南:山东大学出版社,2021.11
ISBN 978-7-5607-6968-4

Ⅰ.①山… Ⅱ.①张…②李… Ⅲ.①山东大学文学院—校史
—资料—汇编 Ⅳ.①G649.285.21

中国版本图书馆 CIP 数据核字(2021)第 199941 号

责任编辑 李孝德
文案编辑 谭婧婺
封面设计 泽坤广告

出版发行 山东大学出版社
社　　址 山东省济南市山大南路 20 号
邮政编码 250100
发行热线 (0531)88363008
经　　销 新华书店
印　　刷 济南乾丰云印刷科技有限公司
规　　格 787 毫米×1092 毫米 1/16
　　　　 35.75 印张 4 插页 570 千字
版　　次 2021 年 11 月第 1 版
印　　次 2021 年 11 月第 1 次印刷
定　　价 180.00 元

高亨先生

青岛山东大学
高亨先生
北京毛寄

1964年3月毛泽东主席写给高亨信的信封

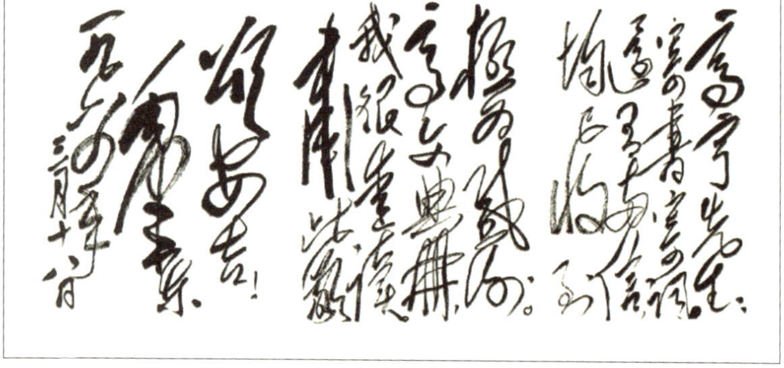

高亨先生：
寄书寄词，
均已收到，
极为感谢。
高文典册，
我很爱读。
肃此。敬颂
安吉！
毛泽东
一九六四年三月十八日

毛主席写给高亨的信

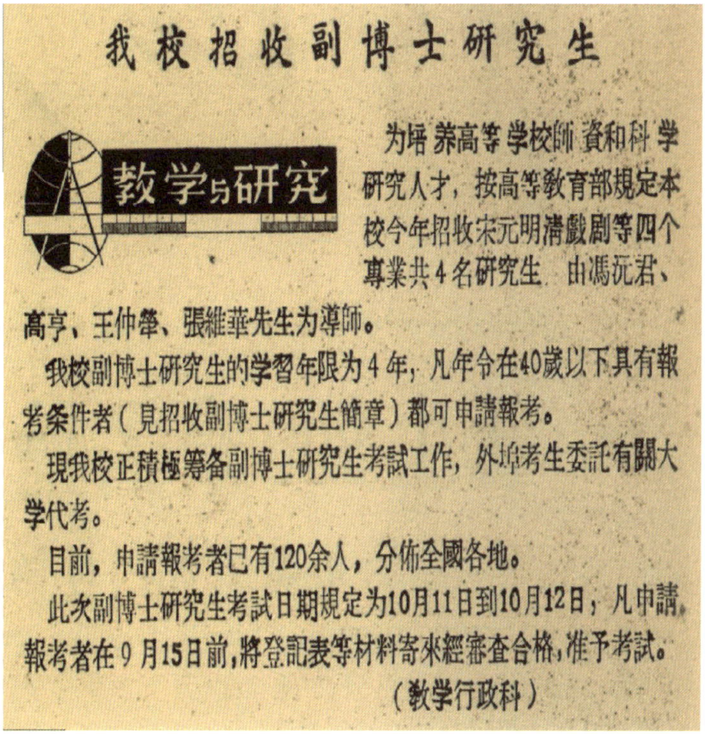

我校招收副博士研究生

教学与研究

为培养高等学校師資和科学研究人才，按高等教育部規定本校今年招收宋元明清戲劇等四个專業共4名研究生，由馮沅君、高亨、王仲犖、張維華先生为導師。

我校副博士研究生的学習年限为4年，凡年令在40歲以下具有報考条件者（見招收副博士研究生簡章）都可申請報考。

現我校正積極籌备副博士研究生考試工作，外埠考生委託有關大学代考。

目前，申請報考者已有120余人，分佈全國各地。

此次副博士研究生考試日期規定为10月11日到10月12日，凡申請報考者在9月15日前，將登記表等材料寄來經審查合格，准予考試。

（教学行政科）

《我校招收副博士研究生》（刊于《山东大学报》1956年9月1日）

高亨先生指导研究生

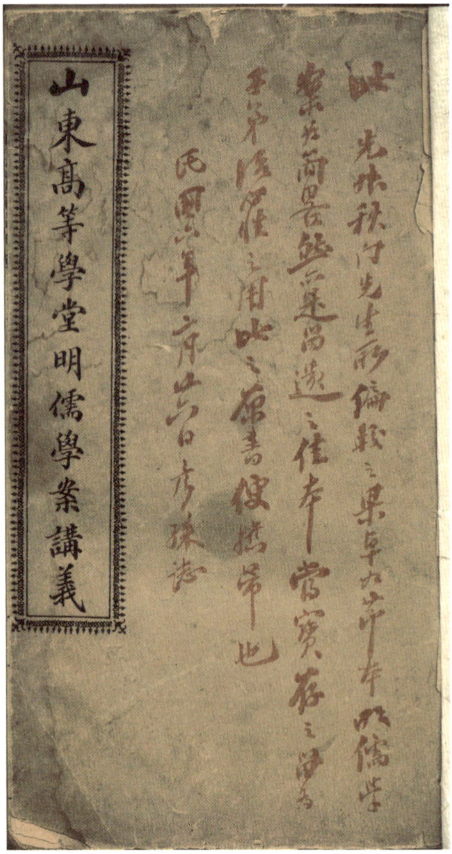

山東高等學堂明儒學案講義

《山东高等学堂明儒学案讲义》封面

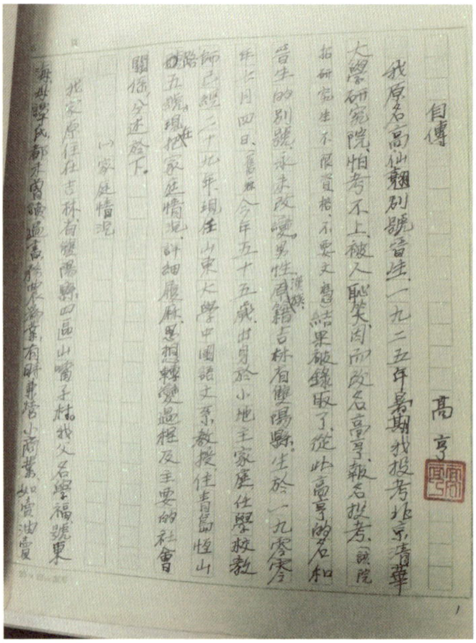

自傳　高亨

我原名高仙翻，別號晉生，一九二五年暑期我投考北京清華大學研究院，怕考不上，被人恥笑，因而改名高亨，報名投考。（該院招研究生不限資格，不要文憑）結果被錄取了，從此高亨的名和晉生的別號，永未改變。男性，漢族，原籍吉林省雙陽縣，生於一九零零年七月四日（舊曆），今年五十五歲，出身於小地主家庭，任學校教師已經二十九年，現任山東大學中國語文系教授，住青島恒山路五號。現把家庭情況，詳細履歷，思想轉變過程及主要的社會關係分述於下。

一、家庭情況

我家原住在吉林省雙陽縣四區山嘴子村，我父名學福，號東海，母[illegible]氏，都不曾讀過書，務農為業，有時兼營小商業，如賣油賣

《高亨自传》首页（1955 年 8 月 29 日）

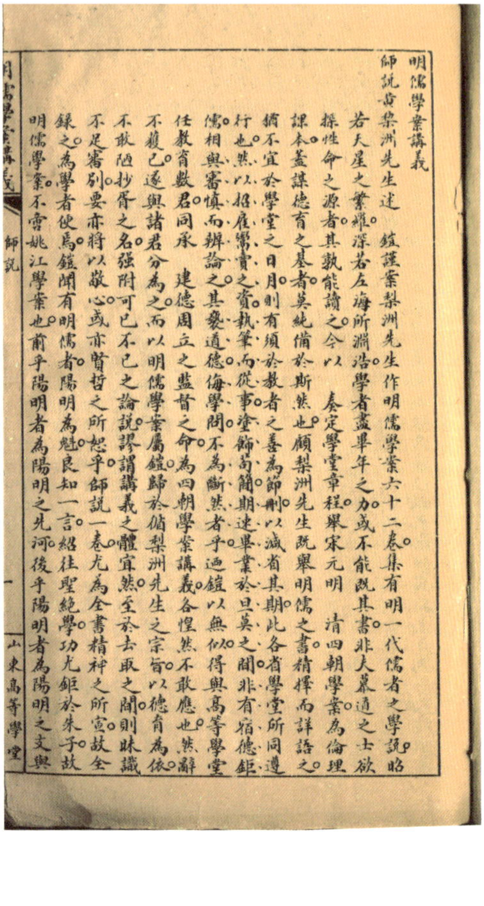

明儒學案講義

師說黄梨洲先生述

若天星之繁雜深若左海所淵浩學者盡畢年之力或不能既其書非夫慕道之士欲探性命之源者其孰能讀之今以　奏定學堂章程舉宋元明　清四朝學案爲倫理課本蓋謀德育之基者莫純備於斯焉也顧梨洲先生既舉明儒之書精擇而詳語之猶不宜於學堂之日月則有須於教者之善爲節删以減省其期此各省學堂所同遵行也然以拘庭鄙陋之資執筆而從事塗飾苟簡期速畢業於旦莫之間非有碩德鉅儒相與審慎而辨論之其不爲斷然者乎迺鍹以無似得與高等學堂任教育數君同承　建德周立之監督之命爲四朝學案講義各惶然不敢應也然辭不獲已遂與諸君分爲之而以明儒學案屬鍹歸於循梨洲先生之宗旨以德育爲依不敢陋抄胥之名强附可已不已之論說謬謂講義之體宜然至於去取之間則昧識不足審别要亦將以敬心或亦賢哲之所恕乎師說一卷尤爲全書精神之所寓故全録之爲學者使爲鍹聞有明儒者陽明爲魁良知一言紹往聖絶學功尤鉅於朱子故明儒學案不啻姚江學案也前乎陽明者爲陽明之先河後乎陽明者爲陽明之文與

《山东高等学堂经学讲义》内页

《山东大学文学院史料丛编》序

杜泽逊

2019年12月27日，在山东大学知新楼A座706会议室召开了第一次文学院院史资料项目组会议。这次会议是由我提出，经院党政联席会议批准召开的。

参加会议的有杜泽逊、沈文、王萌、张洪刚、李振聚，以及研究生刘璐、仇子兴、高雅。会议决定搜集编辑《山东大学文学院史料丛编》，适当时机正式出版。搜集编辑工作由杜泽逊牵头，主要由张洪刚、李振聚负责。2020年暑假，经文学院与学校档案馆协商，7月28日至8月21日由张洪刚、李振聚带队，研究生程宗洋、侯洪震、刘汉君、仇子兴、刘泊宁、赵秒秒、宋少雄、赵航、高雅、初敏、杨阳、庄欣欣等参加，组成文学院院史档案整理小组，在档案馆工作23天，查阅遴选有关文学院的档案、文献、照片等资料，拍照十余万幅。这项工作得到档案馆耿德良副馆长及工作人员李凤莲、范凯红同志的大力支持协助。其后，经杜泽逊、张洪刚、李振聚研究，决定编为《山东大学文学院史料丛编》共四辑，交山东大学出版社出版。经过张洪刚、李振聚同志的辛勤工作，并增加了他们搜集的档案馆之外的珍贵资料，形成了四辑书稿。在即将出版之际，张洪刚、李振聚要我写篇序言，我也认为应当对读者有个交代。

编辑山大文学院史料，其实是受温儒敏先生的启发。温先生曾担任北大中文系主任，主持编写了《北京大学中文系百年图史》，2010年由北京大学出版社正式出版。温先生在北大退休后，2011年9月受聘为山东大学一级教授，来山大文学院从事教学科研工作，为山东大学中文学科建设及人才培养工作做出了重大贡献。2018年4月，我被学校任命为山大文学院院长，6

月1日接到温先生给泽逊和文学院党委书记张帅同志的电子信函，表示“希望在方便的时候，就教学和科研问题，向你们提一些建议，也算是一位山大老教师的心愿吧”。温先生随函寄来2018年3月26日樊丽明校长看望他以后，写给樊校长的《汇报与建言》。我和张书记认真拜读来信，尤其是《建言》，发现《建言》对山大文科本科教学、研究生培养、学术生长点、师资建设、校园文化等逐项提出具体建设，其中涉及海内外高校现状和成功做法，对山大情况相当了解，意见具有针对性、可行性。尤其是指出“青年教师压力很大，主要是缺少自由，几乎都被各种指标和项目所捆绑，处于一种‘项目化生存’状态”，切中时弊。对本科教学，先生认为“就文科而言，主要是让学生多读书，活跃思维，开拓眼界”，“最好还要多一些‘小班讲习’的课”。其后与温先生保持了良好的交流，多次受到温先生的表扬、勉励。山大文学院党政联席会议经过周密讨论和规划，开设了28门原典导读课；建立了读书会制度，每学期资助读书会十多个；改造了图书阅览室；设立了学生科研项目资助制度；建立了学生学年论文报告会制度；设立了文学院教师科研项目资助制度；学术成果出版设立了《山东大学中文专刊》资助专项；编辑出版“山大中文名家文集”18家（已基本完成并开始陆续出版）；升级已有的“新杏坛”学术前沿讲座，纳入研究生培养计划；创办刊物《山东大学中文论丛》《文学天地》《中国小说论坛》，均正式按一年四期出版，发表师生学术成果和创作作品，内部刊物《山东大学中文学科动态》、微信公众号“山大中文之声”也发挥了传播山大中文师生学术信息、活跃学术空气的作用。经温先生推荐，著名学者龚鹏程先生于2019年受聘为山东大学全职讲席教授。龚先生来山大文学院以后，多次举办青年学术会议，举办学术讲座，还把自己的藏书辟为“龚鹏程文库”，向师生开放阅览，在提升学术品质、活跃学术气氛、带动青年学者方面，发挥了重要作用。2018年11月，温先生寄赠《北京大学中文系百年图史》，并建议泽逊主编《山东大学文学院院史》。泽逊深表赞成，但因工作头绪太多，只能徐徐图之。

为什么要搜集山大文学院的史料？因为历史是一面镜子，国家需要继承弘扬优秀传统文化，学校也同样需要继承弘扬优秀传统文化。就古典文学学科来说，建国以来，北大老一辈名家有游国恩、王瑶、吴小如、季镇淮等名家，山大有陆侃如、冯沅君、高亨、萧涤非等名家。1957年国家高教部审定、高等教育出版社出版发行的《中国文学史教学大纲》，就是高教部委托北京大学游国恩、王瑶、复旦大学刘大杰、山东大学冯沅君、武汉大学刘绶松（现代部分）撰写的。1963年出版的全国高等院校中文系统编教材《中国文学史》，主编为北京大学游国恩、中山大学王起、山东大学萧涤非、北京大学季镇淮、费振刚。同一时期山东大学中国古代史学科也名家辈出，杨向奎、丁山、童书业、郑鹤声、黄云眉、王仲荦、赵俪生、张维华、卢振华等，成就斐然，所以形成了山东大学"文史见长"的声誉。改革开放之初，山东大学中文学科阵容依然强劲，董治安先生的先秦两汉文学，牟世金、张可礼、龚克昌先生的魏晋南北朝文学，刘乃昌、张忠纲先生的唐宋文学，袁世硕先生的元明清文学，郭延礼先生的近代文学，周来祥、曾繁仁先生的美学，殷孟伦、殷焕先、蒋维崧、葛本仪、钱曾怡先生的语言文字学，可以说群星璀璨，称一时之盛。

为了迎接山东大学百廿校庆，经过长时期筹备，山东大学文学院在知新楼A座四楼至九楼走廊举办了学院的院史展览，包括院史专题、冯陆高萧黄专题、文艺美学专题、语言学与语言实验中心专题、杰出校友专题、"新杏坛"前沿讲座专题，还编辑出版了《2019年山东大学文学院同人录》一册，这些专题已汇集为《山东大学文学院历史图鉴》，即将出版。张洪刚、李振聚等同志的院史资料征集整理工作，事实上为院史展览提供了大量原始图片和说明，做出了贡献。现在这部《史料丛编》要正式出版了，我感到很大的欣慰，相信通过对老一辈教学科研业绩的瞻仰，必然会激发新一辈工作的热情，启发新一辈工作的灵感，从而创造出更大的符合时代需求而又引领未来学术发展的新成绩。

2021年10月23日

编辑说明

《山东大学文学院史料丛编》第二辑收录的材料主要有高亨《自传》五种、蒋天枢撰《关于高亨》、高亨《科学技术干部简历表》(1965 年)等资料。这些材料辑录自高亨档案之中,多数为《高亨著作集林》所未收,是高亨研究的重要的原始资料。本辑收录讲义两种,一是山东大学堂时期讲义,如《山东高等学堂明儒学案讲义》,南通范铠所撰,清光绪三十三年山东大学堂石印本。这本讲义是山东大学堂的重要史料,也是山东大学堂课程设置和教学研究的重要见证。二是《说文部首解释》讲义,齐鲁大学周幹庭撰,为民国间齐鲁大学石印本。周氏以小学名家,执教齐鲁大学有年,读此可见当日风流。这两种讲义流传稀少,此次为第一次影印行世,相信能够为学术界带来新的资粮。本辑同时辑录民国二十年至民国三十七年之间两种概览性质的资料,将其中与文学院相关史料,辑录出来,影印行世。

目　录

高亨自传五种

高亨自传四种

自传(一)

西南师范学院　高亨

我是吉林省双阳县人。祖先差不多都是以农为业。我父名学福，母谭氏，家境本来很贫，房无一间，田无一垅，做旁人的佃户，兼营小本商业(如卖油、卖酒、卖面等等)。因为勤俭刻苦，所以到我七八岁的时期，我父已买了少许田产，做自耕农，后来买田稍多，便出租一部分，到我二十三四岁的时期，我父已六十五六岁，不能耕作。乡间土匪很多，我家人少，没有自卫的能力，才把家搬到长春去住。我回省服务后，又搬到吉林(省城)，就把田租给旁人耕种。我的父母都未曾读过书，引为一生最大憾事。因而自己甘愿受艰难辛苦，来供给儿子读书。我现在得有小小的成就，全是出于父母的恩赐。

我今年已满五十一岁。这五十一年，可分四个时期。由一岁至九岁，是儿童时期。由十岁至十七岁，是受私塾教育时期。由十八岁至二十六岁上半年，是受学校教育时期。由二十六岁下半年至现在，是服务时期。现在造一个简要年表列在下面。

1927	1026		1925	1924	1923	1918-1922	1910-1917	1900-1909	公历
27	26		25	24	23	18-22	11-17	1-9	年龄
吉林	吉林	北京	北京	北京	北京	吉林	吉林双阳	吉林双阳	读书或服务的地点

续表

公历	年龄	读书或服务的学校	学习的科系或担任的职务	读书或服务的起讫	大事简记
1928	28				一九〇〇年是清光绪二十六年，夏历岁次庚子，我在七月四日生于吉林省双阳县山觜子村。
1929	29	私塾		共八年	
1930	30	吉林省立第一师范学校		共五年	
1931	31	宏达学院	补习课程	上半年	
		师范大学	国文系肄业	八月起	
1932	32	师范大学	国文系肄业	七月止	
		北京大学	国文系肄业	八月起	
1933	33	北京大学	国文系肄业	七月止	
		清华大学	研究院国学门	八月起	从梁启超王国维两先生治学
1934	34	清华大学	研究院国学门	七月止	毕业
		法政专门学校	国文教授	八月起	兼省立女子师范学校国文教员及省立第一师范学校初中教员养成班讲师
1935	35	法政专门学校	国文教授	七月止	
		省立第一师范学校	国文教员	八月起	

续表

开封	开封	开封	北京	北京	北京 沈阳	沈阳	沈阳	吉林	吉林	读书或服务的地点
河南大学	河南大学	河南大学	东北大学	东北大学	东北大学	东北大学	东北大学	省立第一师范学校	省立第一师范学校	读书或服务的学校
国文系教授	国文系教授	国文系教授	国文专修科主任	国文专修科主任	国文专修科主任	国文专修科主任	国文专修科主任	国文教员	国文教员	学习的科系或担任的职务
		八月起	七月止				二月起	元月止		读书或服务的起讫
拙著《庄子今笺》出版，系开封岐文斋刻本		拙著《韩非子补笺》在武汉大学《文哲季刊》发表			九月十八日夜日里寇进犯沈阳，二十四日东北大学迁往北京	拙著《老子正诂》在本年出版，系东北大学工厂排印				大事简记

1942	1941	1940		1939	1938		1937		1936	公历
42	41	40		39	38		37		36	年龄
四川三台	四川三台	四川三台	四川乐山	四川乐山	四川乐山	鸡公山	鸡公山	开封	开封	读书或服务的地点

续表

读书或服务的学校	河南大学	河南大学	河南大学	武汉大学	武汉大学	武汉大学	东北大学	东北大学	东北大学
学习的科系或担任的职务	国文系教授	国文系教授	国文系教授	国文系教授	国文系教授	国文系教授	国文系教授	国文系教授	国文系教授
读书或服务的起讫			七月止	八月起		七月止	八月起		
大事简记		七月七日日寇进犯卢沟桥，冬季河南大学迁鸡公山	七月河南大学迁镇平，我辞职，由汉口乘轮船入川			拙著《老子正诂》重加修订，邮交上海开明书店出版		拙著《周易通说及今注》邮交上海开明书店出版。恰值该店被日寇封闭，直到胜利后才印出问世	

公历	1943													
年龄	43		44		45		46		47	48		49		50
读书或服务的地点	四川三台	成都	成都	陕西城周	陕西城周	三台	三台	沈阳	沈阳	沈阳	三台	三台	北碚	北碚	磁器口
读书或服务的学校	东北大学	齐鲁大学	齐鲁大学	西北大学	西北大学	东北大学	东北大学		东北大学	东北大学	川北农工学院	川北农工学院	相辉学院	相辉学院	西南师范大学

续表

公历	学习的科系或担任的职务	读书或服务的起讫	大事简记
1951	国文系教授	七月止	
	国文系主任	八月起	
	国文系主任	七月止	
	国文系主任	八月起	拙著《周易古经通说》由贵阳文通书局出版
	国文系主任	七月止	九月二日日本投降
	国文系教授	八月起	
	国文系教授		暑假中东北大学迁回沈阳我也随校还乡,除在东北大学任教外,并兼职"东北中正大学"国文主任、沈阳博物院筹备委员
	国文系教授兼文学院长		
	国文系教授兼文学院长	七月止	三月间我当选为伪法统国民大会代表,四月初到南京开会,四月廿七日乘机飞到成都转三台,因为我的妻子住在三台
	国文教授	八月起	
	国文教授	元月止	十月一日中华人民共和国中央人民政府成立,十一月二十九日北碚解放
	文史系教授	二月起	
	文史系教授	七月止	相辉学院文史系从八月起停办,西南文教部派我到西南师范学院工作
	研究室研究	十一月起	

续表

								51	年龄
								磁器口	读书或服务的地点
								西南师范大学	读书或服务的学校
								研究室研究	学习的科系或担任的职务
									读书或服务的起讫
								我的眷属原住北碚，四月六日迁到磁器口	大事简记

我从入私塾开始，在中国古书堆里打转转已四十年，在清华研究院毕业后，做教书匠已二十五年，没有参加过任何政治党派，没有参加过任何政治团体，没有担任过任何政治职务，没有从事过任何政治活动，没有受过任何政治训练，没有写过任何政治文章，没有做过任何政治讲演，而竟当选了伪法统的国民大会代表，这真是我梦想不到的事，也是我清操上一个泥点，现在把这件事的前后经过略述一下。

国民党反动政府在一九四八年四月招开所谓“国民大会”，以建立伪法统。当时国民党、青年党、民社党争大会代表名额，国民党各派也争大会代表名额。在各反动党派协商之下，默默规定，各反动党派的候选人都由伪政府指定。伪政府指定之第一候选人，无论得票多寡，必须当选。如第二第三候选人得票超过第一候选人，按理应算其人当选。然而其人必须把代表一席让给第一候选人。就是此党让给彼党，此派让给彼派，以求分额之合于比例而已。如果其人不让，伪政府也不发给当选证书，不准出席大会。竟有人为了争此伪席，绝食抬棺，演出种种丑剧。至于无党无派的人士，伪政府称作“社会贤达”。“社会贤达”可以自由竞选，由选举人五百名以上之签署做候选人，而非由伪政府指定。得票最多，就算当选，没有让席的纠纷。我就是以“社会贤达”身份而当选的。

我当选为吉林省双阳县区域代表。当东北各地竞选闹得火热之时，我在东北大学教书，住在沈阳。根本未做竞选打算，也未回到本省去。因为我对于政治向无兴趣，自己认为当了代表对于本省也不会有什么贡献，对于自己也不会有什么好处，所以抱定不闻不问的态度。未想到这个伪代表的头衔竟落到我的身上。其原因有三：(一)伪政府指定的第一候选人姓华名光，是个少年军官，他曾访我两次，名片上印着“陆军少将”字样，在伪东北保安司令部任职。据闻他在胜利后回过本县耀武扬威，欺压本县人士之处不少，惹起一般人的不满，和他竞争的一部分人也对他不好。多数不愿意选举他。(二)双阳县本是偏僻地方，文化落后，人才极少，我虽然没有什么成就，而是大学研究院毕业，做大学教授二十余年，又做东北大学文学院长，又有几种著作问世，从本县人士看来，已算难得。他们对于我只有好感，而无恶感，所以多数愿意选举我。(三)在选举之时，双阳县已经解放。伪政府规定，解放的县份，由该县旅居临近之大城市的同乡选举。我是双阳县旅居吉林、长春两市的同乡选举出来的，仅得一千多张票就当选了。这些同乡，多数是知识分子，有些是我的同学，有些是我的学生，乐于选我。华光竞选，大买力气，也得了七八百张票。(票数我都记不清楚了)假设当时由全县人民普选，我就绝不会当选。因为我在本县虽小有名誉而没有政治势力。这一项是我当选的主要原因。

我当选了，而当选证书被一位住在长春的友人留下数天。(因为长春已被解放军围住，有此证书可以买得飞机坐位。)大会已经开幕多日，我在伪吉林省政府驻沈办公室领了一份当选证明书和吉林其他代表同行，飞到南京，而伪中央选举事务所竟以当选证明书为无效，而不肯给予出席证。我把那个管此事的小官僚大骂一顿。他笑面忍受，摇头不肯。明明是故意刁难，而我无可奈何。过了两天,我的当选证书有人带到,我才得出席。这件事挑起我对于伪政府的很大反感。

选举伪总统时,我盲从的投了蒋介石一票。选举伪副总统时,我投了李宗仁一票。蒋介石想把伪副总统一席给孙科。而李宗仁当选的可能性最大。因而发生波折,延期投票。我已经看清这种选举是耍猴儿戏。我犯不上做李或孙的始终捧场者。因于四月二十七日乘机飞川。我离南京的时候,伪副总统尚未选出。吉林其他代表劝我再留几天,等到闭幕。而我毅然而去。开会时期,代表多数住在招待所,而我住在一个破旧旅馆里。宴会天天有,我最怕见大官僚,进大衙门,赴大宴会,所以老是自己吃小馆。又常常不出席大会,而卧在旅馆床上看小说。临去南京时,大会发的文件,如议案等不下二十件。我都抛下未带。纪念章及蒋介石像片等,我都未顾。(大会闭幕前也领不出)吉林其它代表见我如此,背地说我未尽代表的职责。呼牛呼马,我只是掉头不顾。在解放前,我真是一个自由主义者!

我当了一次伪代表,在南京住了十八九天。我认清了蒋介石要做一个披民主外衣的大皇帝。认清了反动政府是不可救药。那些大官僚小官僚没有不是因循敷衍,虚伪瞒睥,骄奢淫逸,卑鄙贪婪,花天酒地,肉走尸行,谁曾把国家和人民的利害放在心上!确已到全体腐烂之地步。我虽不懂政治,然以历史规律推断,在那时已知道反动政府快要死亡了。

一九五一年四月九日写毕。

自传(二)

西南师范学院研究室　高亨

我是吉林省双阳县人,生于乡间,祖先差不多都是农人。我父名学福,母谭氏,家道本来很穷,房无一间,地无一垅,做旁人的佃户,兼营小本商业(如卖油、酒、面等)。因为能勤俭刻苦,我七八岁时,我父已买少许田产,做自耕农了。后来买田加多,便租出一部分给旁人耕种。到我二十三四岁时,我父已六十五六岁,不能耕田,而且乡间土匪很多,我家人少,没有自卫的能力,因而把家搬到了长春去住。我回省服务后,又搬到吉林,就把田全租给旁人耕种。我的父母都未曾读过书,引为一生遗憾,所以在艰难辛苦之下,来供给儿子读书。

我生于一九〇〇年(清光绪二十六年,夏历岁次庚子),夏历七月四日,现已五十一岁。儿童时代无事可说,现在把我读书和服务两个阶段,略述一下。

一九一〇年至一九一七年,我在私塾读书共八年,四书五经略能成诵。

一九一八年至一九二二年,我在吉林省立第一师范学校肄业,共五年。我在此时期,特别喜好文学,"前四史""二十五子"都看了一遍。国文教员张文澍先生在课外教我班以说文、尔雅及音韵之学,我大感兴趣。

一九二三年二月,我赴北京求学,在宏达学院补习课程。八月考入北京师范大学肄业。

一九二四年八月,我考入北京大学肄业。

一九二五年八月,我考入清华大学研究院肄业。从梁启超、王国维两先生研究古书,开始尝试著书。

一九二六年八月,我在清华大学研究院毕业,回到吉林,任吉林公立法政专门学校国文教授兼省立第一师范学校初中教员养成班讲师及省立女子师范学校国文教员。

一九二七年八月,我辞去法专女师两校教职,专任省立一师教职,至一九二九年元月止,凡一年半。

一九二九年二月,我到沈阳任东北大学国文专修科教授兼主任,至一九三三年七月止,凡四年半。一九三一年九一八事变,我随东北大学迁到北京。

一九三三年八月,我到开封任河南大学国文系教授至一九三八年七月止,共五年。在河南大学迁往镇平时,我辞职,乘轮船入川。

一九三八年八月,我到四川乐山任武汉大学国文系教授,至一九四〇年七月止,共二年。

一九四〇年八月,我到四川三台,任东北大学国文系教授,至一九四三年七月止,共三年,曾兼国文系主任一年。

一九四三年八月,我到成都任齐鲁大学国文系教授兼主任,仅历一年,辞职而去。

一九四四年八月,我到陕西城固任西北大学国文系教授兼主任,仅历一年,辞职而去。

一九四五年八月,我回四川三台,任东北大学国文系教授。九月二日,日本投降。

一九四六年暑假,东北大学由三台迁回沈阳,我随校还乡,仍在东大任教兼沈阳博物院筹备委员及"东北中正大学"国文系主任,至一九四八年七月止,末一年兼任东北大学文学院长。

一九四八年三月,我当选为伪法统的国民大会代表,四月到南京开会。四月廿七日,乘机来川,任三台川北农工学院国文教授,尽历一学期,辞职而去。

一九四九年二月,我到北碚任相辉学院文史系教授。十月一日,中华人民共和国中央人民政府成立。十一月二十九日,北碚解放。

一九五〇年八月,相辉学院文史系停办。十一月,我奉西南文教部令到西南师范学院研究室工作直到现在。我希望永远任研究工作。

我从入私塾起,在中国古书堆里打转转,已四十年,从在清华研究院毕业后,做教书匠已二十五年,没有参加过任何政治党派,没有参加过任何政治团体,没有担任过任何政治职务,没有从事过任何政治活动,没有受过任何政治训练,没有写过任何政治文章,没有作过任何政治讲演,然而却当选了伪法统的国民大会代表,这真是我梦想不到的事,也是我操守上一个泥点,现在把这件事前后经过略说一说。

国民党反动政府在一九四八年四月召开所谓"国民大会"以建立伪法统,当时国民党、青年党、民社党争大会代表名额,国民党各派也争大会代表名额。在各反动党派协商之下,默默规定各反动党派的候选人,都由伪政府指定,伪政府指定之第一候选人,无论得票多少,必须当选,如第二第三候选人得票超过第一候选人,按理应该算其人当选,然而其人必须把代表一席让给第一候选人,就是此党让席于彼党,此派让席于彼派,以求名额合于比例而已。如果其人不让,伪政府也不发给当选证书,不准出席大会,竟有人为了争此伪席而绝食抬棺,演出种种丑剧。至于无党无派的人士,伪政府称作"社会贤达"。"社会贤达"可以自由竞选,由选举人五百名以上之签署做候选人,而非由伪政府指定,得票最多就算当选,没有让席的纠纷。我就是以"社会贤达"身份而当选的。

我是当选为吉林省双阳县区域代表。当东北各地竞选闹得火热之时,我在东北大学教书,住在沈阳,根本未做竞选打算,也未回到本省去。因为我对于政治向无兴趣，自己认为当了代表，对本省也不会有什么贡献，对于自己也不会有什么好处，所以抱定不问不闻的态度，未想到这个伪代表的头衔竟落在我的身上，其原因有三：（一）在选举之时，双阳县已经解放，伪政府规定凡解放县份即由该县旅居邻近之大城市的同乡选举。我是双阳县旅居吉林、长春两市的同乡选举出来的，仅得一千多张票就当选了。这些同乡多数是知识分子，有些是我的同学，有些是我的学生，他们乐于选我。伪政府指定之第一候选人华光，竞选大卖力气，也得七八百张票（票数我都记不清楚了），假设当时由全县人民普选，我就决不能当选，因为我在本县虽小有名誉，而没有政治势力。这一项是我当选的主要原因。（二）伪政府指定之第一候选人华光，是个少年军官，他曾访我两次，名片上印着“陆军少将”字样，在伪东北保安司令部任职。据闻他在胜利后回过本县，耀武扬威，欺压本县人士之处很多，惹起一般人的不满，尤其知识分子对他不好，和他竞争的一部分人士也对他不好，多数不愿意选举他。（三）双阳县本是偏僻地方，文化落后，人才极少，我虽然没有什么成就，而是大学研究院毕业，做大学教授二十多年，又做东北大学文学院院长，又有几种著述问世，从本县人士（尤其知识分子）看来已算难得。他们对于我只有好感，而无恶感，所以多数愿意选举我。

吉、长两市的双阳县同乡投票，结果我当选了。而当选证书被一位住在长春的友人留下数天（因为长春已被解放军围住，有此证书，可以买得飞机坐位），而大会已经开幕多日，我在伪吉林省政府驻沈办公处领了一张当选证明书，和吉林其他代表同行，飞到南京，而伪中央选举事务所竟以当选证明书为无效，而不肯给予出席证。我把管此事的小官僚大骂一顿。他笑脸忍受，摇头不肯，明明故意为难，而我无可奈何。过了两天，我的当选证书有人带到，我才得出席，这件事挑起我对于伪政府的很大反感。

选举伪总统时，我盲从的投了蒋介石一票，选举伪副总统时，我投了李宗仁一票。蒋介石想把伪副总统一席给孙科，而李宗仁当选的可能性最大，因而发生波折，延期投票。我已经看清，这种选举是耍猴戏，我犯不上做李或孙的始终捧场者，因于四月二十七日乘飞机来川。我离南京的时候，伪副总统尚未选出，吉林其他代表劝我再留几天，等到大会闭幕，而我毅然而去。开会时期，多数代表住在伪政府所准备的招待所，而我住在一个破旧旅馆里。宴会天天有，我最怕见大官僚、进大衙门、赴大宴会，所以老是自己吃小馆,又常常不出席大会,而卧在旅馆床上看小说。临去南京时,大会所发的文件,如议案等不下二十册,我都抛下未带,纪念章及蒋介石相片等,我都未领(大会闭幕前也领不出)。吉林其他代表见我如此,背地说我未尽代表的职责,呼牛呼马,我只是掉头不顾,在解放前我确为一个自由主义者!

我当一次伪代表,在南京住了十八九天,我认清了蒋介石要做一个披民主外衣的大皇帝,认清了反动政府是不可救药。那些大官僚、小官僚没有不是因循敷衍、虚伪瞒睅、骄奢淫逸、卑鄙贪婪、醉生梦死、肉走尸行,谁会把国家和人民的利害放在心上!确已到全体腐烂之地步。我虽不懂政治,然以历史规律推断,在那时已知道反动政府快要死亡了。

我的自传至此已算写完,因为我除做过伪法统的国民代表外,未曾和政治发生过关系,所以这篇自传只是做伪代表一段说的较详,其余都很简略。这是我附带声明的一点。

一九五一年四月十五日写毕。

自传(三)

吉林师范专科学校教授　高亨

一、本人简况

姓名:高亨

原名:高仙翘,一九二五年八月前用此名

曾用名:高晋生

年岁:五十二岁,生于一九〇〇年旧历七月四日

性别:男

民族:汉

家庭出身:小地主

本人成分:教师

原籍:吉林省双阳县旧四区山嵛子屯

现在住所:吉林市江湾路二〇三号

现有文化程度:清华大学研究所毕业

有何种技能特长:专研中国古典文学

现在工作职务:吉林省师范专科学校教授

身体情况：有轻微的心脏病，血压略高，坐久腰痛

爱人：罗璘，出身于地主家庭，吉林师范专科学校学员

二、家庭情况

我父名东海[①]，母谭氏，都未曾读过书，务农为业，有时兼营小商业，如卖油、卖酒、卖年纸等。在我下生的时候，家中尚房无一间，地无一垅。后来家境逐渐好转，到我七八岁时，即有房有地，自耕自食。到我二十二岁的时候，已经有地三十垧，一部分自己耕种，一部分出租农民……以供给我的学费。一九二六年，我年二十六岁，由清华大学研究院毕业，回省教书，我父才把全部土地出租，做一个不劳动生产，安坐而食的小地主。总之，我是生长在由贫农而中农而富农而小地主的家庭，过着自给自足的小康生活，这样的家庭经济，形成了我的个人主义思想基础，后来受封建文化的影响，就形成了孟子所谓"独善其身"的思想。

我从教书以来直到现在，全是靠教书薪资维持生活，并供给家用，供给两个弟弟读书，家中土地由父母掌管。一九三五六年间，我和我的前妻齐庆云离婚，征得父母同意，把我应该继承的土地十垧给了齐氏，做为她的赡养费和子女教育费，从此我就一点土地没有了。解放后，吉林实行土地改革，对于我未发生什么影响，彼时我住在四川，土改情形，我都不知道。

我的父亲于一九三八年在北京病故，现在我家共八人，母亲谭氏现在七十六岁。爱人罗璘现年四十一岁，四川三台县人，出身于地主家庭，东北大学肄业三年，今年四月随我由西南来东北，东北教育部派她到吉林任中学教员，她因为没有教学经验，所以入吉林师范专科学校学习，现尚未到工作岗位上去。她已往未担任过工作职务，未参加过反动政治党派。她已生育了五个孩子，女高岚现年九岁，小学读书，男高英现年六岁，男高扬现年四岁，男高彦现年二岁，女高翎才下生几天。

我的离婚妻齐氏生了三个孩子，男高士同现在二十七岁，已结婚，是一个学技术的，会开火车开汽车。解放前，他们夫妇到了四川，他在四川三台川北盐务管理局任职。解放后，该局改为川北盐业公司，迁到南充，他任职如故。据我所知，他未参加过反动政治党派，是一个纯技术观点者。女高士文，现在二十四岁，已结婚，原在东北大学先修班肄业，那时她已参加革命，

① 高亨父名学福，号东海。此处应为笔误。

解放后她在北京长辛店任铁路小学教导主任。又男高士刚现年二十一岁，原在沈阳辽宁省立第三中学肄业，解放后，他也参加革命，现在内蒙古任职。

我们兄弟三人，我居长，我的二弟名高矫桓，反动国民党员，吉林省立第一师范初中部毕业，锦州东北交通大学预科毕业，北京辅仁大学英文系肄业一年，伪中央政治学校政治系毕业。抗战期间在浙江任浙江省政府科员多年，后来转入财政界任职。日寇投降后，他回吉林，任反动国民党吉林省党部组织处长，一九四八年去职，给我代理东北中正大学图书馆长，不久到上海合作金库任职。解放后他通过学习，被派在上海人民银行工作。

我的三弟名高炳蔚(现名高祥)，也是反动国民党员，吉林省立第一师范初中部毕业，旧吉林大学理工学院预科肄业。九一八事变后他进关里，入了伪中央军官学校，毕业后任伪六十七军参谋。我母病在北京，他请假在家中侍奉母亲，适逢七七事变，后来他到南方去，在汪贼伪组织下做军官。日寇投降，他随一个伪东北军官大队从安徽回到沈阳，伪东北保安司令部把该伪军官大队人员抓起多人，他也在被抓之列，逃往吉林。我托伪东北保安司令部秘书长兼“东北中正大学”文学院长余协中关说，此事才作罢。余又向杜匪聿明关说，杜匪任他做伪东北保安团新编某团团长，该团终未编成。杜匪下台，陈匪诚把他撤职。伪沈阳市长董文琦是我的朋友，我又介绍高炳蔚到伪沈阳市政府任该伪市政府所编的保安团副团长。沈阳解放时，他随团投降，未参加学习，离开工作岗位，现在长春市靠卖零工维持生活。

我的两个弟弟自入中学起，都由我供给他们读书，我本打算让高矫桓学铁路管理科，高炳蔚学工科，可是九一八事变，影响了我的计划。九一八后，我随东北大学迁到北京，那时东北大学经费来源断绝，教授每月只领到几十元生活费，他们看到我的经济力量不够，所以高矫桓考入伪中央政治学校，高炳蔚考入伪中央军官学校。这两个反动学校的教育，决定了他们走入反动政治路线。现在我认识到，我对于政治没有认识，没有革命思想，所以自己为反动政府服务，那时觉得他们走的政治路线还不算错。由此看来，他们在解放前都走反动路线是我指导的错误。

三、社会关系

我在旧社会混了几十年，又到了许多地方，所以有多方面的社会关系，有的是亲戚，有的是同乡，有的是同学，有的是师生，有的是同事，对于影响最大的是我在吉林第一师范读书时的老师张文澍和在清华研究院读书时的老师梁启超、王国维，后文再去详说，现在择其比较重要的列在下面：

1.李锡恩

反动国民党员CC特务头子，吉林舒兰县人。九一八前他当旧吉林大学副校长（校长张作相），我在沈阳东北大学任教，只见过两三次面，并无往还。九一八后我到北京，住在北京伪社会局所属的第一工厂里，不久他到北京，也住在该厂同住一起数月之久，相处很好。我觉得那时他还未加入反动国民党，后来他投在陈匪立夫门下，任伪教育部东北青年教育救济处副主任兼东北中山中学校长，大力拉拢吉林青年，大学肄业的或毕业的，加入反动政治活动。我看见可以研究学术的吉林青年也去搞政治，很不以为然，常常和他争辩。一九三三年我到河南大学任教，只有寒暑假期我回北京，偶尔会面。七七事变后，即老不相见，他在重庆，我在乐山、三台、成都等地，也不通信。抗战胜利后，我回沈阳，他任反动国民党吉林省党部主任委员，彼此又见面几次。一九四八年初，他支持我竞选伪国民大会代表（此事后面再述），但此事事前事后他并未和我谈过。我当选伪代表后，到南京开会，他曾拉我选举孙匪科做伪副总统，我严厉拒绝。听说他到台湾匪区去了。我自离去南京即和他断绝联系。

2.萧一山

反动国民党员，江苏人。我和他在河南大学同事三年，三台东北大学同事三年，西北大学同事一年，友谊很好。他在河南大学任文学院长时，组织一个经世社，编印一个《经世》半月刊，社员大多是大学教授也有少数学生，我是社员之一，嵇文甫、范文澜和我都主编过该刊，该社经费据萧说从反动大官僚募来的。后来他任三台东北大学文学院长，该社没有经费，刊物停办，改编“经世丛书”，由贵阳文通书局出版，我的《周易古经通说》即“经世丛书”之一。日寇投降，他任伪北平行营秘书长，在北京成立一个经世文史研究所，介绍我到北京大学任教，兼该所主任，我没有去。一九四八年四月，我到南京参加伪国民大会，他拉我选举李匪宗仁做伪副总统，我答应了，但没有选出，我就离去南京。自我离去南京，即和他断绝联系，听说他到台湾匪区去了。

3.余协中

政治身份不详，大概是反动国民党员，安徽人。我和他在河南大学同事三年，友谊很好。一九四六年我回东北，那时他任伪东北保安司令部秘书长。杜匪聿明创办一个东北中正大学,以培养爪牙,他兼该校文学院长,邀我兼任该校国文系主任。我的三弟高炳蔚抗战期间在汪贼伪组织下当军官,一九四六年秋回到沈阳,伪东北保安司令部要以汉奸罪恶逮捕高炳蔚,由余关说,其事作罢。我因为伪保安司令部还起用一些汉奸任较重职务,而竟要逮捕我的弟弟,很为生气,向余辞"东北中正大学"教职,余又向杜匪聿明关说,给高炳蔚一个新编保安团长,该团终未编成。一九四八年四月,我离开东北,即和他断绝联系,解放后他到哪里去了不详。

4.范文澜

共产党员,浙江绍兴人。我和他在河南大学同事三年,那时萧一山任河南大学文学院长,主张聘教授不论党派,要只讲学术不谈政治,所以范文澜同志和反动青年党员余家菊都到河南大学文学院教书。我和范同志友谊很好,但未谈过政治,思想上也未受到他的影响。他现在北京任科学院近代史研究室主任。

5.嵇文甫

民主人士,河南汲县人。我和他在河南大学同事五年,友谊很好。解放后,他任河南省人民政府副主席兼河南大学副校长,彼此通过信。

6.叶圣陶

民主人士。我和他在四川乐山武汉大学同事两年,友谊很好。一九四三年秋,我到成都任齐鲁大学国文系主任,那时他在成都,我介绍他到齐大教书,他不肯去。解放后,他在北京任出版总署署长,彼此通过信。

7.陆侃如

民主人士,江苏海州人,是我的清华研究院同学。一九四二年,我介绍他和他的爱人冯沅君到三台东北大学任教,不久,把国文系主任让给他,后来他任东北大学文学院长,一九四七年辞职到山东大学去了。解放后他任山东大学教务长,彼此通过信。

四、参加革命前的个人详细经历

一九一〇年,我年十岁,开始入私塾读书,一连读了八年,所读的是"四书五经"古文史鉴等等,记住并了解一些封建主义教条,因而打定了我的封建思想基础。

一九一八年,我考入吉林省立第一师范学校,一连读了五年。国文教师张文澍先生给我的影响极大,他教我班国文三年半之久,热心负责,特别器重我，课外给我们几个同学讲“说文”“音韵”“毛诗”等。我在此时略微懂得些封建古典学术，而发生了浓厚兴趣，又由于他的鼓励，我有了在封建学术上追求名誉的观念。

一九二三年春，我到北京升学，入私立宏达学院补习了半年，暑假后入北京师范大学肄业。我不愿意学有关教育的各种课程，所以一九二四年暑假后入北京大学肄业。一九二五年暑假，清华大学研究院招生，我报名投考，被录取入校，肄业一年就毕业了。此一年对我的影响极大，导师梁任公先生常和我们说他的政治生活耽搁了他的著述事业，言下感慨不已，这使我产生专搞学术不问政治的思想。我的毕业论文是《韩非子集解补正》，梁先生很为嘉奖，他和我说：“陈兰甫开始把‘说文’带到广东，希望你开始把‘说文’带到东北。”这使我产生要做吉林封建学术界开山祖的狂妄思想。我毕业时他送给我一副对联“读书最要识家法，行事不须同俗人”，我老是把它挂在墙上，作为座右铭。我搞封建学术遵守清代高邮王氏朴学正宗的家法，并喜欢读《后汉书・祢衡传》[①]《晋书・阮籍传》《晋书・陶渊明传》及嵇康《与山巨源绝交书》等，不想做所谓“俗人”，都是受梁先生的启示。导师王国维先生著述等身，名满海内，对我也发生极大的感召作用。总之，我在清华研究院一年，梁、王两先生的教育使我决定在封建学术上追求名誉，不要个人权势，不要个人功业，不要个人享乐，只要作一个封建学术的专家学者与一个“独善其身”个人主义者，这种思想支配我以后的二十多年，支配我为提倡封建文化的反动政府服务，因而对于革命起了相当阻碍作用。

一九二六年夏，我由清华研究院毕业，吉林省立法政专门学校校长刘风竹，是我吉林第一师范同学刘肇英的叔父，教务主任牟右荃是我吉林第一师范同学，因有此人事关系，所以刘风竹聘我到该校任国文教授，同时兼任吉林女子师范教员，吉林第一师范又请我兼任初中教员养成班文字学一课。一九二七年夏，刘风竹辞校长职务，我也辞法专教职与女师教员，到吉林第一师范做教员，兼任吉林县立中学教员。一九二八年冬，我才离开吉林。我在吉林教书共两年半。

刘风竹当了沈阳东北大学副校长（校长张学良），一九二九年春他又请我到东北大学任教育学院国文专修科教授兼科主任。一九三一年九月十八

---

① “祢衡”原文为“弥衡”。

日,日寇进犯东北,东北大学迁到北京,我也随校到了北京。此时东北大学经费来源断绝,每月只发给教授生活费几十元。一九三三年夏,我离开该校。这一次我在东北大学任教共四年半。

我离开东北大学就到开封河南大学任教,是我的清华研究院同班同学刘盼遂介绍去的。刘盼遂和河南大学校长张仲鲁(广舆)是同乡好友。一九三四年夏,张仲鲁去职,杜秀生代理校长,请我兼国文系主任,我坚决不干。冬,杨炳庆当了校长,一九三五年又换了刘季洪。一九三四年春,东北大学一部分迁到开封,校长臧启芳原和我在沈阳东北大学同过事,我又是东北人,因此他请我兼任东大国文系主任,暑假东大迁往西安,臧请我去,我谢绝了。七月七日日寇大举进犯,我国上海、南京相继沦陷,冬河南大学迁往雉公山上课,一九三八年夏又迁往河南镇平。我认为镇平将来要变为战区,因而辞职,乘轮船入川。我在河南大学任教共五年。

我到四川在重庆住了一个月,又往成都住了一个月,由于我的清华研究院同班同学吴其昌的介绍,秋天到乐山武汉大学任教。武汉大学教授分两个派系,一派以校长王星拱为首,有那时候伪教育部长陈匪立夫在后面支持,一派以教务长周鲠生、文学院长陈源为首,有那时伪外交部长王世杰在后面支持,两派斗争很烈,国文系教授也分这么两派,也在彼此斗争。我是吴其昌介绍给陈源,陈源主张聘请的,所以属于后一个派系。我觉得钩心斗角以维持教授的位置,是可耻的,是卑鄙的,所以待了两年聘约期间未满,就辞职不干了。

七七事变后,东北大学又由西安迁到四川三台。一九四〇年夏,东大校长臧启芳、文学院长萧一山写信给我,请我到三台东大教书,我就去了,任教三年之久,中间兼任国文系主任一年。一九四二年八月和我的爱人罗璘在三台结婚。一九四三年臧启芳和萧一山发生意见,臧怀疑萧要夺他的校长,因而主使法学院长娄学熙等打击萧一山。我和萧友谊较好,也在被打击之列,暑假时我和萧都辞了东大教职。这次我又在东大任教三年。

一九四三年秋,由于我的河南大学旧同事张西山的介绍,我到成都齐鲁大学任中国文学系主任。该校是美帝教会所立,是实行文化侵略的工具,校当局与个别教授仰洋人鼻息,我极看不惯。国文系学生多因英文程度差而被迫休学,以致四个年级只有十几个学生。英文定为两年必修科,伪教育部定为一年必修科,我以辞职力争,结果打破该校八十年的成例,把英文改为一年必修科。有一次洋人示意裁减教授，燕京大学国文系主任马鉴、华西大学国文系主任闻在宥、金陵大学国文系主任高文、金陵女子文理学院国文系主任陈觉玄、齐鲁大学国文系主任我，在一起开会，讨论此事，我坚决主张不裁，批评洋人的办法不对，其事因而搁下。一九四四年春，该校校友会以张西山为首，罢课反对校长汤吉禾，我从中调解无效，两方广开斗争，暑假前我就辞职回三台我的家了。

一九四四夏，西北大学校长刘季洪邀萧一山去任文学院长，邀我任文学系主任，并托他的亲戚我的清华研究院同学蒋秉南写信敦劝，我和萧都去了。寒假时，刘季洪要解聘国文系三位教授易宗箓、朱人瑞、宋嗣恂，经我力争，只解聘易宗箓一人。易宗箓教书真不行，我曾查过堂，他在讲书，而学生在下棋。学生多次要求换人，别系教授有几人出来反对此事，刘季洪怕了，反说我主张解聘，我抱“宁人负我，我勿负人”的态度，就挺身承认，事态才未扩大。那时反动政府为了加强法西斯统治，号召十万青年从军，刘季洪为了发动学生，召开大会，假哭一场，签名从军。当时各院长系主任等，都签名从军，我去看张骞墓，未在场，刘乃替我签了名。我回来大发皮气，说：“衮衮大员为什么不从军？骗人的事我不做！”结果把我的名抹去。我看到刘不可以共事，未到暑假，就拂袖而去。西大给我印《周易古经今注》一百部，刘原说不要我出钱，等我离开西大，又向我索钱，我给汇了七万元法币。

一九四五年八月，日寇投降，东北大学校长臧启芳、文学院长陆侃如又邀我回东大，我为了随东大还乡，才重返东大任教。一九四六年暑假，东大迁回沈阳，我也回到东北。“东北中正大学”文学院长余协中请我兼任该校国文系主任，我因为家累很重，东北大学一校薪资不足以维持生活，所以答应了。这时萧一山任伪北平行营秘书长，介绍我到北京大学任教，兼任他所办的经世文史研究所主任，北大的聘书发了，课也开了，结果我没有去。一九四七年秋，沈阳新成立一个东北女子文理学院，院长朱仑[①]托人请我兼任该校国文系主任。我因为没有时间，婉言谢绝，而朱请我只担任名义，我答应了，介绍魏际昌做代理国文系主任，该院给我送薪资，我退还没受。东北大学校长臧启芳被撤职，换了刘树勋，文学院长陆侃如辞职到山东大学去了。刘树勋请我当文学院长，我因为志在研究，一向不愿意担任学校职务，

---

① 高亨先生文中出现“朱纶”“朱仑”，为有误，应为“朱伦”。

坚不肯干,转荐我的清华研究院同学罗根泽,罗时在为中央大学任教不肯就,后来我提出两个条件:(一)我每星期只办公三小时;(二)以汽车接送(我未住在东大校内)。刘均答应,我才当了东大文学院长。一九四八年四月初,我请假离去东北,先到南京,后转四川。

一九四八年反动政府为了欺骗人民,欺骗世界,召开伪国民大会,以建立伪法统。我的二弟高矫桓本想竞选伪国民大会双阳县代表,不料反动政府竟指定华光为第一名候选人,高矫桓为第二名候选人。按照反动政府的分赃规定,第一名候选人必须当选,其他候选人得票虽多,也必须把伪代表一席让给第一名候选人。因此高矫桓不竞选了,来替我竞选。那时反动国民党吉林省党部主任委员李锡恩看到他的政敌,伪吉林省政府主席梁华盛的走狗华光有当伪代表的希望,这对他极为不利,因而也支持替我竞选。因为我未参加过任何反动政治党团,反动政府称无党无派的人做“社会贤达”。按照反动政府的规定,“社会贤达”由选举人几百名签署竞选,得票多就当选,不让席于任何党派。李和我本是老友,我当选对他有利。高矫桓与李锡恩替我竞选时,我因为不愿意卷入政治漩涡,曾拍电阻止,高矫桓回信说:“你不必管,只要你莫登报声明放弃竞选就得了。”结果我当选了。四月初,我乘飞机到南京开会,在选举伪总统时,我投了蒋匪介石一票。萧一山也在南京替李匪宗仁拉票,请我选李匪做伪副总统,我认为李匪比孙科、于右任、程潜、莫德惠、徐傅霖等都强一些,所以在选举伪副总统时投了李匪宗仁一票。蒋匪不愿意李匪登台,看到李匪希望最大,叫李匪和程潜放弃竞选。竞选举至此发生波折,暂停投票。李锡恩大概是奉陈匪立夫的命令,曾拉我选举孙科,我严厉拒绝,这时我看穿这种选举直是耍猴儿戏,伪代表们都是猴儿,要听人耍的,我和李、孙都没有关系,不愿再做猴儿给他们捧场,所以在四月廿七八日伪副总统还未选出就乘飞机到四川,回到三台我的家里,和妻子团聚。

这年暑假,川北农工学院董事龙杰三请我到该院任国文教授,只教课六小时,不改作文,我因为离家近,所以应聘。当我在南京时,听说反动政府拟成立一个“戡乱建国委员会”,来安插让代表席位的一批人,每月薪金照简任一级,伪代表们纷纷议论,也要反动政府给予薪金。等我回到三台以后,接到了反动政府给我的“戡建会”委员聘书,并附有条例,条例规定,必须回到本省,向伪省政府报到,参加工作,才能给予薪金。我既不打算回东北,更不想参加该项工作，当时曾想把聘书退还，但又想这是反动政府给予伪代表薪金的变相办法，所谓条例，还不是具文，将来会有坐领干薪之一日，我为留坐领干薪的地步，才把聘书留下，要把所有的表格填好寄去。一九四九年反动政府将要垮台的时候，才下明令把反动的“戡建会”取消。

我本是专搞学术的人，抱有不问政治的决心，所以未参加过反动政治党团，未担任过反动政治职务，未受过反动政治训练，未做过反动政治活动，一向以清高自命，而竟在一九四八年，当了伪国大代表，参加开会，又担任了反动的“戡建会”委员名义，这两件历史罪恶，说明我在解放前有反动思想。这是由于我出身于小地主家庭，在反动统治区中过着大学教授生活，未感受过劳动人民的痛苦，所以对于反动统治阶级，没有仇恨的心理，对于革命不去了解，没有认识，不表同情，因而忠实地为反动政府服务多年……

五、参加革命后的详细经历与思想转变

一九四九年冬，北碚解放，仍在相辉学院教书。一九五〇年夏，该院文史法律等专业停办，十一月西南文教部派我到重庆西南师范学院研究室担任研究工作，我异常兴奋，我二十多年以来，都是一面教书，一面研究。写成的书已经出版的，有《老子正诂》（开明书店出版）、《庄子今笺》（开封岐文旧刻板）、《韩非子补笺》（武汉大学出版）、《周易古经今注》（开明书店出版）、《周易古经通说》（文通书局出版）、《文字形义学》（沈阳某书局在印）等，都是用旧观点、旧方法编撰的。解放后我想要用新观点、新方法去整理古代史料，但感到自己的学力不够，一九五一年四月，西南人民革命大学成立研究班，我为了提高自己的认识，完成研究任务，才入革大研究班学习，一九五二年二月底结业。东北教育部通过中央由西南区调派大中学校教师一百余人，我奉派东北，于四月间到吉林市吉林师范专科学校任教直到现在。

我在解放前把精力都贯注在古典文学方面，不喜欢读政治书籍与报纸，因而对于政治的认识极其模糊，反动政府的贪污腐化、祸国殃民，我极端憎恶，然而希望它能改良，并不仇恨。我未曾读过一本革命书籍，马列主义仅知其名，革命的内容都无所知。仅知道共产党是信仰共产主义的政党，关于共产主义究竟是怎样，不大了解，以为就是平分土地，人人都有财产而已。反动国民党污蔑共产党“杀人放火”，曾使人怀疑畏怕，但后来知道这是谣言了……解放以后，我读了些革命书籍，同时看到共产党的自我牺牲伟大精神,解放军的纪律严明态度谦和,侵略中国的帝国主义都纷纷滚蛋,雪了百年国耻,各种建设都次第展开,处处都是开国气象。在此种感性认识之下,我才知道自己没有看见真理,以致反对真理,铸成大错。在西南人民革命大学学习了三个单元,第一单元是辩证唯物论和历史唯物论,第二单元是政治经济学,第三单元是中国革命问题,又读了些毛主席的文章与米丁著、沈志远译《辩证唯物论历史唯物论》,博古译《辩证唯物论与历史唯物论的基本问题》,列昂节夫著《政治经济学》《联共党史》,胡华著《新民主主义革命史》等读得比较仔细,每一单元的专题,都由西南革大专家或政府首长报告。在此时期,我对于革命的性质目标任务政策,对于指导世界革命的马列主义,对于指导中国的毛泽东思想,已进入理性认识阶段,在西南革命熔炉陶冶之下,我的思想发生剧烈的转变,反动思想已被肃清,其它错误思想如封建保守思想、独善其身思想、纯学术观点、自高自大自由散漫的缺点,已认识它们对于革命的危害性,而努力加以肃清与克服。土地改革、抗美援朝、镇压反革命、"三反五反",各种伟大运动,也在使我的思想水平提高,尤其是思想改造运动,把自己的错误思想及其表现做了通盘检查,由于领导的启示,同志的帮助,收获更大,彻底认识了自己的历史罪恶与现有的缺点,这时才有决心树立工人阶级思想,把一切力量献给祖国与人民。

六、目前自己工作思想作风及学习的全面分析检讨和总结

(1)我对于工作有负责的热情,对于业务有钻研的精神,对于学习有努力的决心,但都作得不够,立场观点还有时不免错误。

(2)我的最大缺点:自高自大,自以为是,不能充分、虚心、冷静地接受批评,尤其遇到旁人所提意见,我主观认为不确定时,便要斤斤申辩;自由散漫,又因身体不大健康,对于遵守纪律、参加集体活动(如坐班走道路等)有时感觉困难;孤僻好静,对于深入群众、联系群众,简直是做不来。以上三个缺点,通过思想改造,还未克服净尽。

(3)我一家八口,母亲年老,儿女均幼,我和我的家人都须照管家事,很感繁琐与苦恼,不免影响了工作与学习的情绪。至于生活方式,我喜欢简单朴素与闲散清静,认为个人闭户读书,窗明几净,对卷沉思,有时去欣赏江上之清风与山间之明月,是最好的生活。对于紧张的工作,虽努力为之,而产生思想上的矛盾,就是旧社会所谓"文人"的意识,在时时萌动,也必须加以克服。

七、鉴定

(一)教学工作方面

1.优点

(1)我到本校以来,虽然有脱离教学岗位转到研究岗位的思想,但既担任了教学工作,总是尽力来完成教学任务,无论在备课上,在讲课上,在阅卷评分上,绝不马虎从事,可是还做得不够。

(2)对于历史问题的认识,有相当的提高。此种收获,由于崔校长、栗主任的帮助,在《诗经》研究上提出些珍贵意见,由于在讲课中学生随时提出意见,由于主观的努力。但此种提高距离教学上的需要尚远。

2.缺点

(1)历史文选讲义还有缺点,如注音注义有遗漏,所附译文嫌少,古人错误观点没有写上等,以致减少教学上的效果。

(2)对于学生程度不大了解,以致走了弯路,有的教材重讲一遍,影响教学进度。

(3)不能掌握教学计划,如本打算讲一讲史观问题与史料问题,未能实现。

(4)掌握四级分不够正确,有时感到迷惑。

(二)学习方面

1.优点

对于业务钻研积极认真,有热情,态度比较严肃。

2.缺点

(1)对于政治时事的学习不够积极,如时事学习测验,竟因午睡起晚,未能参加。最近两次党史大课,因病未能前往听讲,都是不积极的表现。

(2)对于政治学习有好高骛远思想,如在听党史大课中,明确了若干问题,感到满意,但有时也感到某些史实与其分析在书里可以看到,如果讲一讲毛主席的矛盾论与实践论,有多么好啊!又觉得测验方式不好,如果出论文性质的题目,拟出内容提纲,指出参考书籍,让参加学习者在下边作,限期缴卷,这样收效要更大一些。我的这种想法,都是好高骛远,未必切合实际。

(三)思想意识方面

1.优点

(1)我在本校,因教务主任的不正确措施,受到些许刺激,但对于组织的信心始终坚定不移。崔校长与栗主任对我的关切照顾与开导,更使我感到党的温暖。

(2)我听到个别同志的不正确言论,敢于当时提出批评,但态度言辞,有时不合适,致减少批评的效果。

(3)我有为祖国革命文化服务的高度热情,这种热情想在研究工作中表现出来,此后要在研究与教学结合下积极工作。

2.缺点

(1)我到本校后不久,即产生作客思想(原因复杂一言难尽,故略而不谈),前些日因赵钝主任要中途停授"历史文选"一课,我与王适存同志发生口角,我气愤地说:"在你们(指教务主任赵钝与史地科主任王适存两同志)领导下,我教得好也是不好,在你们师专教不好书,也不能说我不会教书!"这就是以说明我的作客思想。我自己检查这种思想,虽未影响我的工作,但却影响了我的情绪。

(2)性急量狭,有时发脾气,经不起刺激,影响团结,这是我最严重的缺点。如和王适存同志口角,对张维肃、赵玉芝同志背地发火,都是这一缺点的具体表现。

(3)自高自大,主观性较强。

(4)自由散漫,组织性、纪律性不强。

思想意识方面的优点,其形成是由于党的教育,关于缺点的根源在血压高,心房易跳动。我和爱人罗璘都在校工作,家中小孩多,无人照管,吵闹,常患病,使我着急烦恼,但此两点都不是主要根源,主要根源是我在旧社会做了二十多年大学教授,唯我独尊,因而形成我的强烈自尊心与坚定的自信心,在感受刺激时,即不能忍耐。

(四)努力方向

1.此后首要大力客服"有时发脾气"这一严重缺点,我已向栗主任提出保证,能够克服这一缺点。

2.加强政治学习,尤其对于辩证唯物论与历史唯物论决心再深入钻研。

一九五三年七月

自传(四)

高亨

我原名高仙翘，别号晋生。一九二五年暑期我投考北京清华大学研究院，怕考不上被人耻笑，因而改名高亨，报名投考(该院招研究生不限资格，不要文凭)，结果被录取了，从此高亨的名和晋生的别号永未改变。男性，汉族，原籍吉林省双阳县，生于一九零零年七月四日(旧历)，今年五十五岁，出自于小地主家庭，任学校教师已经二十九年，现任山东大学中国语文系教授，住青岛恒山路五号。现在把家庭情况、家庭履历、思想转变过程及主要的社会关系分述于下。

一、家庭情况

我家原住在吉林省双阳县四区山嵛子村。我父名学福，号东海，母谭氏，都未曾读过书，务农为业，有时兼营小商业，如卖油、卖酒、卖年纸等。在我下生的时候，家中尚房无一间地无一垅。后来家境逐渐好转，到我七八岁时，已经有房有地，自耕自食。到我二十二岁时，已经有地三十垧(大约数，一垧十亩)一部分自己耕种，一部分出租农民……来供给我的学费。一九二六年暑假，我由清华研究院毕业，到吉林市教书，我家已搬到长春，我父才把全部土地出租，做一个不劳动生产坐而食的小地主，不久又把家搬到吉林市，以后又买了一所小住宅(五间)。总之，我是生长在由贫农而中农而富农而小地主的家庭，过着自给自足的小康生活时间较长，这样的家庭经济，形成了我的个人主义思想基础，后来受封建文化的影响，就形成了孟子所谓“独善其身”的思想。

我从教书以来，直到解放，全是靠薪金维持生活，并供给家用，供给两个弟弟读书，家中土地和房屋由父母管理。一九三五至一九三六年间，我和我的前妻齐庆云离婚，征得父母的同意，把我应该继承的十垧地给了齐氏，做她的赡养费和子女教育费。从此我就一点土地没有了。在日本帝国主义霸占东北期间，我家的土地和房屋没有变更，有十垧地归齐庆云掌管，有十垧地归我的二弟妇张氏掌管，有十垧地归我的母亲谭氏和我的三妹高贞掌管。东北解放后，实行土地改革，对于我未发生什么影响，彼时我住在四川，土改情形我都不知道。我家在吉林市的房屋，在抗战胜利后，我回东北前，我的母亲因为它已经破得要坍,把它卖掉了。

我们兄弟三人,我居长。我的二弟名高矫桓,他是反动国民党员,吉林省立第一师范学校初中部毕业,锦州东北交通大学预科毕业,北京辅仁大学英文系肄业一年,伪中央政治学校政治系毕业。抗战期间在浙江伪省政府任科员多年,后来转入财经界任职,好像任过“视察员”,曾经到过重庆“受训”。(当时我在四川三台彼此未见面)日寇投降后,他回吉林任反动国民党吉林省党部组织处长。一九四八年,他曾替我竞选伪国民大会代表,三四月间他离开该反动党部,到沈阳“东北中正大学”去给我代理该校图书馆长。不久便到上海合作金库任职。解放后他经过几个月学习,被派在上海人民银行工作,后来又入华东革命大学学习,被派到新疆工作,因腰疾回到上海,到上海吴淞中学任教。……同时又给丁娴写封回信,请邢先生看过,然后寄出,可是被邮局退回来了。

我的三弟高炳蔚也是反动国民党员,吉林省立第一师范初中部毕业,吉林大学理工学院预科肄业。九一八事变后,他先到北京,和我住一起,一九三三年,他考入伪中央军官学校,毕业后,任伪六十七军参谋。(军长是王以哲)当时我家住北京,我母得重病,他请假回家侍奉母亲,适逢七七事变,后来他到南方去,在汪贼精卫伪组部下做军官。日寇投降,他随着一个伪东北军官大队从安徽回到沈阳。伪东北保安司令部,把该大队人员抓起若干人,他也在被抓之列,逃往吉林。我托伪东北保守司令部秘书长兼东北中正大学文学院长并代校长余协中关说,此事才作罢。我当时很气愤,要辞去东北中正大学国文系主任职务。余协中又向杜匪聿明关说,杜匪任他做伪东北保安团新编的某某团长,该团终未编成。杜匪下台,陈匪诚把他撤职,我又托伪沈阳市长董文琦安插他,得任该伪市政府所编的保安团副团长。沈阳解放时,他随团投降,未参加学习,离开工作岗位,到长春去,改名高祥,以卖零工维持生活。一九五二年我回吉林,在吉林师范专科学校任教,他到我家来,我再三开导他,叫他向政府交代历史,请求工作,他照办了。经过一次学习,政府也派了工作,他的妻夏清芳也参加了学习,有了工作。我由吉林来青岛时,听说他们的工作在变动中,他老未给我来信,我的母亲来信说,他和我的二妹高在云(丈夫叫苗建业)住在一处。(长春市二区宁波路一段五十四号)其它情况我不知道。

我的两个弟弟自入中学起,都由我供给他们读书。我原来打算叫高矫桓学铁路管理科，高炳蔚学工科，可是高矫桓在东北交通大学预科毕业，就被除名了，才入北京辅仁大学。日本帝国主义的侵略，更影响了我的计划。九一八后，我随东北大学迁到北京，那时东北大学经费来源断绝，教授每月只拿几十元生活费（也有人拿的多）。高矫桓和高炳蔚看到我的经济力量不够，所以高矫桓考入伪中央政治学校，高炳蔚考入伪中央军官学校。这两个反动学校的教育，就决定了他们走入反动政治路线。现在我认识到由于我对于政治具有错误的认识，没有一点革命思想，为反动政府服务，在那时觉得他们的路线还不错，毕业后职业不成问题。由此看来，他们在解放前走反动政治路线是我指导的罪过。

我的前妻齐庆云，生了三个孩子，第一个是男，名高士（斯）同，现在三十多岁了，已结婚，是一个学技术的，会开火车、开汽车等。解放前我在北碚相辉学院任教时，他们夫妇到了四川三台。高士同到三台川北监务局任职。解放后该局改为川北监业公司，迁到四川的南充，他仍在该公司工作。我到青岛后，听说他和他的妻王淑春离了婚。现在他在重庆歌乐山四川交通厅驾驶训练班任教员。他是纯技术观点者。据我所知他没有参加过反动政治党派。

第二个女，叫高士（斯）文。一九四六年八月到一九四八年四月间，我在沈阳任教时，她在东北大学先修班读书。她的思想在那时便是进步的。仿佛记得东北大学的一个职员（大概是训导处的，可惜我在当时就不知道他的姓名）和该先修班主任赵公觉都和我说过……我说："她是小孩子，好说话。"（当时谈话的大意是这样）我因此对她很不满，对她发脾气，申斥她不好好念书，竟胡闹。后来终究被该先修班开除了她的学籍。解放后，她参加了工作，现在河北长辛店铁路中学任政治教员。她是团员或党员，我不知道，解放后我每想到她，就觉得愧对这个好孩子。她现在二十五六岁了。

第三个是男，高士（斯）刚。一九四六年八月到一九四八年四月间，我在沈阳任教时，他在沈阳一个中学读书。后来也转到北京和天津，解放后他也参加了工作，他现在呼和浩特的蒙公安学校任班主任。最近来信告诉我，他已经考上内蒙古师范学院了。他现在二十二三岁，他是团员或党员，我也不知道。

我的这三个孩子，在七七事变后，他们的母亲齐氏把他们由北京带回吉林，在日寇的铁蹄下长大的，直到一九四六年秋，我回东北，高士文、高士刚才和我重聚。而高士同在早就离开东北了。高士文、高士刚的进步思想,是在党的教育下形成的,我是丝毫功劳没有,相反地,如果他们接受我的教育,那末他们的脑里就必然装入反动思想了。

我的父亲于一九三八年在北京病故。现在我家共有八人。母亲谭氏,现在七十九岁了,住在吉林我的三妹高贞家中(吉林市五区大阿什村),爱人罗璘现年四十三岁,四川三台县人,出身于地主家庭,曾在东北大学肄业三年,解放前没有担任过任何职业,也没有参加过任何党派、宗教、道会门等。一九五二年四月,随我由西南到东北,东北教部派她到吉林任中学教员,到吉林后入吉林师范专科学校学习(带薪学习),后来因为生育小孩,未能参加该校毕业考试,以后任该校图书馆馆员。一九五三年八月,随我来青岛,即未参加工作。她生育了五个小孩。第一个是女,名高岚,现年十二岁,在大学路小学读书。第二个是男,名高英,现年九岁,在私立复真小学读书。第三个是男,名高扬,现年六岁。第四个是男,名高彦,现年四岁。第五个是女,名高云,现年二岁。刚解放的时候,约九个月,我的生活比较困难,因为那时在私立相辉学院任教,该院不能照发薪金的原故。从一九五一年十一月政府派我到西南师范学院工作以后,在政府的周至的照顾下我的生活是很好的。

二、详细经历

一九一零年我年十岁,开始入私塾读书,一连读了八年,所读的是“四书五经”、《古文释义》《纲鉴总论》等,记住了并了解了一些封建主义的教条,因而打定了我的封建思想基础。

一九一八年春,我到吉林省城去,考入吉林省立第一师范学校,一连读了五年,一九二二年冬毕业。在此期间国文教员张文澍给我的影响极大,他教我班国文三年半之久,热心负责,特别器重我,课外或假期给我们几个同学讲“说文”“音韵”“毛诗”等,我在此时略微懂得些封建古典学术,发生了浓厚兴趣,“前四史”“二十五子”等书都看过了。又由于张先生的鼓励,有了在封建学术上追求名誉的思想。张先生是浙江平湖人,北京大学毕业,已经死去十多年了。

一九二三年春我到北京升学,入私立弘达学院补习了半年,暑假后入北京师范大学肄业,但我不愿意学习有关教育的各种课程如伦理学、心理学、教学法等,所以一九二四年秋又考入北京大学肄业。一九二五年暑期,北京清华大学成立研究院，我报名投考，初意不过试一试，结果被录取了。在该院研究一年就毕业了。这一年对我的影响太大了。导师梁启超先生常和我们说他的政治生涯耽搁了他的著述事业，言下慨叹不已。这使我产生专搞学术不问政治的思想。我的毕业论文是《韩非子集解补正》，梁先生很为嘉奖，对我说："陈兰甫开始把'说文'带到广东，希望你开始把'说文'带到东北。"这使我产生要做吉林省封建古典学术界的开山祖的狂妄思想。我毕业时他送给我一副对联是"读书最要识家法，行事不须同俗人"。我老是把它挂在墙上，作为座右铭。我搞封建学术遵守清代高邮王氏家法，并喜欢历史上祢衡、阮籍、嵇康、陶渊明等人，就是受梁先生的启示。道师王国维先生"著述等身，名满海内"，同样地对我发生极大的感召作用，后来他投昆明湖而死，我异常悲悼，认为他是"今之古人"。总之我在清华研究院一年，梁王两先生的教育使我决心在封建学术上追求名誉，不要个人权势，不要个人功业，不要个人享乐，只要做一个封建学术的专家学者，只要做一个"独善其身"的个人主义者。这种思想支配我以后二十多年，支配我为提高封建学术的反动政府服务，因而对于革命文化起了一定的阻碍作用。但是到一九四八年，我却失掉自己原来的操守，登上反动的政治舞台，所谓"独善其身"也未做到。回想起来真使我追悔、伤心、痛恨自己。

一九二六年夏，我由清华毕业了。吉林省立法政专门学校校长刘风竹是我吉林第一师范同学刘肇英的叔父，教务主任牟右荃是我吉林第一师范的同学，因有这种人事关系所以该校聘我任国文教授，同时兼任吉林省立女子师范学校国文教员，又兼任吉林第一师范初中教员养成班的教员。一九二七年夏，刘风竹辞去法专校长职务，我也辞去该校教职到吉林第一师范做教员兼任吉林县立中学教员。一九二八年冬我才把两校教职完全辞掉，我在吉林教书共两年半。（解放后曾经听说刘风竹叔侄在北京一个私立银行工作，牟右荃在长春人民银行工作）我的这段经历，钟国璋（现任吉林师范学校教员）可做证明。他是我吉林第一师范同学，北京师范大学同学。

刘风竹当了东北大学副校长（校长张学良），一九二九年春他请我到东北大学去，任教育学院国文专修科教授兼科主任。一九三一年九月十八日日寇进犯东北。东北大学迁到北京，我也随校到了北京，这时东北大学经费来源断绝，每月只发给教授生活费数十元（我的原薪是二百六十元）。一九三三年夏，我离开该校。这一阶段我在东北大学任教四年半。这段经历有华种彦(现在新乡河南师范学院第二院任教)、孙昌荫(现在长春东北师范大学任教)可做证明,他们都是我的学生。

在我迁到北京以后,有一个反动国民党员刘刚中,主办一个北强学社,编印一个北强月刊。以收复东北为口号,拉拢青年。他是吉林省立第一师范学校初中教员养成班毕业,也是我的学生,拉我加入该社(好像是名誉社员),并给该月刊撰稿。该月刊登载的文章有学术性的,也有政治性的。我没有参加过该社的任何活动,只向该月刊投过稿(好像是《庄子天下篇笺证》)。后来刘刚中因病死去,该社也瓦解了,该月刊也停办了。关于北强学社和北强月刊何时结束,为什么结束,我不知道,因为那时我已经离开北京了。

一九三三年暑假前,日寇进犯河北,北京形势严重,人心惶惶,我离开北京,来到青岛,这时蓝文征在青岛女子中学教书,我就住在他那里。我很思念我的父母,因而乘轮船回吉林一趟,在路上受两三次检查,差一点未被日寇捕去。到家之后,幸喜父母还好,伪警察也曾到我家查问。我只住了五天就回到青岛,这时反动政府已和日寇妥协,出卖了不少主权,北京平静,我又回到北京,暑假后就到开封去了。

一九三三年暑假后,我到河南大学任教,该校校长张广舆是我的清华研究院同班同学刘盼遂的同乡好友(刘盼遂现在北京师范大学任教),我到该校去是刘介绍的。一九三四年夏,张广舆去职,杜秀生代理校长,请我兼国文系主任,我因为该校人事复杂,坚辞未干。冬,杨炳辰当了校长。一九三五年,校长又换了刘季洪,萧一山来任文学院长,余协中来任历史系主任。一九三七年春,东北大学一部分迁到开封,臧启芳任校长,臧曾任沈阳东北大学法学院长,和我同过事。这时他请我兼该校国文系主任,我因为东大和我有深远的关系,又可多得一份薪金,所以答应了。暑假后该校迁往西安,臧请我去,我喜欢河南大学,因而谢绝了。这年七月七日,日寇大举进犯我国,上海、南京相继沦陷。这年冬,河南大学迁往鸡公山,一九三八年夏又迁往镇平。我认为镇平将来也要变成战区,因而辞职,乘轮船入川。我在河南大学任教共五年,这段经历嵇文甫先生(现任河南师范学院院长)可以证明,我和他一连同事五年。

我在河南大学任教期间,开始和萧一山相识,并逐渐地发生深厚友谊。他组织了一个经世社(该社的来源我不知道),拉我入社,入社手续只填写一个表。该社由萧一山自任社长，没有细密组织（如分组、分股等都没有），不选举，不开会。当时社员据我的记忆，有范文澜、嵇文甫、余家菊（下落不详）、王希和（下落不详）、张维华（现在本校任教）、张师亮（听说他在兰州）、郭本道（下落不详）、余协中等人（我的记忆可能有错误），编印一个经世月刊，由范文澜、嵇文甫、余协中和我担任编辑，并写文章（不给稿费），也有社外人投稿。文章有学术性的，也有政治性的。经费来源据萧说是他向反动政府的大官们捐来的。据我观察，萧一山是有政治野心的，他总想当大学校长做大官，而得不到手，他创办经世社，主要目的在拉拢一帮人，壮大他的政治势力。其次他是很贪污的，也想借该社名义敲几个钱，从中捞一点。因此他采用了社务独裁经济不公开的方式。

我到四川，在重庆住了一个月，又往成都住了一个月，由于我的清华研究院同班同学吴其昌（已死去多年）的介绍，到四川乐山武汉大学任教。那时武汉大学教授们分两个派系，一派以校长王星拱为首，有伪教育部长陈立夫在后边支持。一派以教务长周鲠生、文学院长陈源为首，有伪外交部长王世杰在后边支持。两派斗争很激烈，国文系教授也分成这么两派，也在彼此斗争。我是吴其昌介绍给陈源，陈源主张聘请的，所以属于后一个派系。我觉得勾心斗角以维持教授位置，是卑鄙可耻的，所以只在该校任教两年，聘约还未满期，就辞职而去。在我辞职以前，陈源已经被打下擂台，辞了文学院长，国文系主任刘赜已经对我在排课上故意刁难，也是我辞职的原因。我的这段经历，叶圣陶先生可以证明，他和我同时进的武汉大学，同时离开该校。

七七事变后，东北大学又由西安迁到四川三台。一九四零年夏天，该校校长臧启芳和文学院长萧一山都写信请我到该校任教。我因而辞去武汉大学教职，到了三台，任东北大学国文系教授三年之久，中间兼任国文系主任一年。一九四三年，臧和萧发生冲突。臧怀疑萧要夺他的校长，因而主使法学院长娄学熙等打击萧一山。我和萧友谊较好，也在被打击之列，暑假前我和萧一山都辞了东大教职。这次我又在东北大学任教三年。这段经历蒋天枢（现在上海复旦大学任教）及陆侃如、冯沅君先生可以证明。

在这一段期间，伪教育部长陈立夫，到东北大学视察，该校教职员设宴欢迎他，我参加了这个宴会，和陈立夫在一桌。这个桌子坐十来个人，有该校校长臧启芳、教务长李孝同、文学院长萧一山，还有总务长、训道长、法学院长、各系主任,如白世昌、陈克孚、蓝文征、郑资约、李季伟等人,记不清楚了,因为还有该校地位较高的人陪陈匪的随员吃饭(当时我可能是国文系主任,记不得了)。席间陈匪对该校“军训”表示赞扬(后来发给每个学生一套制服),大家随便谈谈,我说话很少,说的什么记不清了。从现在看来,我曾经陪过这个特务头子、头号战犯、民族罪人吃饭,真是极端可耻的一件事。

在这一段期间,萧一山的经世社有了发展,社员增加了。据我现在的记忆,参加该社的,有我和蒋天枢、梁品如(现在何处不详)、孙道升(现在西北大学)、孙昌荫(现在东北师范大学)、蓝文征(听说他在台湾匪区)、陈述(现在何处不详)、郑资约(现在何处不详),还有化学系袁某,还有当时的研究生单演义(现在西北大学)、孙守任(现在何处不详)等人(似乎已经发展到学生,我记不清了)。经世月刊因经费困难而停刊,改出“经世丛书”,由贵阳文通书局出版,我所作的《周易古经今注》上册(通论部分)即是编入该丛书而出版的。一九四三年暑假前,在臧、萧的斗争中,经世社也起了一定的作用。萧辞职了,文学院多数教师联名辞职(是否全体辞职我记不清了。辞职的教师也不全是经世社员)。是否在我家开过一次会,我不记得了,只记得曾在饭馆聚餐一次(其中可能有非经世社员)。萧一山要往重庆去,文学院教师和学生们去送行,学生在攀辕挽留,臧启芳也去了,好像是照了一个相?这次风潮的结果,我和萧一山、郑资约、蓝文征、蒋天枢、孙道升都离开了东北大学。

大概在这一段期间,我参加了说文社。记得有一天接到我的清华研究院同学卫聚贤的一封信,说他成立了一个说文社,请我加入。信里附着一张入社表格,我填写了,给他寄去(那时他在重庆)。该社出了说文月刊,据我了解,该社是个学术团体,该月刊也没有政治性文章。社员有哪些人,我不知道。卫聚贤在清华读书不和我同时,我们也没有什么友谊。……解放后,他仍在重庆。我在西南师范学院时,听说他离开重庆到某地去,不久就病死了。

一九四三年秋,由于河南大学旧同事张维华的介绍(也有萧一山的力量),我到齐鲁大学任中国文学系主任。该校是英美帝国主义教会所立。校当局和教授多是仰洋人鼻息,我极看不惯。一九四四年春,该校校友会以张维华为首,罢课反对汤青禾,我曾从中调解无效,暑假前我就辞职回三台我的家了。这段经历张维华可以证明。

一九四四年夏，西北大学校长刘季洪邀萧一山去任文学院长，邀我去任国文系主任，并托他的亲戚我的清华研究院同学蒋天枢写信敦劝。（蒋天枢此时在北碚复旦大学）我和萧都去了。寒假时，刘季洪要解聘国文系三位教师朱人瑞、宋嗣恂、易宗箓。经我力争，只解聘易宗箓一人。易宗箓教书确是不行，我曾查堂，他在讲书而学生在下棋。别系教授有几人出来反对此事。刘季洪怕惹起风波，反说我主张解聘。我抱“宁人负我，我勿负人”的态度，也就挺身承认，事态才未扩大。但是我通过这件事，认识到刘季洪不可以共事。那时反动政府为了加强法西斯统治，号召十万青年从军。刘季洪为了发动学生，召开大会，假哭一场，签名从军。当时院长系主任等都签了名。我去看张骞墓未在场，刘乃替我签了名。我回来大发脾气，说：“衮衮诸公（指反动派政府的大官）为什么不从军？骗人的把戏，我不干！”结果把我的名抹去。从此有了意见以后，我认为更不能共事了。西北大学给我印《周易古经今注》，下册一百部（？），刘季洪原说准备做讲义，不要我出钱，到我和他发生意见以后，就和我要钱了，我以后出了伪法币七万元。西北大学内部复杂，反对刘秀洪的势力很大，我仍留该校，难免卷入漩涡。由于这些原因，我才辞职而去。在旧历端阳节前，我就回三台我的家了。这段经历单演义可以证明。

一九四五年秋，日寇投降，三台东北大学校长臧启芳又邀我回该校任教，我为了随东大还乡，答应了，又在该校任教一年，才回东北去。这段经历陆侃如、冯沅君先生可以证明。

在这一年中，东北区伪行政机构及重要官吏都发表了。如伪沈阳市长董文琦，伪省政府主席徐箴、高惜冰、吴瀚涛、王宁华，伪厅长白世昌、吴希庸、刘全忠、苍宝忠、胡体干（只和我见过面，政治立场不详，吉林人，下落不详）、傅坚白等等，或者和我见过面，或者和我比较熟识，这些东北人，都和我是同辈，以旧社会的地位声望而论，有些个远不及我，可是都超级升官了，我还仍然做个教授。现在回想起来，幸而我未参加反动政治党派，和反动政府的中央大官毫无因缘，如其不然，必被反动政府拉上反动政治舞台，而早就跌到臭泥坑里了。

……

一九四六年秋，东北大学迁回沈阳，我也回到东北，曾经回吉林一趟看望我的母亲,住了几天,仍回沈阳,在东北大学任教。这时杜匪聿明创设一个东北中正大学。他的秘书长余协中兼任文学院长并代理校长(校长张忠绂始终没有到校),余和我在河南大学同事三年,余邀我兼任该校国文系主任,我因为家中人口多,东北大学一校薪金不足以维持生活,所以答应了。这时萧一山任伪北平行营秘书长,创办一个经世报(该报与我未发生关系),又设立一个经世文史研究所,有房屋,有图书,有一个管理员即孙守任。大概是寒假期间,他写信邀我到北京去,我去了,他介绍我到北京大学任教,并请我替他主持经世文史研究所。北大聘书发了,课程排了。我转回沈阳,东北大学和东北中正大学都不放我走,我又考虑一下,在东北两校底薪各六百元,北大底薪只五百元,又仅许在校外兼课四小时,经世文史研究所不予酬薪,实在不足以维持我一家的生活,结果没有到北大去。这年冬天(?),沈阳故宫博物院成立(名义上是筹备期间),金毓黼任主任委员,大概是由于金的推荐,我也兼任该院委员(金和我在三台东北大学同事三年),没有薪金,只有一点车马费。一九四七年秋,沈阳新成立一个东北女子文理学院。院长朱仑(女性,她在东北担任什么职务,我不知道,我只听说她住在杜匪聿明的家里,她的下落我也不详)托余协中请我兼任该院国文系主任。我因为时间精力不够,婉言谢绝,而朱仑请我担任名义,我答应了,介绍魏际昌代理该院国文系主任(听说魏现在天津任教)。该院给我送薪金,我退还了。也在这年秋,东北大学校长臧启芳被撤职,换了刘树勋。文学院长陆侃如辞职,到山东大学去了。刘树勋请我当文学院长,我因为兼管院务,妨碍我的研究工作(彼时我从北京借来一些书,修正我的《墨经校诠》和《尚书新注》),坚持不干,转荐我的清华研究院同学罗根泽,罗也不干,后来我提出两个条件:①每星期只办公三小时(在我去上课的日子)。②学校用汽车接送。刘都接受了,我才当了该校文学院长。在一九四八年四月秋,我就请假离开沈阳了。我的这段经历,前一年陆侃如先生可以证明,后一年华钟彦可以证明。

……

在这段期间,东北中正大学董事长杜匪聿明,每年请该校教授吃饭一次,我都参加了。到旧历新年,我曾和同事们去给杜匪拜年。我离开东北在南京参加伪国民大会的时候,因为受余协中的委托,曾经为了该校南迁事去见他一次,我在到该校任教以前,和杜匪并不相识。

在这段期间,伪东北行营打算成立一个研究机构,熊匪式辉曾为此事请了一桌客。客中有我和余协中、金毓黼等人。席上只是谈谈研究的必要。不久熊匪下台,研究机构也未成立。我和熊匪并不相识。他所以请我,大概是由于我在东北人中、在封建学术的研究上,还有点“声望”的原故(那种声望是可耻的)。

在这段期间,东北区伪行政机构的一个大官(某委员会委员)马毅办了一个东北民报。他和我在北京师范大学同学一年(预科同年级不同班,因为都是东北人,所以相识,没有友谊),他特到我家去请我主编该报的文史副刊,我答应了。现在回想我所以答应的动机有三:①给后进的朋友们开辟一个发表文章的园地。②借此传播自己的名誉。③宣传祖国的历史文化(记得我作的发刊词就是这个内容)。该副刊只登载有关文史的学术性文章,没有政治性的文章。几星期出一次,我主编多长时间,我都记不清了。我主编该副刊没有报酬(只赠阅该报一份),我在该副刊上发表过《庄子天下篇笺证》(以先发表过)《邓析子考》等文,也没有稿费。我没有给该报作过社论,因为我自己知道不懂政治,不会作政治性的文章,所以一向没有发表过这类文章。从现在看来,该报总是反动政府的宣传工具,我主编该报文史副刊,便是给反动政府帮忙,而且该副刊的内容,也出不了封建主义的、资本主义的反动观点,给读者灌入不少毒素,应该严重批判的。

一九四八年,反动政府召开伪国民大会。我的二弟高矫桓那时任反动国民党吉林省党部组织处长,他想竞选双阳县区的伪代表,可是反动政府指定华光为第一名候选人,高矫桓为第二名候选人。按照反动政府的分赃规定,“第一名候选人必须当选,第二、三名候选人即使得票最多,也必须把伪代表的席位让给第一名候选人”(伪代表争席位绝食抬棺材等丑剧演出就是由于此)。高矫桓因而不竞选了,但该席位落在旁人手里,他不甘心,所以替我竞选。因为我是无党无派的人,反动政府美其名叫做“社会贤达”。按照反动政府的规定,“社会贤达”竞选伪代表,由选举人签署做候选人,不由反动政府指定,得票最多就算当选,不让席位于任何人。(这个规定当然是拉拢无党无派的人们的一种手段)所以高矫桓替我竞选,是有当选的可能条件。同时,反动国民党吉林省党部主任委员李锡恩,是我的老友,和华光是狗咬狗的政敌。李锡恩是陈匪立夫的走狗,华光是伪吉林省政府主席梁华盛的走狗。在一九四六年的伪国民大会(即所谓“制宪大会”,该次大会我不是代表),李锡恩曾经主使伪代表们在蒋匪介石面前,控告梁华盛(这是当时大家知道的事),据闻,梁华盛从此以后对李锡恩客气一些,而对立矛盾如故。华光如果当选伪代表,那对于李锡恩的政治前途是很不利的,因此李锡恩也在支持我竞选(这点我在当时并不知道)。同时,华光在抗战胜利后,回过双阳县,对双阳县人士说某某是共产党,某某人是汉奸,进行敲诈和陷害(这是我听说的,华光这种行为是特务的活动,他可能是个大特务),因此引起双阳人的不满。而我在双阳县却有点名誉,有不少熟人,这也是我有当选的可能条件。同时,在竞选时候,双阳已经被我们解放军解放了,吉林市、长春市也在解放军包围之中。反动政府命令“双阳县伪代表即由旅居吉林、长春两市的同乡选举”,这样竞选就比较容易。高矫桓是在这种情况条件下替我竞选的。在竞选的时候,我在沈阳,高矫桓在吉林(我曾拍电报阻止,他不听),竞选的情况,我不知道,结果我得了一千多张票,就当选了。我已经认识到我的所以当选,主要是由于我站在反动政府的立场,为反动政府服务,同情反动政府,具有反动政府可以利用的基本条件。

我于一九四八年四月初,我和几个伪代表坐飞机先到北京,这时李匪宗仁已经宣布竞选伪总统,伪北京行营参谋长徐某曾为了替李匪拉票,请我们吃了一次饭。我们由北京飞上海,再转南京参加伪国民大会。在选举伪总统的时候,我错误地认为蒋匪介石领导抗战有功,因而投了他一票。这时萧一山也在南京,他拉我选举李匪宗仁,我错误地认为李匪在广东在北京有政绩,在抗战中有战功,比孙科、于右任、程潜、莫德惠等人强些,而萧一山的情面也不却,因而答应了。萧一山还陪我到李匪家里去过一次。李锡恩也在南京,他拉我选举孙科,我拒绝了。在选举伪副总统的时候,我投票选举李匪。李匪当选的希望已经显著了,蒋匪介石支持孙科,叫李匪和程潜放弃竞选,选举发生波折,暂停投票。我是个渺小的伪代表,没有住着反动政府所设的招待所,住在南京夫子庙一个小旅店里,屋子不见太阳光,我极不高兴。我也看透伪国民大会是耍猴儿戏,并且觉得我和李、孙都没有关系,犯不上捧场到底,所以不等到伪副总统选出,不等到伪大会闭幕,我就坐飞机赴成都,转回三台我的家了。我临走前曾问过萧一山,萧说“李已经放弃竞选(表面的),可以走的”,因此我觉得还对得起萧一山。

我在南京的时候,蒋匪介石曾经请东北区伪代表吃过一次饭,我也参加了。蒋匪介石、宋匪美龄、莫德惠、于斌的席位都摆在高台上,其余伪代表的席位都摆在台下,这种宴会形式确引起我的不快。

我在南京的时候，伪代表们向反动政府提出不少提案。他们的提案写成后，常常征求连署人，在会场中征求，我记得也曾有人请我做连署人（很少，大概是东北区伪代表）。我当时连提案看都不看，就签上名。反动政府当时把提案编印出来，约有十多册，发给伪代表每人一份。我离开南京时，因为是坐飞机，不能多带东西，所以把那些提案小册子都扔在南京，现在无从查考我究竟做过什么性质提案的连署人了。

我在离开南京的时候听说伪大会还要发给伪代表们钱款、伪大会纪念章、蒋匪相片等，等到伪大会闭幕才能发给。我因而把我的伪代表出席证和一颗名章留在南京，听说后来高矫桓到南京，出席证和名章都转他的手中。我走时只带李匪宗仁相片一张，莫德惠相片一张，和伪代表徽章一个。李、莫的相片，我到北碚相辉学院任教时，放在三台的家里，中华人民共和国成立后被我的家人烧了（彼时我的母亲、妹妹等都住在三台），伪代表徽章我带到北碚，中华人民共和国成立后还保存着。我在西南革大学习的时候（一九五一年四月至一九五二年二月）领导号召我们缴出反动证件，我当时向领导说“我有一个伪代表徽章，愿意缴出”。可是回到家里翻箱倒箧地寻找，终没有找到。大概是放在一个匣里被孩子们翻出拿着玩给弄丢了。

我在南京的时候，听说反动政府要成立一个“戡乱建国委员会”，凡是出让伪代表席位的人都聘做该会委员，月薪按简任一级的待遇，当代表是没有薪金的。反动政府的大官们拿这个来解决争夺伪代表席位的纠纷。当时伪代表们纷纷议论说：“出让代表的人有薪金，真的代表倒没有薪金，不合理，我们要争。”我在当时想，代表有薪金却是好的。

我在一九四八年四月底到了三台，不久反动政府改组了，伪总统及副总统就职了。反动政府给我来的函件我都填具答复，记得填写过履历，还写过一个所谓“对于国是的意见”。这个意见书写好后寄给反动政府伪总统蒋匪介石了。其主要内容记得是“任用贤人实行法治”，因为解放前我对于反动政府的阶级本质毫无认识，只认为反动政府所以腐败，就是由于任用奸邪，破坏法纪。我一向这样认识，所以还能回忆起这个内容，其余不记得了，但是其中绝对没有如何向共产党进攻的成分，也记得很明确，并不是我在当时同情共产党，而是我不懂得军事，所以没有这种成分。我的这个行动也说明了我在当时还想尽到伪代表的责任，站在反动政府立场，向反动政府效忠，希望反动政府改良政治，以免垮台。现在回忆这个行动，是非常痛恨解放前的我。

这年夏天,有一天我在打麻将牌,我的一个内兄拿着一份报对我说"你当了戡乱建国委员会委员了",指着我的名字给我看,我忙着打牌,看了一眼,他就拿着报走了。我知道这是反动政府给予伪代表薪金的一种方式,这是伪代表争要薪金的结果。后来接到反动政府一件聘书,聘我为"戡建会"委员,附有条例一份,条例规定"委员必须回到本省,向省政府报到,参加工作才给薪金"。我当时不能回东北是确定的,曾想把聘书退回,但又一想条例还不是具文,坐领干薪,是满有希望的,存着这样一个可耻的企图,因而把聘书留下了。我没有回吉林去,也没有到南京去,只担任了该会的委员名义,并没有到职,自然没有参加该会的反动活动。但我并不因为没有到职,企图减轻我的罪行,我既然接受了聘书,就足以证明我在当时反动思想是很强烈的。至于该会的一切情况我毫无了解。后来听说反动政府还设立一个宪政委员会,一部分伪代表被聘为该会委员。

我担任了伪国大代表,又担任了极端反动的"戡建会"委员名义,这两件极端肮脏的罪恶历史,我每一回想便觉得痛心。如果不是解放得快,共产党挽救了我,我沉沦在屎坑里,还不知到什么地步!

这年秋天,三台川北农工学院董事长龙杰三,聘我到该院去任国文教授,只教课六小时,不改学生作文。我因为离家近,所以答应了。龙杰三是我爱人罗璘的中学老师,也是个伪国大代表,同时我在三台东北大学任教四年,他知道我还能教书,所以请我去。但是我教普通国文,总感觉没兴趣,不愿意教,所以只在该院任教一学期,我就辞职了。我的这段经历龙杰三可以证明(听说现在成都任四川人民政府委员?)。

一九四九年二月,我到北碚相辉学院任教。该院院长许逢熙和我在河南大学、东北大学两度同事。他自动邀我去的。三四月间我的岳母罗向联辉送我的爱人和小孩们到北碚,我就想长住下去了。在解放前的不久,反动政府派遣伪孔庙奉祀官孔德成到四川去,进行反动宣传。孔德成在相辉学院礼堂向学生讲演,许逢熙及一些教授连我在内,也坐在前边听讲,讲的内容我不记得了,总之是极端反动的。孔德成在此以前和我见过两次面,所以他讲完了,还到我家坐了几分钟就走了。(一九四六年夏天我由三台回东北,在重庆等飞机,王献唐先生请我吃一次饭,席间有孔,接着孔又请我吃一次饭,我和孔只见过这两次面。)

一九四九年十一月初，北碚解放，我仍在相辉学院任教。一九五〇夏，该院文史法律等系停办，把校舍献给政府，我们在听候西南文教部分配工作。十一月西南文教部派我到重庆西南师范学院研究室工作。一九五一年四月，西南人民革命大学设立政治研究班，我入校学习，一九五二年二月底结业。东北教育部通过中央由西南区调派大中学校教师一百余人到东北工作，我奉派到东北，于四月间到吉林师范专科学校任教，参加了“三反”运动，这年暑期参加了思想改造运动。一九五三年七月，吉林师专停办，和它校合并。陆侃如先生给我寄信说山东大学聘我任教，我应聘了，于八月初到校，直到现在。关于我到相辉学院，再到西南师范学院，又到吉林师专的一段经历，张伯训（现在沈阳中学教员进修学院任教）可以证明。

我没有参加过任何反动政治党派，没有受过任何反动政治训练，没有信仰过任何宗教，没有参加过任何道会门。解放以后我也未参加革命党派。

三、思想转变过程

在这里只谈谈我的政治思想，其它思想从略。我在清华研究院时，常常考虑我的前途。认为读书人有两个途径，一是事业途径（指政治、军事、实业等），一是学术途径。我走哪个途径呢？由于我受家庭环境的影响，受私塾教育的影响，受中学老师张文澍先生的影响，受研究院导师王国维、梁启超两先生的影响，我考虑的结果，决定走学术途径，而且决定走封建学术的途径。因此我就专心致力地向古书里钻，不喜欢读报，不喜欢读政治书刊，不注意政治问题，因此我对于政治的认识非常模糊，甚至于糊涂。

孙中山的三民主义建国大纲等，我只看过一遍，认为三民主义是好的，但是自辛亥革命以来，就没有实行过一次，国民党员所谓三民主义的信徒，都是追求自己的升官发财。有人批评反动政府是“好话说尽了，坏事做尽了”，我认为非常中肯。我对于反动政府的感想虽然这样坏，但是我毫无革命思想，存着“苟全性命于乱世”的念头，好好教书，少得罪人，提高自己的学术地位，以免失业。在政治方面，我总是希望反动政府改良政治，任用贤人，修明法纪，决不希望它垮台。由此可见，我是始终站在反动政府的立场，思想情感都在支持它，这就是我担任了伪国大代表及“戡建会”委员名义的基本因素。

解放前，我对于党（共产党，下同）毫无认识，革命书籍我一本也没有看过,只知道有马列主义而已。对于苏联也无认识,只知道苏联支持共产党而已。我对于党和苏联也没有多少恶感,在抗战期间,苏联帮助我们,党的军队也在抗战,在这两点上,我对于党和苏联还有一定程度的好感,但思想情感仍是偏向反动政府,仍是站在反动政府的立场。现在回头检查起来,抗战胜利以后,我的反动思想强烈了这是由于我在当时对于《中苏条约》有错误的认识,对于张莘夫事件有错误的认识,因而反对党,反对苏联,甚而有仇恨情绪。但是仇恨情绪还是有一定的限度,并不是深钳的,也不是持久的。因为我毕竟没有参加过反动政治党派,没有超党派思想,没有把党看做势不两立的敌人。这确是当时我的思想实际。党"杀人放火"的诬蔑宣传,我已不相信,我在东北时听说有好多俘虏被共产党放回,其中有我一个朋友邢桂五,被放回后和我见过面,谈过党掌握了政权,我相信我依然可以过教书生活。总之,我在解放前,是站在反动政府的立场,思想是反动的,表现在我的历史上是明显的。同时我的思想是保守的顽固的,我在解放前没有写过白话文,便是明证。

以上是解放前我的主要的思情情况①。

解放后我开始读马列主义的书籍和毛主席的经典著作,思想开始转变,而转变的基本关键,是在西南革命大学十一个月的学习。在校里学习了辩证唯物论、历史唯物论、政治经济学和中国革命问题三个单元,打下了我的认识基础,摧毁了我的反动思想。结业后,我参加了"三反"运动和思想改造运动等,我的认识逐步提高。我对于党的认识是从三个环节上,第一是真理,第二是祖国历史,第三是目前现实。这三个环节当然是密切联系着结合着的。我在开始学习唯物论的时候,和我的唯心论的旧观点还有些抵触。步步学习下去,我才认识到这是天地间唯一真理,这一真理实现,才是全人类都过着最幸福的生活的时代。这是一丝一毫不能否认的。而党正是掌握这个真理、体现这个真理,这也是一丝一毫不容歪曲的。我对于祖国历史,稍微知道一些,祖国近百年来,受帝国主义的侵略、蹂躏和屠杀,国土主权损失好多。以往流了无数量鲜血,抛了无数量头颅,和帝国主义进行斗争,未能把他们赶走,可是在党的领导下,就把帝国主义的魔爪斩断,赶走得干干

① 按:原文为"思情情况",然观其涂抹处为"思想的主要情况",后应欲改为"主要的思想情况",故"情"疑就为"想"。

净净，这是历史上的奇迹，目前的现实。我在解放前真没有想到在我的一生中能够看到我们民族的独立与光荣，解放后我看到了，真使我有老死没有遗憾的感想。祖国几千年来的阶级社会，劳动人民总是被剥削，被压迫，过着痛苦灾难的生活，可是在党的领导下，劳动人民都翻了身。封建地主、官僚买办的凶残统治被推翻了，被消灭了。全国人民都获得真的平等和自由，这也是历史上的奇迹，目前的现实。在以往的阶级社会中，总是战乱相接，长期的太平是稀有的，尤其是近几十年，在帝国主义的操纵下，统治者们争权夺利，酿成无数次的内战，弄得国空民困，逃死无所。可是在党的领导下，建立了中华人民共和国，国家是空前的统一，人民是空前的团结，真是“路不拾遗、夜不闭户”。我在解放前真没有想到在我的一生中能够看到“太平盛世”，解放后我看到了。也真使我有老死没有遗憾的感想。祖国在受资本主义及帝国主义侵略的时代，是个穷国，是个弱国，是个半殖民地的国。可是在党的领导下，几年之间，不仅修复了战争时期的创伤，而且有计划地进行建设，开发资源、修筑铁路、设立工厂、兴建水利，各种建设都是一日千里地在发展着。我在报上看到这种消息就感到兴奋。在国家总路线的灯塔的照耀下，我们在十几年中就可以进入最美丽的最幸福的社会主义社会。这些也是历史的奇迹，目前的现实。总之，我是从真理上、祖国历史上、目前现实上，去认识党，认识到党是掌握着真理、体现着真理，体现在目前的种种现实，造成祖国历史上的奇迹。党和毛主席确是伟大的、光荣的、正确的，只要是有眼睛、有耳朵、有心肝的人都是承认的。我是从衷心里崇拜党和毛主席、拥护党和毛主席、敬爱党和毛主席。而且我自解放以来，处处受到党的周至照顾，得到党的热情温暖。（事实见思想检查不重述）从我个人的感受上，也体会到党的伟大。我在解放前的反动思想，早就消灭净尽，毫无残余了。但是我的思想转变，是在党的教育下，在现实的教育下，认识逐渐提高，认识的深度逐渐提高，认识的广度逐渐提高，才由反对革命转为拥护革命。而奠定认识的基础，却是我在西南革命大学学习时期。解放后，我看到苏联对我们的崇高的友好，无私的援助，不仅交还在《中苏条约》中所取的主权，而且帮助我们建设我们的祖国。种种伟大行动把我解放前的反苏思想冲洗净尽，而且我在学习中对于苏联也具有了正确的认识。

我虽然已经肃清了反动思想，树立了革命思想，而且怀着为革命服务的热情,但是思想上还有很多的严重的缺点,如个人主义、自由主义等思想仍是有时萌动,尤其是政治水平很低,思想麻痹很甚,业务水平也差,这些都和革命要求,和建设社会主义社会的要求,有很远的距离,难免给革命工作造成损失。我在这次肃清一切暗藏反革命分子的运动中,认识确有些提高,而提高还是有限的。我必须加倍努力,在党的教育下改造自己。我年岁已大,体弱多病,但精神依然健旺愉快,只要我的生活和工作都达于规律化,我相信我为新中国服务、为人民服务的时期还是很长的。我一定在最美丽的、最幸福的社会主义社会里活些年,我确有"老当益壮"的兴奋心情。

四、社会关系

1.罗明

我的爱人罗璘,她的娘家是四川三台县的大地主。她的祖父名罗增(又名晓谷),解放后不久死去。她的父亲名罗教怀(又名德辉),解放前两年死去。她的母亲名向联辉,解放后一年死去。她的弟弟名罗明(又名罗鑑,别号镜清),现年四十一岁,解放前曾任小学校长,参加了共产党,解放后任本乡粮库主任,在土改中,政府给予他以劳动改造的处罚,现在什么地方,我不知道。

我和罗璘于一九四二年七月结婚,罗家并未陪送土地,只陪送一座房屋(在三台县城上南街),我的家就在这座房里。一九四九年二月,我离开三台到北碚(两地相隔七百多里)相辉学院任教。三四月间,罗璘带着孩子到北碚区,向联辉为了送她们,也到了北碚,在我家住了十多月。十一月初,北碚解放,四川全省不久都解放了,向联辉才回三台去。那时刚解放不久,路上不太平静,所以她把衣箱留在我家,并留下她所戴的一副金镯(两只)说:"送给岚儿吧!"(我的大女孩呼高岚)我家原有三副金镯。一副是罗家给的,另两副是胜利后我在沈阳任教时汇钱到四川家里,我的爱人自己置的,(我的爱人未到东北去,我在东北薪金较多)。加上向联辉临走留下的一副,共计四副金镯(八只)。北碚解放后,相辉学院经费困难(私立学校靠学生缴费维持,解放后学生学费大减,以致教师薪米不能照发),我卖了一副金镯维持生活。一九五〇年间,三台罗家退押,罗明来信索还给罗璘陪嫁的那座房屋,并求助,我允许交还那座房屋(连陪嫁的家具),并把向联辉所留下的一副金镯和几个金戒指(数目记不清了),卖了,把钱给罗明汇去。后东三台县观桥乡(罗明的本乡)农民协会派两位农民同志到北碚来,取向联辉所存放的衣物。谈到罗家退押的紧张情况，我把我自己仅存的两副金镯和我的爱人的皮袄等物连同向联辉的东西，都叫两位同志拿走了。我还写了一封信，让他们带交农民协会。后来我的外甥丁宁（那时他在三台中学任教）打个电报给我说：“罗家被罚款，求助。”我又把我所存的工资六十万元（西南教育部多发给我一个月工资），又向朋友借到二十万元，共凑了八十万元汇去。罗家除掉向联辉临去北碚时留下的一副金镯外，并没有一分一厘的黄金存放我家。在罗明退押的时候，被罚款的时候，我和我的爱人都非常着急，尽最大的力量帮助他们。后来我的阶级觉悟稍有提高，才认识到我对他们的帮助是站在地主罗明的立场，看在封建亲戚的关系，这是丧失自己立场的错误行为。

2.李锡恩

别号纶三，反动国民党员、CC特务头子，吉林舒兰县人，九一八前，他做吉林大学副校长（校长张作相兼），我在沈阳东北大学教书，只见过两三次面，并无往还。九一八后我到北京，住在北京伪社会局所属的第一工厂里，不久他到北京，也住在该厂（伪社会局长娄学熙是他的北大同学），同住一起数月之久，相处很好。我觉那时他还未加入反动国民党，后来他投在陈匪立夫门下，任伪教育部东北青年教育救济处副主任，兼东北中山中学校长，大力拉拢吉林青年，大学肄业的或毕业的加入反动政治活动。我看见可以研究学问的青年，也去搞政治，很不以为然，常常和他争辩。一九三三年，我到河南大学任教，只有寒暑假我回北京偶尔见面。七七事变后，便老不见面。他在重庆，我在乐山、三台、成都、城固等地，也不通信。抗战胜利后，他在吉林任反动国民党吉林省党部主任委员。我在沈阳。彼此又见面几次。一九四八年初，高矫桓替我竞选伪国大代表，他在支持我，但此事前前后后，他并未和我谈过。我在南京参加伪国民大会时，他也在南京，曾拉我选举孙匪科做伪副总统，我严厉地拒绝了。我离开南京后，便和他断绝联系，听说他到台湾匪区去了。他是我们的敌人，我坚决地从思想上仇恨他。

3.萧一山

反动国民党员，江苏人。我和他在河南大学同事三年，三台东北大学同事三年，西北大学同事一年，共七年之久。友谊很好。他在河南大学任文学院长时，组织一个经世社，编印一个经世月刊。我是该社社员，曾经主编过该月刊，投过稿（详情见前）。一九四八年我当选了伪国大代表，到南京参加伪国民大会，他也在南京，拉我选举李匪宗仁做伪副总统，我答应了。但没有等到大会闭幕,我就离开南京到四川去。自我离开南京后,便和他断绝联系。听说他到台湾匪区去了。他也是我们的敌人,我坚决地从思想上仇视他。

4.余协中

政治立场不详,大概是反动国民党员。安徽人。我和他在河南大学同事三年,友谊很好。他也是经世社员。一九四六年我回东北,他是杜匪聿明的老朋友,彼时他任伪东北保安司令部秘书长兼东北中正大学文学院长并代理校长,邀我到该校任国文系主任。我的三弟高炳蔚在抗战期间,在汪贼精卫的伪组织下当军官。一九四六年秋回到东北,伪东北保安司令部要以汉奸罪恶逮捕高炳蔚,我托余协中关说才作罢。我因为伪保安司令部还起用一些汉奸任较重要职务,而竟要逮捕我的弟弟感到不平,向余协中辞东北中正大学教职,余协中又向杜匪聿明关说,给高炳蔚一个新编保安团长(该团终未编成)。一九四八年四月,我离开沈阳,便和他断绝联系,解放后他到哪里去了我不知道。

我在旧社会里混了几十年,又到了好多地方,所以有多方面的社会关系,有的是亲戚,有的是同乡,有的是同学,有的是同事,有的是师生。对我影响最大的是我在吉林第一师范读书时的老师张文澍和在清华研究院读书时老师王国维、梁启超,这三位先生都已去世了。而主要的社会关系就是上面所述的四个人。我在吉林师专参加思想改造时关于社会关系,曾经有过更详细的书面交代,在这个自传里就不重述了。

(这篇自传写的很详,但是多未加批判,加的批判也很不深刻。)

一九五五年八月二十九日写完。时在山东大学。

自传(五)

我是吉林省双阳县人,家住在县北老四区山咀子村,生于一九〇〇年旧历七月四日。

在我幼年的时期,我家房无一间,地无一垅。父亲名高学福,母亲谭氏,都不识字。父亲打零工,母亲织布,以维持生活。后来买了一小块荒地,盖了几间草房,兼营小商业——如贩卖豆油"白酒"年货等,赚了一点钱,到我十来岁的时候,才买了两三垧地,自己耕种,又经过十几年,田产逐渐增加,大约到我二十五六岁的时候，因农村常有“土匪”绑票之事，才把土地全部出租，家迁到长春，开始过地主生活。

我在一九一〇年(我十岁)春，入私塾读书。学名高青云。一九一八年春，改名高仙翘，考入吉林省立第一师范学校。一九二三年春，入北京弘达学院(补习考大学的几门课)，秋，考入北京师范大学。我不喜欢学教育一类的课程，一九二四年秋，考入北京大学。一九二五年暑期，北京清华大学研究院招生，我改名高亨，考入该院做研究生，一九二六年夏，毕业。十六年半的学生生活至此结束。在私塾八年，读“四书五经”《古文释义》《纲鉴总论》等等。在中学五年，在国文教员张文澍先生的指教下，学《说文》音韵学，读“前四史”及“二十五子”等，略知封建古典学术的门径。在清华研究院虽只一年，但对我影响很大。导师梁启超先生常和我们说：他的政治生涯耽误了他的著述事业，言下不胜慨叹。这使我产生了专搞学术，不问政治的思想。我的毕业论文是《韩非子集解补正》，梁先生大为嘉奖，对我说：“陈兰甫开始把《说文》带到广东，希望你开始把《说文》带到东北。”这使我产生了做吉林封建学术界的开山祖的妄想。我毕业时，他送给我一副对联：“读书最要识家法，行事不须同俗人。”我搞封建学术，遵守清代高邮王氏的家法，并喜欢读《后汉书·祢衡传》《晋书·阮籍传》等，不想做个“俗人”，都是受梁先生的启示。导师王国维先生是当时著述等身、名满海内的大师，对我也发生很大的感召作用。总之，我在清华毕业后，即决心在封建学术上追求个人名誉，不想建“功”立“业”，不想有权有势，只想做一个封建学术的专家学者。这种思想支配了我以后的二十多年。

一九二六年夏，我在清华研究院毕业，即回吉林。吉林省立法政专门学校校长刘风竹(别号冬轩)，由于他的侄子刘肇英、该校教务主任牟右荃的介绍，聘我任该校国文教授(刘肇英和牟都是我的吉林第一师范同学)。同时，由于吉林省立女子师范学校教务主任李又聃(我的吉林第一师范及北京师范大学同学)的介绍，兼任该校国文教员。吉林省立第一师范附设初中教员养成班无人讲授文字学一课，聘我兼任该班讲师。身兼三校教职，颇为得意。这时，我家由长春迁到吉林城。我的父亲买了一座旧瓦房，共七间。

一九二七年秋，吉林省教育厅长换人，法专校长刘风竹去职，女师教务主任李又聃也去职，我也辞去法专和女师教职，专任第一师范教员。

一九二九年春，刘风竹任沈阳东北大学副校长(校长是张学良)，聘我任该校教育学院国文专修科教授兼主任,我只身到了沈阳。一九三一年九月十八日,日本侵略军占我沈阳,我随东北大学迁到北京,仍在该校任教,寄居在北京市社会局立第一工厂(厂址在皮库胡同)。这时,我的吉林第一师范同学,吉林法专同事崔蕴兰任该厂厂长,由吉林逃难出来的吉林大学副校长李锡恩、文法院长董宣猷都住在这个工厂。我从此才和李董熟识。以后崔去职,我也就迁居它处。一九三三年夏,日本侵略军进逼北京,我离开北京,由青岛坐轮船回到吉林,探望父母。因为在日寇统治下的伪警察查户口很严,我在家不敢出门,住了两三天,就取道大连、青岛回到北京。

一九三三年秋,张广舆任开封河南大学校长。我的清华研究院同学刘盼遂是张的同乡好友,介绍我到河南大学任中文系教授。不久,我家由吉林迁到北京,我仍只身在河南,每年寒暑假回家一次。一九三七年春,东北大学由北京迁到开封,暂设在河南大学内,校长臧启芳当东北大学在沈阳时,曾任法学院长,与我相识,所以这时聘我兼任东北大学中文系主任。暑假中,该校迁往西安,邀我去,我谢绝了,转荐姜亮夫以自代。一九三七年冬,因日寇进逼,我随河南大学迁到鸡公山。一九三八年暑期,河大迁往河南镇平,我认为镇平不够安全,便辞去河大教职,赴四川,由重庆到成都。我在河大任教五年。在这期间内,与嵇文甫同事五年,与萧一山、余协中、范文澜均同事三年,相处很好。

一九三八年秋,由于我的清华研究院同学、武汉大学教授吴其昌的介绍,我到该校任中文系教授(该校已经由武昌迁到四川乐山)。该校教职人员内部斗争,异常激烈,不容人采取超然态度。有两个派系,一个派系以校长王星拱为首,后台老板是陈立夫。一个派系以教务长周鲠生、文学院长陈源为首,后台老板是王世杰。中文系也分两个派系,系主任刘赜与教授徐天闵、徐振、黄焯是王(星拱)派,教授朱世溱、叶圣陶、苏雪林与我是周派。系内钩心斗角,我感到厌烦,所以在一九四〇年暑假,聘约虽未满期,就决然离开该校。

一九四〇年秋,东北大学已经由西安迁到四川三台,校长臧启芳、文学院长萧一山邀我回该校任中文系教授。一九四一年秋,中文系主任姜亮夫回云南(他是云南人),系主任由我兼任。一九四二年秋,我不愿意搞行政工作,把系主任让给陆侃如。这年暑中,我和罗璘结婚。我和前妻齐庆云已经离婚八年了。东北大学内部也矛盾重重,臧启芳害怕萧一山夺去他的校长,臧的密友、法学院长娄学熙,臧的妹夫、政治系主任左潞生,联合起来攻击文学院。因此，一九四三年暑假前，萧一山与文学院几位教授（包括我在内）辞职，都离开东大。

一九四三年秋，成都齐鲁大学聘我任中文系主任。我只身前往，家属仍住在三台。该校教职员中有个齐大校友会，以历史系主任张维华为首，反对校长汤吉禾，鼓励全校教师罢课，我依然照常上课。抗战期间，华西、燕京、齐鲁、金陵四大学及金陵女子文理学院五个教会立的学校都设在成都华西坝，各校当权者都仰洋鬼子的鼻息，教授也唯唯诺诺，保持饭碗。有一次，洋鬼子为了节省开支，要解聘各校中文系教授若干人，授意各校中文系主任——华大闻在宥、燕大马鉴、金大高文、金陵女院陈钟丸、齐大是我——提出解聘者名单。五个系主任开会讨论此事，我坚决反对，此事因而作罢。洋鬼子为了培养买办奴才，常常以英文不及格为借口，勒令学生退学。齐大英文系因此停办，中文系四年级只有一名学生，三年级记不清了，二年级只有八名学生，其中有四名也将勒令退学。我为此以辞职力争，校当局怕引起风潮，才打破了该校八十年的惯例，留下了四名学生。我在这年中，才认识到教会学校的一点黑幕，暑假前，便拂袖而去，发誓不再到教会学校教书。

一九四四年秋，刘季洪（我在河南大学时，他当校长三年，任西北大学校长，萧一山任文学院长，邀我任该校中文系主任，我只身到了城固（西大设在城固）。这年寒假，刘季洪向我提出要解聘中文系四名教师（记得是教授易宗箓、讲师宋士恂等），我不同意，力争之后，只解聘易宗箓一人，（易的教学效果很坏，他在讲课，学生在下棋，我曾亲眼看见。）结果，有别系主任和教授如黄文弼等起来反对，刘季洪怕引起风潮，与反对者妥协，撤销解聘的决定。我对刘非常不满，在端阳节前，请假返回三台我的家，不肯再去城固，刘另聘高明（江苏人）做中文系主任。西北大学石印我所作的《周易古经今注》，原来用做讲义，这时刘季洪向我索印刷费七万多元伪法币，做为报复，我给他汇去了。

一九四五年暑期，日本帝国主义宣布无条件投降，东北大学校长臧启芳又邀我回该校任教，我为了便于还乡，所以答应了。一九四六年秋，东大迁回沈阳，我也只身坐飞机回到东北，仍在东大任教。这时，东北边防司令杜聿明创设一个东北中正大学。余协中做杜的秘书长兼该校文学院长，邀我兼任该校中文系主任并任图书馆长。我把母亲和长女高士芬、次男高士刚们接到沈阳，都住在该校宿舍。一九四七年秋，东北大学文学院长陆侃如去青岛山东大学任教。东大校长刘树勋三番五次请我任文学院长,我才勉强答应,但每星期只去办公两次,不愿多管事。这时,有一位妇人朱纶,创设了一个东北女子文理学院,她闻我的名,请我任该院中文系主任,我不干,她请我只担任名义,我答应了,推荐东北中正大学中文系教授魏际昌(我的学生)任该院中文系教授,代理系主任职务。我到东北后,沈阳要成立一个沈阳博物院,金毓黻任筹备委员会主任委员,聘我为委员(无酬薪)。又我的北京师范大学同学马毅办了一个东北民报,请我主编该报的文史副刊,这个副刊只登有关文史研究的文章,不登政治性的文章。(主编没有报酬,发表文章也不给稿费。)

一九四八年,国民党反动政府要召开伪国民大会,各省市县都展开伪国民大会代表的选举。这时,我的二弟高矫桓任国民党吉林省党部组织处处长,想当双阳县的伪国大代表,而国民党的候选人,由该党指定,并规定该党指定的第一名候选人必须当选,第二、三名候选人等得票虽多,也得让位。至于其他党派成员与“社会贤达”(无党派人士的称谓),不在此规定之内。当时国民党指定双阳县的候选人,第一名是华光,第二名是高矫桓。高矫桓看到自己没有希望,因为我是无党派人士,即所谓“社会贤达”,按国民党政府规定,得票多就可当选,所以他并未通知我,就在长春替我竞选。国民党吉林省党部主任委员李锡恩,与伪吉林省政府主席梁华盛矛盾很深,不愿意梁华盛的走狗华光当选,因而支持高矫桓的意见。我仍在沈阳,有一天,一个穿军官服装的中年人到我家来,自称华光,双阳县人。他说:“令弟高矫桓在长春替你老先生竞选国大代表,和我相争。你老先生是个学者,要这个头衔做什么?希望你老先生加以阻止。”我当时就拟一个阻止高矫桓替我竞选的电报稿,交给华光拍出。过了两三天,我接到高矫桓的信,信中说:“竞选一事,成否与你无损,你千万不要登报声明放弃竞选。”隔了两三天,华光又来我家,请我登报放弃竞选,我拒绝了。这时双阳县已经解放,代表由寄居吉林长春两市的双阳人选举,结果,我当选了。(由于反动统治者操纵选举,所以伪代表们在南京闹出绝食抬棺种种笑话。)

一九四八年约在三四月间,我坐飞机由沈阳到南京,参加伪国民大会,在选举伪总统时,我投了蒋匪介石一票。竞选伪副总统的主要是李宗仁和孙科。蒋匪介石支持孙科。当时李宗仁任北京行营主任,萧一山任他的秘书长。萧拉我选李宗仁,我认为李宗仁比孙科强些,就答应了。李锡恩承陈立夫的意旨，拉我选孙科，我拒绝了。记得有一天，我在国民大会堂里，一位吉林省伪代表拿李锡恩写给我的一个字条，交给我，条中文字劝我选孙科，我当时把字条扯碎，扔在地上。我几次都是投李宗仁的票。选举的趋势，李宗仁要战胜孙科，反动政府决定暂停投票。我看到了这是要猴儿戏，代表是一群猴儿。我想：我和李孙原无任何关系，犯不上给谁捧场到底，又不打算结个人因缘，做升官发财的阶梯，所以未等到伪副总统选出，我就坐飞机到成都，由成都回到三台我的家，和妻子团聚了。临走前，把我的代表证件与一颗铜质名章交给一个朋友，托他转交给高矫桓，以便替我处理有关代表事宜。我回三台后，在报上看到李宗仁当选为伪副总统。以后，伪副总统府给我寄来一些表格并征求意见，我填了表格，写了意见寄去。以后，我在报上看到伪副总统府发表“戡乱建国委员会”委员名单，内中有我。不久，接到委员聘书。我认为这是变相地给予代表以薪金，但该会条例规定，必须回到本省参加工作，才能给予薪金。我既不想回东北，又不想干这种工作，所以没有报到，没有领薪，也没有退还聘书。又在选举期间，李宗仁给每位（选他的）代表伪法币一千万元（当时伪法币贬值，我在南京买了一副眼镜，就花了三百万元左右。这个眼镜，我现在还戴着），我收下了。选举结束以后，伪政府发给每位代表伪法币五千万元，钱汇到沈阳我的住处，被我的弟弟们花了。

一九四八年秋，川北农工学院（设在三台）聘我为国文教授，每周只授课四小时，给最高薪额。我因为离家近，就到该院任教。四川北碚相辉学院院长许逢熙，当我在河南大学任教时，他做了一年教务长，和我熟识。一九四九年春，他来信，邀我到相辉学院任中文系教授。我因为在川北农工学院教普通国文，枯燥无味，所以辞彼就此，到北碚去了。不久，我妻罗璘带着儿女也来北碚，做久住之计。一九四九年冬，北碚解放，我仍在相辉学院任教。这年我四十九岁。

全国解放了（只剩下台湾），我在旧社会的生活结束了。回忆在旧社会里，我一心要做一个封建古典学术的专家学者，除教书外，只是读书写书，自称为“二书生涯”，以清代儒者所谓“朴学”为治学的准则，自己起个斋名叫“朴任堂”，不问政治，因而对于政治，自甘于糊涂。没有参加过任何政治党派，近来想起，我在三台东北大学时，打算成立一个“无党学社”，专吸收无党派的大学教师为社员。东大历史系教授陈述很表赞同。后来一考虑，搞个学社多么麻烦,而且谁有党派、谁无党派,很难辨清,所以作罢。我在讲堂上,在公开场合,从不批评政治,也不批评任何党派,以免引起学生和他人的反感。在开封河南大学时,因萧一山的拉拢,参加了“经世社”;在三台东北大学时,因卫聚贤的面请,参加了“说文社”,这两个社均是学术团体,没有政治活动,实际是萧、卫两人用此做为个人追求权势的本钱。我在旧社会里,对于共产党毫无认识,进步书刊一点没有读过。内心不赞成共产制度,但是共产制度如何?我并不知道,也不想知道。我的朋友张莘夫在福顺一带被“土匪”所杀,国民党政府诬蔑地说是苏联主使八路军所为,掀起反苏的宣传。当时,我在三台东北大学,信以为真,对苏联和共产党很有反感。东大举行“追悼张莘夫大会”并组织反苏游行,我都参加了。后来,我在沈阳,参加了张莘夫的葬仪,修改了张莘夫的碑文,文中有诽谤苏联和共产党的词句(碑文未刻)。总之,我在旧社会里,虽以超政治自我标榜,但思想上实站国民党政府的立场而为它服务。最后当选为伪国大代表,成为反动派的御用工具,是势所必然的。

一九四九年冬,北碚解放,我仍在相辉学院任教,开始学习毛主席著作——《新民主主义论》《论联合政府》《中国革命与中国共产党》等篇,对于革命有了初步认识。一九五〇年冬,相辉学院师生员工把学校献给政府(原是私立),西南人民政府教育部派我到西南师范学院研究室任研究员,我家也迁到重庆磁器口(该院设在磁器口)。一九五一年四月,我入西南人民革命大学研究班学习。这个班的学员都是高等学校教师,开了四门课,辩证唯物论、历史唯物论、政治经济学与中国革命史,由领导作启发报告,自己阅读指定的书籍文件,进行思想改造。学员都住在校内,我抛开一切,专心致志地学习了十个月,初步懂得一点马克思列宁主义的理论和毛泽东思想,个人的世界观开始有所转变。

一九五二年二月,西南革大研究班结业,我回到西南师范学院。三月间,东北人民政府教育部派人到重庆招聘大中学校教师,我和我的爱人罗璘都报了名,全家由重庆到沈阳,住了几天,吉林省教育厅派人接我们到吉林市,我被派到吉林师范专科学校任教,罗璘入该校学习,期满后,任该校图书馆员。一九五三年八月,东北八个师范专科学校合并为两个,一个设在大连,一个设在哈尔滨。我由于陆侃如的介绍,来青岛山东大学任中文系教授,家属也迁到青岛。一九五六年,由于陆侃如的介绍,我参加了九三学社。

一九五七年五月，中国科学院聘我为哲学研究所兼任研究员。

……一九五八年下半年，我随山大由青岛迁来济南。

一九六三年十月下旬，我赴北京，参加中国科学院招开的哲学社会科学部委员会扩大会议，十一月十六日毛主席、刘主席同周总理诸位国家领导人，在一个客厅里，接见了我们。毛主席和我亲切地握手，他问我："你是研究哲学、研究文学呢？"我说："我哪样也没有研究好。"他说："很好。"我说："主席过奖。"他说："你的《老子正诂》，我早就看过了，写得很好。"我说："主席过奖。"接见之后，国家领导人与参加会议的全体人员合照了一个相。会议闭幕后，我回到济南，我给主席写了两封信，又把拙著《周易古经通说》《周易杂论》《墨经校诠》《诸子新笺》及读主席诗词所写的《水调歌头》一词寄去献给主席。一九六四年三月十八日，主席亲笔赐给我一封信，信中是"寄书寄词，还有两信，均已收到，极为感谢。高文典册，我很爱读"等语。以我这样的老年旧知识分子，竟蒙祖国人民的伟大的革命领袖，全世界人民的伟大的革命导师接见并赐函，直是旷古的奇遇无尚的光荣，莫大的鼓励。我怀着无限的感奋，以此鞭策自己，死而后已。这是我个人历史中最光荣的一页。

我在山大已十二年有余，现年六十六岁。解放后，在党的十几年的教育培养下，思想认识逐渐有所提高，但还差得很远。身体较弱，有青光眼、高血压、腰痛等慢性病，但都不严重，在正常情况下，每天尚可工作七八小时，决心加强自我改造，争取在垂暮之年，为社会主义建设多尽一点力量。

一九六六年三月七日写完

附注：这篇自传只是叙写事实，未作自我批判。

（据山东大学档案馆藏《高亨档案》整理，整理者：张洪刚、鞠啸程、吴奇颖、庄欣欣、杨阳、郝梦雪）

关于高亨

（蒋天枢撰）

关于高亨

蒋天枢

一、我认识高亨的经过

我和高亨本来是同学。一九三〇年秋天我到沈阳第三高中教书,这时他在东北大学任教,高中和东大两校都在北陵前面,我们时常在一起共同讨论学问。一九三一年九一八事变发生,我先逃回到北京,隔了两个月他随东北大学也到了北京,在穷困中我们互相协助,在学问尚也交相勉励。一九三二年冬,我到河南开封高中教书,第二年他受河南大学聘,也到开封任教。这时我对于研究学问、汗漫无边,他时常很不客气地指责我,因此他成了我朋友中的畏友。一九三七年七七事变发生后,我随东北大学迁到西安,又迁到四川三台县,其初他仍在河南大学,一九三八年他离开河大入川,后来到四川乐山的武汉大学任教。一九三九、一九四〇年间他离开武大回到东北大学任教,我们重又相聚在一校。一九四三年他离开东大到成都齐鲁大学,我这年也离开东大到复旦,此后我们分开即没再会见过。后来他又回到东北大学,胜利后随着学校复员到沈阳,听说他又曾在沈阳一个私立大学做过兼任教授。(学校名已忘记,是反动分子杜聿明办的,学校中负责人为余某,已忘其名,余某是高亨在河南大学的同系同事,所以拉他去做兼任。)高亨的太太是四川人,复员时妻和子女没跟他回东北,大概是一九四七、一九四八年间他就借机会回到四川去了。后来他又到北碚的相辉学院教书,一直到解放以后,听说他今年已经全家回到东北了。他原籍是吉林人。

二、高亨的为人和他与政治的关系

高亨的个性是异常耿直刚正的。对朋友常当面批评人的过失。他的生活,一向都很朴素,对人却热诚而慷慨。就我所知道的,在反动政权时代,他完全是一个研究学问不知世故的书呆子式的人物,政治认识和阶级观点,在当时是没有的,但他有小资产阶级的正义感,记得当他从武汉大学回到东大时,他对反动学校压迫进步青年的事是愤恨切齿的。另外,在我和他分手以前,他没有过任何政治关系。也没参加过任何反动党团,我想他此后也或不止于加入什么党团,因为我见他对参加反动党团的朋友常是讥讽的。但是他的朋友有和反动政权有关的,因而造成他后来参加伪国大的事件。在一九四七年间,曾听人说:"高亨也被他的朋某(东北人,我不认识)拉作国大代表了,据说他所以答应这一个名义,是为的能得到飞机票,回四川去看家眷。"后来伪国大开会时,听说他已搭飞机到南京,没等会开完,他就弄了张飞机票回四川去了。此后他就没再回东北。关于他的为人,现任河南大学校长嵇文甫也很知道他。

三、他的业务

我认识高亨已廿多年,总是见他终年勤奋地在研究学问,受过他教的学生都异常钦敬他,常说:高老师比我们青年人还努力。他曾写过好多种关于古典文学和诸子的著作,都精辟而有价值。他的成就和他研究文化遗产的能力,在国内学者中是很少数的。在思想改造后的今天,以他的正直而热诚的品质,一定能以坚定的信心为人民、为祖国文化事业而精勤不懈地服务。我个人认为:像高亨这样的人和他在学术上的成就,在思想改造、旧知识分子有了远大目标后,他可配算作是人民的财富。他有为祖国文化事业服务的热诚和坚强能力。他在学术上所走的道路,是和一般学术界的欺罔浮浅者完全不同的。

四、高亨的家庭和他的离婚事件

高亨的家庭成分我不大清楚,从他和他家人的生活上看,都是很刻苦的,不像是出身在优裕的封建家庭。他个人从不计较吃、穿、金钱。他原来的太太是个乡下女子,离婚是在一九三四年间,据我所知道的,离婚的原因是由于他的妻子和他母亲处不来,母亲又有病,他有封建社会孝顺母亲的感情,因而就离婚了。离婚好多年没再娶,一直到四二年间才由友人介绍娶了位四川太太。

(据山东大学档案馆藏《高亨档案》中手稿整理,整理者:李振聚)

科学技术干部简历表(高亨)

科学技术干部简历表

单　　位　山东大学

职称或现任职务　中文系教授

姓　　名　高亨

中共中央组织部

一九六五年四月十二日填

<table>
<tr><td rowspan="4">姓名</td><td>现　名</td><td>高亨</td><td>性　　别</td><td>男</td><td>出生年月</td><td>1900 年 7 月</td><td rowspan="4"></td></tr>
<tr><td>原　名</td><td>高仙翘</td><td>家庭出身</td><td>小地主</td><td>本人成分</td><td>教师</td></tr>
<tr><td>曾用名</td><td>高晋生</td><td>籍　　贯</td><td colspan="3">吉林省(市)双阳县老四区山嘴子村</td></tr>
<tr><td>工资等级</td><td>教学二级</td><td>从事技术
工作年限</td><td>39 年</td><td>民族</td><td>汉</td></tr>
<tr><td colspan="2">何时何地加入
共产党、共
青团</td><td colspan="4"></td><td>何时参加
革命工作</td><td>1949 年 11 月</td></tr>
<tr><td colspan="2">身体健康
状　　况</td><td colspan="4">体弱、高血压、青光眼</td><td>业务专长</td><td>先秦文学
与哲学</td></tr>
<tr><td rowspan="2">学历</td><td>国内</td><td colspan="6">1926 年 7 月在清华大学研究院国学门专业毕业</td></tr>
<tr><td>国外</td><td colspan="6"></td></tr>
<tr><td colspan="3">懂哪几种外文，
熟练程度如何</td><td colspan="5"></td></tr>
<tr><td rowspan="2">家庭情况</td><td colspan="2">目前家庭人口及
经济收入情况</td><td colspan="5">母亲、爱人、
三子、二女共八人
每月工资 270 元。</td></tr>
<tr><td colspan="2">主要成员的姓名、
职业、政治面貌</td><td colspan="5">爱人罗璘未参加工作，无党派，拥护党，拥护社会主义。</td></tr>
<tr><td colspan="3">国内外有如何重要的社会关系，他们的姓名、职业、政治态度如何？过去和现在的关系如何？</td><td colspan="5">萧一山，反动国民党员，曾任河南大学、东北大学、西北大学文学院长、伪北平行营秘书长。听说他在台湾。我和他是同学关系，由 1948 年夏即断绝联系。
李锡恩，反动国民党员，曾任吉林大学副校长，国民党吉林省党部主任委员。听说他在台湾。我和他是同乡关系，由 1948 年夏即断绝联系。</td></tr>
<tr><td colspan="3">家庭成员和主要社会关系中，有无被杀、关、管、斗的，与本人的关系如何？</td><td colspan="5">高矫桓，反动国民党员，曾任国民党吉林省党部委员兼组织处长，在肃反运动中被判徒刑十五年，现在劳动改造中。他是我的胞弟，我当选伪国民大会代表，是他替我竞选的。</td></tr>
</table>

续表

何时何地参加民主党派和进步团体,现在是否民主党派成员,任何职务?	1956年在青岛参加九三学社,现在仍是社员。
何时何地参加何种反动党、团、军队、会道门及其他反动组织,任过何种职务,有何活动?	未曾参加过反动组织。
有关政治历史问题审查结论或意见	
何时何地因何问题,受过何种奖励与处分?	1964年山东省济南市人民委员会给予先进工作者奖状。
是哪级人民代表、政协委员。	山东省政协常务委员
何时参加何种学术团体,任何职务?	
何时何地何单位授予何种学位?	

工作经历			
年 月至年 月	在何地区何部门	任何职	证明人
1926年8月至1927年7月	在吉林城吉林省立法政专门学校	教授	刘风竹
1927年8月至1929年1月	在吉林城吉林省立第一师范学校	教员	傅贵云
1929年2月至1933年7月	在沈阳北京东北大学	教授	刘风竹
1933年8月至1938年7月	在开封鸡公山河南大学	教授	张邃青
1938年8月至1940年7月	在四川乐山武汉大学	教授	叶圣陶
1940年8月至1943年7月	在四川三台东北大学	教授曾兼中文系主任一年	白世昌

续表

1943 年 8 月至 1944 年 7 月	在成都齐鲁大学	中文系教授兼主任	张维华
1944 年 8 月至 1945 年 7 月	在陕西城固西北大学	中文系教授兼主任	单演义
1945 年 8 月至 1946 年 7 月	在四川三台东北大学	教授	冯沅君
1946 年 8 月至 1948 年 7 月	在沈阳东北大学	教授,后一年兼文学院长	霍玉厚
	兼东北中正大学、沈阳博物院等筹备委员会	中文系主任委员	傅贵云 关德栋
1948 年 8 月至 1949 年 1 月	在四川三台川北农工学院	教授	龙杰三
1949 年 2 月至 1950 年 10 月	在四川北碚相辉学院	教授	许逢熙
1950 年 11 月至 1952 年 3 月	在重庆西南师范学院	研究员	李景白
1952 年 4 月至 1953 年 7 月	在吉林市吉林师范专科学校	教授	
1953 年 8 月至现在	在青岛济南山东大学	教授	
1957 年 6 月至现在	兼任中国科学院哲学研究所	兼任研究员	

在技术业务上的主要成就	老子正诂　1943 年开明书店出版　1956 年古籍出版社重印 周易古经通说　1945 年文通书局出版　1958 年中华书局重印 周易古经今注　1947 年开明书店出版　1957 年中华书局重印 诗经选注　1956 年五十年代出版社出版 楚辞选　与陆侃如、黄孝纾合著,1956 年上海古典文学出版社出版 墨经校诠　1958 年科学出版社出版 诸子新笺　1961 年山东人民出版社出版 周易杂论　1963 年山东人民出版社出版 文字形义学概论　1963 年山东人民出版社出版 上古神话 与董治安合著　1963 年中华书局出版
党组(党委)对该同志的评价	

续表

其他需要说明的问题 1948年3月,我以无党派的"社会贤达"身份被双阳县人士选为伪国民大会代表,不久到南京参加伪总统的选举,未待伪总统选出,我就飞回四川三台我的家了。以后反动国民党政府发表聘我为"戡乱建国委员会"委员,我并未到职。
填表人签名盖章　高亨 1965年4月12日
审查机关盖章 年　月　日

(据山东大学档案馆藏《高亨档案》整理,整理者:张腾)

高亨佚文目录

高亨佚文目录

一、文章

1.《宋荣子佚说》，高亨讲，张恩霖、王锡龄、郑大洲、郭非庸记录，《夏声季刊》1929 年第 1 卷第 1 期。

2.《周秦诸子流别新论》，《河南大学校刊》1934 年第 56 期，按此文连载本刊 1934 年第 57、58、59、61、62、63、64 期。

3.《史记老子世系考》，《国立北平图书馆月刊》1935 年第 9 卷第 3 期。

4.《美俄大学教育的新动向》，《中华教育界》1935 年第 22 卷第 10 期。

5.《说丰》，《河南博物馆馆刊》1936 年第 4 期。

6.《说铺》，《河南博物馆馆刊》1936 年第 5 期。

7.《孔子哲学导论》，《经世》1937 年第 1 卷第 3 期。

8.《道德约解》，《经世》1937 年第 1 卷第 7 期。

9.《"九一八"是世界的纪念日》，《经世》1938 年战时特刊 23。

10.《教育应有的目标》，《经世》1938 年战时特刊 28。

11.《致顾颉刚信一通》，《责善半月刊》1940 年第 1 卷第 5 期。

12.《周易筮辞中有无哲学》，《责善半月刊》1940 年第 1 卷第 8 期。

13.《庄子之天人论》，《学思》1944 年第 4 卷第 1 期。

14.《川北农工学院校刊发刊辞》，《川北农工学院校刊》1948 年创刊号。

15.《在论文指导工作中的一点体会》，《新山大》1956 年 6 月 23 日。

16.《对发挥潜力的意见》，《新山大》1957 年 6 月 8 日。

二、诗词

1.《圆明园》，《实学》1926 年第 1 期。

2.《青岛书怀四首》，《河南政治》1936 年第 6 卷第 1 期。

3.《春风化雨山东大学成立五十五周年纪念》，特作此诗以志庆，《山东大学校报》1981 年 3 月 15 日第 5 期校庆专刊第 4 版。

5.《踏莎行·秋思》,《清华文艺》1925 年第 1 卷第 2 期。

6.《东风第一枝·闻雁》,《河南大学校刊》1934 年第 61 期。

附录:

《周易古经今注》,范宁撰,《清华学报》1947 年第 14 卷第 1 期。

(张洪刚整理)

山东高等学堂明儒学案讲义十八卷

（清范铠撰，清光绪三十三年山东高等学堂石印本）

山東高等學堂明儒學案講義

此先伯秋門先生所編輯之東阜九節本明儒學案，其簡略，雖亦是遏遏之佳本，當寶存之，留為子孫讀儒學之指，此之原書便攜帶也。

民國六年十二月山右孫誌

明儒學案講義

師說　黄梨洲先生述

鎧謹案梨洲先生作明儒學案六十二卷。集有明一代儒者之學說。昭若天星之繁維。深若左海所淵浩。學者盡畢年之力。或不能既其書。非夫篤道之士。欲探性命之源者。其孰能讀之。今以　奏定學堂章程。舉宋元明　清四朝學案為倫理課本。蓋謀德育之基者。莫純備於斯然也。顧梨洲先生既舉明儒之書。精擇而詳語之。猶不宜於學堂之日月。則有須於教者之善為節刪。以減省其期。此各省學堂所同遵行也。然以括庸鬻賣之資。執筆而從事。塗飾苟簡。期速畢業於旦莫之間。非有宿德鉅儒。相與審慎而辨論之。其褻道德。侮學問。不為斷然者乎。適鎧以無似得與高等學堂任教育數君。同承　建德周立之監督之命。為四朝學案講義。各惶然不敢應也。然辭不獲已。遂與諸君分為之。而以明儒學案屬鎧。歸於循梨洲先生之宗旨。以德育為依。不敢陋抄胥之名。强附可已不已之論說。謬謂講義之體宜然。至於去取之間。則昧識不足審別。要亦將以敬心。或亦賢哲之所恕乎。師說一卷。尤為全書精神之所寓。故全錄之。為學者便焉。鎧聞有明儒者。陽明為魁。良知一言。紹往聖絕學。功尤鉅於朱子。故明儒學案。不啻姚江學案也。前乎陽明者為陽明之先河。後乎陽明者為陽明之支與流裔。其間相救相正異同得失之各殊。要皆以陽明為中樞。故於諸儒學案不得已有所節刪。於姚江則錄之加詳。庶於德育將有助乎。鎧聞日本之興也。其名臣將相號多得力於王學。而吾國闕焉。轉或視即知即行。即心即物。即動即靜。即體即用。即工夫即本體。即下即上。為之不一之聖學為迂腐不急之常談。而競求所謂新學者。遺德育而不講。其賢者或執浮辯。致疑於陽明。而不知自致其良知。以優入聖路。道學剝。禍亂相尋。人材不興。國乃危弱。生民之甚無日。始徨然進學者而教之。夫求智識於歐西。以造作濟亂之才。而養才於德育之中。則其才始為有本。斯固吾國數千年所預蓄。不必以外求。而始獲者也。鎧無能有益於學堂。惟冀以王學為諸生介紹。比於書賈之以書進。而諸生遂有受其益者。則庶幾厚幸矣夫。光緒三十三年十月山東全省高等學堂編校講義員范鎧謹識

方正學孝孺

神聖既遠。禍亂相尋。學士大夫有以生民為慮王道為心者絕少。宋沒益不可問。先生稟絕世之資。慨然以斯文為己任。會文明啓運。千載一時。深維上天所以生我之意與古聖賢之所講求。直欲排洪荒而開二帝。去雜霸而見三王。又推其餘以淑來禩。伊周孔孟合為一人。將旦暮

遇之。此非學而有以見性分之大全不能也。既而時命不偶。遂以九死成就一個是。完天下萬世之責。其扶持世教。信乎不愧千秋正學者也。考先生在當時已稱程朱復出。後之人反以一死抹過先生一生苦心。謂節義與理學是兩事。出此者入彼。至不得與揚雄吳草廬論次並稱。於是成仁取義之訓。為世大禁。而亂臣賊子將接踵於天下矣。悲夫。或言先生之忠至矣。而十族與殉。無乃傷於激乎。余曰先生只自辦一死。其激而及十族。十族各辦其一死。毋普天之下。莫非王土。十族衆乎。而不當死乎。惟先生平日學問。斷斷乎臣盡忠子盡孝。一本於良心之所固有者。率天下人而趨之。至數十年之久。幾於風移世變。一日乃得透此一段精光。不可掩遏。蓋至誠。形著動變之理。宜然而非人力之所幾及也。雖謂先生為中庸之道可也。

曹月川端

先生之學不由師傳。特從古冊中翻出古人公案。深有悟於造化之理。而以月川體其傳。反而求之吾心。即心是極。即心之動靜是陰陽。即心之日用酬酢是五行變合。而一以事心為入道之路。故其見雖徹而不元。學愈精而不雜。雖謂先生為今之濂溪可也。乃先生自譜其於斯道。至四十年而猶不勝其渺茫浩瀚之苦。又十年恍然一悟。始知天下無性外之物。而性無不在焉。所謂太極之理即此而是。蓋見道之難如此。學者慎毋輕言悟也哉。

按先生門人彭大司馬澤嘗稱我朝一代文明之盛。經濟之學。莫盛於劉誠意宋學士。至道統之傳。則斷斷自澠池曹先生始。上章請從祀孔子廟庭。事在正德中 愚謂方正學而後。斯道之絕而復續者。實賴有先生一人。薛文清亦聞先生之風而起者。

薛敬軒瑄

愚按前輩論一代理學之儒。惟先生無間言。非以實踐之儒歟。然先生為御史。在宣正兩朝。未嘗錚錚一論事。景皇易儲。先生時為大理。亦無言。或云先生方轉餉貴州。及于肅愍之獄。係當朝第一案。功罪是非。而先生僅請從末減。坐視忠良之死而不之救。則將焉用彼相矣。就事相提。前日之不諫是。則今日之諫非。兩者必居一於此。而先生已愧不自得。乞身去矣。然先生於道。於古人全體大用。儘多缺陷。特其始終進退之際。亦有足稱者。則亦成其為文清而已。閱先生讀書錄。多兢兢檢點言行間。所謂學貫踐履。意蓋如此。或曰七十六年無一事。此心惟覺性天通。先生晚年聞道未可量也。

吳康齋與弼

愚按先生所不滿於當時者。大抵在訟弟一事。及為石亨跋譜。稱門士而已。張東白聞之。有上告素王正名討罪無得久竊虛名之語。一時名流盡譁。恐未免為羽毛起見者。予則謂先生之過。不特在訟弟之時。而尤在不能喻弟於道之日。特其不能喻弟於道。而遂至於官。且不難以因服見有司。絕無矯飾。此則先生之過所謂揭日月而共見者也。若族譜之跋。自署門下士。亦或宜然。徐孺子於諸公推轂。雖不應命。及卒必千里赴弔。先生之意。其猶行古之道乎。後人以成敗論人。見亨他日以反誅。便謂先生不當與作緣。豈知先生之不與作緣。已在應聘辭官之日矣。不此之求。而屑屑於稱謂語言文字之間。甚矣責人之無已也。

先生之學。刻苦奮勵。多從五更枕上汗流淚下得來。及夫得之。而有以自樂。則又不知足之蹈之手之舞之。蓋七十年如一日。憤樂相生。可謂獨得聖賢之心精者。至於學之之道。大要在涵養性情。而以克己安貧為實地。此正孔顏尋向上工夫。故不事著述。而契道真。言動之間悉歸平淡。晚年出處一節。卓然世道羽儀。而處之恬然。圭角不露。非有得於道。其能如是。日記云。澹如秋水貧中味。和似春風靜後功。可為先生寫照。充其所詣。庶幾依乎中庸。遯世不見知而不悔氣象。余嘗僭評一時諸公。薛文清多困於流俗。陳白沙猶激於聲名。惟先生醕乎醕云。

按天順初石亨汰甚。知為上所疑。門客謝昭效張嚳之告蔡京。徵先生以收人望。李文達為草疏上之。先生應召至。召對文華殿。力疾謝命。不能供職。三辭不得命。稱病篤不起。世謂先生跋石亨族譜。自稱門下士。顧涇凡允成謂為好事者為之。黎洲先生謂當時石亭勢如燎原其薦先生以炫燿天下者區區自居一舉主之名耳向若先生不稱門下則拂其初願先生必不能善歸先生所謂欲保性命其亦有甚不得已者又楊端潔傳易考謂先生辭宮諭歸以民服力田撫守張璜因先生拒而不見知京貴有忌先生者欲壞其節行以嚴法令他人代弟訟之牒入即遣隷執牒拘之先生服民服從拘者至庭璜加慢侮方以禮遣先生無慍色亦心諒非弟意相好如初璜以此得內貴心張廷祥元禎始亦信之後乃釋然此為實錄也

陳剩夫真晟

先生學方胡敬齋而涵養不逮氣質用事晚年靜坐一機疑是進步惜未窺先生全書

周小泉蕙

愚按非聖勿學惟聖斯學二語可謂直指心源段容思先生堅訓小泉先生語而兩人亦獨超語言問答之外其學至乎聖人一日千里無疑也夫聖人之道反身而具足焉不假外求學之即是故先生亦止言聖學段先生云何為有大如天地須信無窮自古今意先生已信及此非阿所好者是時關中之學皆自河東派來而一變至道

陳白沙獻章

愚按前輩之論先生備矣。今請再訂之學術疑似之際。先生學宗自然。而要歸於自得。自得故資深逢源。與鳶飛魚躍同一活潑。而還以握造化之樞機。可謂獨闢門户。超然不凡。至門所謂得則曰靜中養出端倪。向求之典冊屢年無所得。而一朝以靜坐得之。似與古人之言自得異。蓋子曰。君子深造之以道。欲其自得之也。不聞其以自然得也。靜中一機。無乃淺嘗而捷取之乎。自然而得者。不思而得。不勉而中。從容中道。聖人也。不聞其以靜坐得也。先生蓋亦得其所得而已矣。道本自然。人不可以智力與。纔欲自然。便不自然。故曰會得的活潑潑地。不會得的只是弄精魂。靜中養出端倪。不知果是何物。端倪云者。心可得而擬。口不可得而言。畢竟不離精魂者近是。今考先生證學諸語。大都說一段自然工夫。高妙處不容湊泊。終是精魂作弄處。蓋先生識趣近濂溪。而窮理不逮。學術類康節。而受用太早。質之聖門。難免欲速見小之病者也。似禪非禪。不必論矣。

陳克庵選

愚按先生躬行粹潔。卓然聖人之徒無疑。其平生學力盡見於張聚一疏。至誠而不動者未之有也。通紀評理學未必盡當。而推許老先生也至矣。文肅好古信道。真不愧先生友者。文肅先生鄉友

謝公鐸鳴涓

羅一峰倫

愚按一峰嘗自言。予性剛。見剛者好之。若饑渴之於飲食。不能自喻於口也。求之不可得。則友其人於古。相與論其世。如侍几杖而聆謦欬而歆歔企羨。至為泣下。予之好剛。蓋天性然也。孔子曰吾未見剛者。孟子曰我善養吾浩然之氣。至大至剛。以塞乎天地之間。富貴不能淫。貧賤不能移。威武不能屈。此真至大至剛之大丈夫哉。孔孟之所謂剛。固予之所好者也。此可為先生實錄。先生之學剛而正。或凝之孔融非是。又傳先生既謫官。過崇仁。求謁康齋。康齋不見。意待再三而後見之。先生怒。投一詩去。康齋之不見。所以進先生之意深矣。惜先生不悟也。又當時張廷祥獨不喜康齋。故先生亦不喜之。然康齋終不可及也。

蔡虛齋清

先生闇修篤行。不聚徒。不講學。不由師承。崛起布曠之後。一以六經為入門。四子為標準。而反身用力本之靜虛之地。所謂真道德性命。端向此中有得焉。久之涵養深至。日改而月以化。庶幾慥慥君子。前輩稱月湖過先生。殊未然。月湖之視先生。猶子夏之於曾子。玉夫清修勁力差可伯仲。惜未底於成。又先生嘗友林見素。考見素立朝卓然。名德。又屢疏薦羅整菴王陽明呂涇野陳白沙。則其聲氣所感通可知。俟再考以入。月湖楊廉號 玉夫丁璣字

王陽明守仁

先生承絕學於詞章訓詁之後一反求諸心而得其所性之覺曰良知因示人以求端用力之要曰致良知良知為知見知不囿於聞見致良知為行見行不滯於方隅即知即行即心即物即動即靜即體即用即工夫即本體即下即上無之不一以救學者支離眩騖務華而絕根之病可謂震霆啓寐烈耀破迷自孔孟以來未有若此之深切著明者也特其與朱子之說不無牴牾而所極力表章者乃在陸象山遂疑其或出於禪禪則先生固嘗逃之後乃覺其非而去之矣夫一者識也天之道也識之者明也人之道也致良知是也因明至誠以人合天之謂聖禪有乎哉即象山本心之說疑其為良知之所自來而求本心於良知指點更為親切合致知於格物工夫確有持循較之象山混人道一心即本心而求悟者不猶有毫釐之辨乎先生之言曰良知即是獨知時本非元妙後人強作元妙觀故近禪殊非先生本旨至其與朱子牴牾處總在大學一書朱子之解大學也先格致而後授之以誠意先生之解大學也即格致為誠意其於工夫似有分合之不同然詳二先生所最喫緊處皆不越慎獨一關則所謂因明至誠以進於聖人之道一也故先生又有朱子晚年定論之說夫大學之教一先一後階級較然而實無先後之可言故八目總是一事先生命世人豪龍場一悟得之天啟亦自謂從五經印證

過來。其為廓。然。聖。路。無。疑。特其急於明道。往往將向上一機。輕於指點。啟後學獵等之弊有之。天假之年。盡融其高明卓絕之見。而底於實地。安知不更有晚年定論出於其間。而先生且遂以優入聖域。則範圍朱陸而進退之。又不待言矣。先生屬纊時。嘗自言曰。我平生學問纔做得數分。惜不與吾黨共成之。此數分者。當是善信以上人。明道而後。未見其比。先生門人徧天下。自東廓先生而外。諸君子其最著與。然而淵源分合之故。亦畧可覩矣。

鄒東廓守益

按鄒文潔公稱陽明必為聖學無疑。及門之士。槩多矛盾其說。而獨有取於念菴。然何獨近遺東廓耶。東廓以。獨。知。為。良。知。以戒。懼。慎。獨。為。致。良。知。之。功。此是師門本旨。而學焉者失之。浸流入猖狂一路。惟東廓斤斤以身體之。便將此意做實落工夫。卓然守聖矩。無少畔援。諸所論著。皆不落他人訓詁良知窠臼。先生之教。卒賴以不敝。可謂有功師門矣。後來念菴收攝保任之說。實淵於此。

王龍溪畿

愚按四句教法。考之陽明集中。並不經見。其說乃出於龍溪。則陽明未定之見。平日間嘗有是言。而未敢筆之於書。以滋學者之惑。至龍溪始云四有之說。猥犯支離。勢必進之四無而後快。

既無善惡。人何有心意知物。終必進之無心無意無知無物而後元。如此則致良知三字。著在何處。先生獨悟其所謂無者。以為教外之別傳。而實亦併無是無。有無不立。善惡雙泯。任一點虛靈知覺之氣。縱橫自在。頭頭明顯。不離著於一處。幾何而不蹈佛氏之坑塹也哉。夫佛氏遺世累。專理會生死一事。無惡可去。并無善可為。止餘真空性地。以顯真覺。從此悟入。是為宗門。若吾儒。日在世法中求性命。吾慾薰染。頭出頭沒。於是而言無善惡。適為濟惡之津梁耳。先生孜孜學道八十年。猶未討歸宿。不免沿門持鉢。習心習境。密制其命。此時是善是惡。只口中勞勞行腳。仍不脫在家窠臼。孤負一生。無處柢基。惜哉。王門有心齋。龍溪。學皆尊悟。世稱二王。心齋言悟雖超曠。不離師門宗旨。至龍溪直把良知作佛性看。懸空期個悟。終成玩弄光景。雖謂之操戈入室可也。

羅整菴欽順

愚按先生之學。始由禪入。從庭前柏子話頭得悟。一夕披衣。通身汗下。自怪其所得之易。反而求之儒。不合也。始知佛氏以覺為性。以心為本。非吾儒窮理盡性至命之旨。乃本程朱格致之說而求之。積二十餘年。始有見於所謂性與天道之端。一口打并。則曰性命之妙。理一分殊而已矣。又申言之曰。此理在心目間。由本而之末。萬象紛紜而不亂。自末而歸本。一真湛寂而有餘。因以自樹於卓如之見。如此亦可謂苦且難矣。竊思先生所謂心目之間者。不知實在處而其本之末末歸本者。又熟從而之之歸之乎。理一分殊。即孔子一貫之旨。其要不離忠恕者。是則道之不遠於人心。亦從可决矣。乃先生方斷斷以心性辨儒釋。直以求心一路。歸之禪門。故甯舍置其心以言性。而判然二之。處理於不外不內之間。另呈一心目之象。終是泛觀物理如此。而所云之之歸之者。亦是聽其自之之而自歸之。於我無與焉。則亦不自覺其墮於恍惚之見矣。考先生所最得力處。乃在以道心為性。指未發而言。人心為情。指已發而言。自謂異於宋儒之見。且云於此見得分明。則無往而不合。試以先生之言思之。心與性情。原只是一人。不應危是心而微者非心。止緣先生認定佛氏以覺為性。謂覺屬已發。是情不是性。即本之心。亦只是惟危之心。而無惟微之心。遂以其微者拒之於心外。而求之天地萬物之表。謂天下無性外之物。格物致知。本末一貫。而後授之誠正。以立天下之大本。若然則幾以性為外矣。我故曰。先生。未。嘗。見。性。以。其。外。之。也。夫性果在外乎。心果在內乎。心性之名其不可混者。猶之理與氣。而其終不可分者。亦猶之乎理與氣也。先生既不與宋儒天命氣質之說。而蔽以理一分殊之一言。謂理即是氣之理是矣。獨不曰性即是心之性乎。心即氣之聚於人者。而性即理之聚於人者。理氣是一。則心性不得是二。心性是一。則性情又不得是二。使三者於一分一合之間終有二焉。則理氣是何物。心與性情又是何物。天地間既有個合氣之理。又有個離氣之理。既有個離心之性。又有個離性之情。人烏在其為一本也乎。吾儒本天。釋氏本心。自是古人錢案。先生娓娓之言。可謂大有功於聖門。要之善言天者、正不妨其合於人。善言心者、自不至流而為釋。先生不免操因咽廢食之見。截得界限分明。雖足以洞彼家之弊。而實不免抛自身之藏。考先生於格物一節。幾用却二三十年工夫。迨其後即說心說性說理氣。一字不錯。亦只是說得是。形容得著。於坐下毫無受用。若先生莊一靜正。德行如渾金璞玉。不愧聖人之徒。自是生質之美。非關學力。先生嘗與陽明先生書云。如必以學不資於外求。但當反觀內省以為務。則誠意正心四字亦何不盡之有。何必於入門之際。便困以格物一段工夫。嗚呼。如先生者。真所謂困以格物一段工夫。不特在入門。且在終身者也。不然。以先生之質。早尋向上而進之。宜其優入聖域。而惜乎僅止於是。雖其始之易悟者。不免有毫釐之差。而終之苦難。一生擾擾到底者。幾乎千里之謬。蓋至是而程朱之學亦弊矣。由其說。將使學者終其身無入道之日。困之以二三十年工夫。而後得。而得已無幾。視聖學幾為絕德。此陽明氏所以作也。

呂涇野柟

愚按關學世有淵源。皆以躬行禮教為本。而涇野先生實集其大成。觀其出處言動。無一不規於道。極之心術隱微。無毫髮可疑。卓然閔冉之徒無疑也。異時陽明先生講良知之學。本以重躬行。而學者誤之。反遺行而言知。得先生尚行之旨以救之。可謂一髮千鈞。時先生講席。幾與陽明氏中分其盛。一時篤行自好之士。多出先生之門。馬何諸君子學行同類。故附焉。何塘馬里崔銑

呂潛張節郭郛

孟雲浦化鯉　孟我疆秋　張陽和元忭

愚按二孟先生。如冰壺秋水。兩相輝映。以扶家傳於不墜。可稱北地聯璧。吾鄉文恭張先生。則所謂附驥尾而名益彰者乎。讀二孟行張文恭作可信也。文恭又嘗有壯哉行贈鄒進士遺戍貴陽。其私吾黨臭味如此。君子哉若人。於今吾不得而見之矣。文恭與同郡羅文懿為筆研交。其後文懿為會試舉主。文恭自追友誼如昔。亦不署門生。文懿每憾之。文恭不顧。廷對係高中元讀卷。後相見亦不署門生。其矯矯自立如此。文恭又與鄧文潔交莫逆。及其沒也。文潔祭以文。稱其好善若渴。以天下為己任云。

羅念菴洪先　趙大洲貞吉　王塘南時槐

鄧定宇以讚

按王門惟心齋氏盛傳其說。從不慮之旨。轉而標之曰自然。曰學樂。末流衍蔓。浸為小人之無

忌憚。羅先生後起。有憂之。特拈收攝保聚四字。為致良知符訣。故其學專求之未發一機。以主靜無欲為宗。旨可為衛道苦心矣。或曰。先生之主靜。不疑禪歟。曰。古人主教。皆權法。王先生之後。不可無先生。吾取其足以扶持斯道於不墜而已。況先生已洞其似是而出入之。逃楊歸儒。視無忌憚者不猶近乎。趙王鄧三先生其猶先生之意歟。鄧先生精密尤甚。其人品可伯仲先生。

羅近溪汝芳

鄧先生當士苴六經之後。獨發好古精心。考先聖人之遺經。稍稍補綴之。端委纚然。挽學者師心誣古之弊。其功可謂大矣。乃其學實本之東廓。獨闡戒懼謹獨之旨。則雖謂先生為王門嫡傳可也。余嘗聞江西諸名宿言。先生學本修。羅先生學本悟。兩人齗齗爭可否。及晚年先生竟大服羅先生。不覺席之前也。考其祭羅先生文。略見一班。則羅先生之所養。蓋亦有大過人者。余故擇其與緊真切者載於篇。令後之學者。無得藉口羅先生也。

李見羅材

文成而後。李先生又自出手眼。諄諄以止修二字壓倒良知。亦自謂考孔曾。俟後聖。抗顏師席。率天下而從之。與文成同。昔人謂良知醒而蕩。似不若止修二字有根據實也。然亦只是尋得好題目儆文章與坐下無與吾人若理會坐下更何良知止修分別之有先生氣魄大以經世為學酷意學文成故所至以功名自喜微和其歸宿往往落求可成一路何敢望文成後塵大學一書程朱說誠正陽明說致知心齋說格物盱江說明明德劍江說修身至此其無餘蘊乎

許敬菴孚遠

余嘗親受業許師見師端凝敦大言動兢兢儼然儒矩其密繕身心纖悉不肯放過於天理人欲之辨三致意焉嘗深夜與門人弟輩宵然靜坐輒追數平生酒色財氣分數消長以自證其所學篤實如此

按梨洲先生之為明儒學案其凡例有云大凡學有宗旨是其人之得力處亦是學者之入門處天下之義理無窮苟非定以一二字如何約之使其在我故講學而無宗旨即有嘉言是無頭緒之亂絲也學者而不得其人之宗旨即讀其書亦猶張騫初至大夏不能得月氏要領也又云每見鈔先儒語錄者薈撮數條不知去取之意謂何其人一生之精神未嘗透露如何見其學術是編皆從全集纂要鉤元未嘗襲前人之舊本也夫所謂要與元者即宗旨之謂為其人之精神透露處亦即其人之得力處與學者之入門處也梨洲先生於學案既纂之鉤之今尤須更期簡約則其事乃同於繪人之

體貌僅各錄其勝處而眉目準頷且不全吾未見其為全人也雖然精之愈精標揭其宗旨示學者以從入之途所標揭者途也而非以標揭者為途學者僅得其標揭而止曰某某者從若途某某者從若途而終身不一深涉焉吾安見黎洲先生之書為學聖者四達之衢路哉故黎洲先生又云此編所列有一偏之見有相反之論學者於其不同處正宜著眼理會以水濟水豈是學問夫途有之東者有之西者東西偏反之不同而皆會於聖域中所經歷豈未嘗涉足者所能語耶孟子曰君子深造之以道欲其自得之也苟不深造而出於鹵莽不思則古人之所得終不能為吾得光影玩弄於坐下工夫詎有益者黎洲先生述師說蓋尤為全書纂要鉤元處也學者毋僅以識途而止則一言立要終身行之況於講義所錄為近博者乎鎧謹識

明儒學案講義

崇仁學案

康齋倡道小陂。一禀宋人成說。言心則以知覺而與理為二。言工夫則靜時存養。動時省察。故必敬義夾持。明誠兩進。而後為學問之全功。其相傳一派。雖一齋莊渠稍為轉手。終不敢離其矩矱也。白沙出其門。然自敘所得。不關聘君。當為別派。於戲。椎輪為大輅之始。增冰為積水所成。微康齋焉得有後時之盛哉。

聘君吳康齋先生與弼

吳與弼字子傅。號康齋。撫州之崇仁人也。先生負氣岸。十九歲覲親於京師。從洗馬楊文定溥學。讀伊洛淵源錄。慨然有志於道。謂程伯淳見獵心喜。乃知聖賢猶夫人也。孰云不可學而至哉。遂棄舉子業。謝人事。獨處小樓。玩四書五經諸儒語錄。體貼於身心。不下樓者二年。氣質偏於剛忿。至是覺之。隨下克之之功。父命還鄉授室。長江遇風。舟將覆。先生正襟危坐。事定。曰守正以俟耳。既婚。不入室。復命於京師而後歸。往來粗衣敝履。人不知其為司成之子也。居鄉躬耕食力。弟子從游者甚衆。雨中被蓑笠。負耒耜。與諸生並耕。談乾坤及坎離艮震兌巽。於所耕之耒耜可見。陳白沙自廣來學。晨光纔辨。先生手自簸穀。白沙未起。先生大聲曰。秀才若為嬾惰即他日何從到伊川門下又何從到孟子門下一日刘和鎌傷厥指先生負痛曰何可為物所勝竟刘知初嘗歎箋注之繁無益有害故不輕著述卒年七十有九先生上無所傳而聞道最早身體力驗只在走趨語默之間出作入息刻刻不忘久之自成片段所謂敬義夾持明誠兩進也一切元遠之言絕口不道學者依之真有途轍可尋

謹按先生出處大節師說業詳言之至先生為學入手著力處莫先於克去剛忿自云十五六年之間猖狂自恣良心一發憤恨無所容身去冬今春用功甚力而日用之間覺得愈加辛苦五六月來氣象漸好益加苦功心氣稍稍和平雖時當逆境終無大害二十日又一逆事排遣不下心愈不悅蓋平日但制而不行未有拔去病根之意反復觀之而後知吾近日之病在於欲得心氣和平而惡夫外物之逆以害吾中此非也心本太虛七情不可有所於物之相接詳審其理以應之則善矣於是中心灑然此殆克己復禮之一端乎制而不行者硬苦以理處之則順暢效之遲速非所敢知此可見先生懲忿窒欲切實之苦功矣近時各省學堂廣興而風潮益可震怖然尋其事理求之則凡衝突之所由起固在於所遣之甚速而學者意氣之所激至於破壞一切而不顧猶忿不治甯得謂之有學養者得先生之說而師之庶幾剛而有禮為學者進脩之始

德不令萬事萬物累於勇者之一決乎

吳康齋先生語

日夜痛自點檢且不暇豈有工夫點檢他人責人密自治疏矣

澹如秋水貧中味和似春風靜後功

大抵學者踐履工夫從至難至危處試驗過方始無往不利若舍至難至危其他踐履不足道也

人須整理心下使教瑩淨常惺惺地方好此敬以直內工夫也不敬則不直不直便昏昏倒了萬事從此隳可不懼乎

遇患難須平心易氣處之厭心一生必至於怨天尤人此乃見學力不可不勉

按吾人以厭心處一身之患難則一身為患難之棄奴以厭心處一國之患難則一國為患難之死物老莊學說所以遺禍於數千年而吾儒居易俟命之工具有擔當世宙之學力在吾人之自處何如耳諸生有志其必懍然於先生之言

先哲云身心須有安頓處無則日惟擾擾於利害之中而已此亦非言可盡默而識之可也

人之病痛不知則已知而克治不勇使其勢日甚可乎哉志之不立古之深戒也

男兒須挺然生世間

看言行錄龜山論東坡云君子之所養要令暴慢邪僻之氣不設於身體大有所彊然志不能帥氣工夫間斷甚矣聖賢之難能也

世間可喜可怒之事自家著一分陪奉他可謂勞矣誠哉斯言

按此當善看孔孟勞一身之力盡瘁於為人寧屬此者若內無所挾而外無可施紛然終日以趨於徒死斯可哀耳

累日思平生架空過了時日

事往往急便壞了

請看風急天寒夜誰是當門定腳人

無時無處不是工夫

年老厭煩非理也朱子云一日不死一日要事當做於事厭倦皆無識

文敬胡敬齋先生居仁

胡居仁字叔心饒之餘干人也游康齋先生之門事親講學之外不干人事嚴毅清苦左繩右矩每日必立課程詳書得失以自考雖然物之微區別精審沒齒不亂父病嘗糞以驗其深淺

兄出則迎侯於門有疾則躬調醫藥執親之喪水漿不入口柴毁骨立非杖不能起三年不入寢室動依古禮不從流俗卜兆為里人所阨不得已訟之墓衰而入公門家世為農至先生窶甚鶉衣脫粟蕭然有自得之色成化甲辰二月十二日卒年五十一萬曆乙酉從祀孔廟先生一生得力於敬故其持守可觀其以有主言靜中之涵養尤為學者津梁然斯言也即陳白沙所謂靜中養出端倪日用應酬隨吾所欲如馬之御銜勒也宜其同門冥契而先生必欲議白沙為禪蓋先生近於狷而白沙近於狂不必以此而疑彼也先生言治法寓兵未復且先行屯田賓興不行且先薦舉井田之法當以田為母區畫有定數以人為子增減以授之設官之法正官命於朝廷僚屬大者薦聞小者自辟皆非迂儒所言後有王者所當取法者也

居業錄

窮理非一端所得非一處讀書得之雖多講論得之尤速思慮得之最深行事得之最實

今人說靜時不可操才操便是動不知所謂靜者只是以思慮未萌事物未至而言其中操持之意常在也若不操持待其自存決無是理程子曰人心自由便放去又以思慮紛擾為不靜遂過絕思慮以為靜殊不知君子九思亦是存養法但要專一自無雜慮有事時專一無事時亦專一此敬之所以貫乎動靜為操存之要法也

今人為學多在聲價上做如此則學時已與道離費盡一生工夫終不可得道

今人不去學自守先要學隨時所以苟且不立

端莊整肅嚴威儼恪是敬之入頭處提撕喚醒是敬之接續處主一無適湛然純一是敬之無間斷處惺惺不昧精明不亂是敬之效驗處

古人老而德愈進者是持守得定不與血氣同衰也今日才氣之人到老年便衰是無持養之功也

按先生論主敬之意至矣莊敬日強安肆日偷學者非以規矩繩墨整肅其身心則雖終日言學亦終無根柢發生處先生謂敬為存養之道貫徹始終所謂涵養須用敬進學則在致知是未知之前先須存養此心方能致知又謂識得此理以誠敬存之而已則致知之後又要存養方能不失蓋致知之功有時存養之功不失聖賢詣力無他巧也

廣文婁一齋先生諒

婁諒字克貞別號一齋廣信上饒人少有志於聖學嘗求師於四方夷然不屑曰率舉子學非身心學也聞康齋在臨川乃往從之康齋一見喜之曰老夫聰明性緊賢也聰明性緊一日康

齋治地。台先生往視。云學者須親細務。先生性豪邁。由此折節。雖掃除之事。必躬自為之。不責僮僕。遂為康齋入室。凡康齋不以語門人者。於先生無所不盡。康齋學規。來學者始見羅一峰往訪。康齋不出。先生謂康齋曰。此一有志知名之士也。如何不見。康齋曰。我那得工夫見此小後生耶。一峰不悅。移書四方。謂是名教中作怪。張東白和之。先生語兩人曰。使後世以康齋為小人。二先生為君子無疑。儻後世以君子處康齋。不知二先生安頓何地。兩人之議遂息。天順甲申登乙榜。分教成都。尋告歸。以著書造就後學為事。先生以收放心為居敬之門。以何思何慮勿助勿忘為居敬之要。指康齋之門。最著者陳石齋。胡敬齋。與先生三人而已。先生靜久而明靈山崩曰。其應在我矣。急召子弟永訣。命門人查周程子卒之年月日。元公純公皆暑月卒。予何憾。弘治辛亥五月二十七日也。年七十。門人私謚為文肅先生。其女嫁為甯庶人妃。庶人反。先生子姓皆逮繫。遺文散失。而宗先生者繼於石齋敬齋矣。文成年十七。親迎過信。從先生問學。相契深也。則姚江之學。先生為發端也。

按先生語一峰東白二人之言。可為意氣激宕尊己卑人者之藥石。彼蜀洛黨之交相攻訐。以兩君子操同室之戈。而禍中於國家。坐致不可挽救者。其亦未得先生之言以釋其初也。

謝西山先生復

謝復字一陽○別號西山○祁門人也○謁康齋於小陂○師事之○三歲返○從事踐履○葉畏齋問知○曰行○陳寒谷問行○曰知未達○曰知至至之○知終終之○非行乎○未之能行○唯恐有聞○非知乎○知行合一○學之要○也○邑令問政○曰辨義利則知所以愛民勵己○

鄭孔明先生伉

鄭伉字孔明○常山象湖人○往見康齋○康齋曰○此間工夫非朝夕可得○對曰此心放逸已久○求先生復之耳○敢欲速乎○因受小學○日驗於身心○歸而讀書○一折衷於朱子○痛惡佛老○楓山東白皆與之上下其議論○亦一時之人傑也○

胡九韶先生

胡九韶○金溪人○少從學康齋○凡康齋學有進益○無不相告○故康齋贈詩云○頑鈍淬磨還有益新功頻欲故人聞○康齋語學者曰○吾平生每得力於患難○先生曰○惟先生遇患難能進學○他人則隳志矣○

恭簡魏莊渠先生校

魏校字子才○別號莊渠○崑山人○以太常寺掌祭酒事致仕○私淑於胡敬齋○其宗旨為天根之學○

從人生而靜培養根基若是孩提知識後起則未免夾襍矣所謂天根即是主宰貫動靜而一之者也敬齋言心無主宰靜也不是工夫動也不是工夫此師門敬字口訣也第敬齋工夫分乎動靜先生貫串總是一個不離本末作兩段事則加密矣聶雙江歸寂之旨當是發端於先生也先生疑象山為禪其後始知為坦然大道則於師門之教又一轉矣

體仁說

整齊嚴肅莫是先制於外否曰此正是由中而出吾心纔欲檢束四體便自竦然外既不敢妄動內亦不敢妄思交養之道也

思慮萬起萬滅如之何曰此是本體不純故發用多雜功夫只在主一但覺思慮不齊便截之使齊立得箇主宰卻於雜思慮中先除邪思慮以次除閒思慮推勘到底直與斬絕不得放過久之本體純然是善便自一念不生生處皆善念矣

論學書

存養省察工夫固學問根本亦須發大勇猛心方做得成若不曾發憤只欲平做將去可知是做不成也

文公謂世衰道微人欲橫流不是剛毅的人亦立脚不住

一心貫串千百事。若不立箇主宰。則終日營營。凡事都無統攝。

古人親師取友。汲汲於講學者。止欲廣求天下義理。而反之於身。合天下之長以為一己之長。合天下之善以為一己之善。庶幾規模濶大。氣質不得而限之。

按先生體仁論學。均以嚴肅剛毅立主宰為先。令學者勖學業於一堂。將以求兼天下之長與善。而氣象。或轉。而續。委。聞有。土苴。規範。輕侮。道德之。心。妄動。妄思。都無。統攝。人和。不和。作。更何待。言。曷不警然於先生之言。而反而自檢束也。

侍郎余訒齋先生祐

余祐字子積。別號訒齋。鄱陽人。年十九往師胡敬齋。敬齋以女妻之。卒年六十四。先生之學。墨守敬齋。在獄著性書三卷。其言程朱教人。拳拳以誠敬為入門。學者惟去其念慮之不誠不敬者。使心地光明篤實。邪僻詭譎之意。勿留其間。不患不至於古人矣。時文成朱子晚年定論初出。以朱子到底歸於存養。先生謂文公論心學凡三變。如存齋記所言。心之為物。不可以形體求。不可以聞見得。惟存之之久。則日用之間。若有見焉。此則少年學禪。見得昭昭靈靈意思。及見延平。盡悟其失。復會南軒。始聞五峰之學。以察識端倪為最初下手處。未免闕却平時涵養一節工夫。後來自悟其失。改定已發未發之論。然後體用不偏。動靜交致其力。功夫方得渾全。

此其終身定見也。安得以其入門工夫。謂之晚年哉。愚按此辨。正先生之得統於師門處。居業錄云。古人只言涵養。言操存。曷嘗言見本體。是即文公少年之見也。又云操存涵養。是靜中工夫。思索省察。是動上工夫。動靜二端。時節界限甚明。工夫所施。各有所當。不可混雜。是即文公動靜交致其力。方得渾全。而以單提涵養者為不全也。雖然動靜者時也。吾心之體。不著於時者也。分工工夫為兩節。則靜不能該動。動不能攝靜。豈得為無弊哉。

按先生論動靜交致工夫。與梨洲先生所伸明處。具有節次。尤學者所以循持也。

太僕夏東巖先生尚朴

夏尚朴字敦夫。別號東巖。從學於婁一齋。登正德辛未進士。至南京太僕少卿。逆瑾擅政。遂歸。王文成贈詩。有舍瑟春風之句。先生答曰。孔門沂水春風景。不出虞廷敬畏情。先生傳主敬之學。謂纔提起。便是天理。纔放下。便是人欲。魏莊渠歎為至言。

夏東巖文集

學者須收斂精神。譬如一鑪火。聚則光燄四出。纔撥開便昏黑了。

心要有所用。日用間都安在義理上。即是心存。豈俟終日趺坐。漠然無所用心。然後為存耶。

廣文潘玉齋先生潤

潘潤字德夫。別號玉齋。信之永豐人。師事婁一齋。嘗謂先生曰。致禮以治躬。外貌斯須不莊不敬。而慢易之心入之矣。致樂以治心。中心斯須不和不樂。而鄙詐之心入之矣。先生謹佩其教。終日。終身。出入。準繩。規矩。李空同督學江右。致禮欲見之。時先生居憂。以衰服拜於門外。終不肯見。空同歎其知禮。焚香靜坐。時以所得者發為吟詠。終成都教諭。

按必如一齋先生所言。而後見禮樂非從外致。斯須不去身心。於未發時見端倪。已發時見氣象。動靜日用之間。皆具有。三代。宗廟。明堂。禮肅。樂和。之意。玉齋先生之以終日終身從事斯語。庶幾顏子仲弓之倫矣。

山东高等学堂明儒学案讲义十八卷

（清范铠撰，清光绪三十三年山东高等学堂石印本）

明儒學案講義

白沙學案

有明之學。至白沙始入精微。其喫緊工夫。全在涵養。喜怒未發而非空。萬感交集而不動。至陽明而後大。兩先生之學。最為相近。不知陽明後來從不說起。其何故也。薛中離陽明之高弟子也。於正德十四年上疏。請白沙從祀孔廟。是必有以知師門之學同矣。羅一峰曰。白沙觀天人之微。究聖賢之蘊。充道以富。崇德以貴。天下之物。可愛可求。漠然無動於中。信斯言也。故出其門者多清苦自立。不以富貴為意。其高風之所激遠矣。

文恭陳白沙先生獻章

陳獻章字公甫。新會之白沙里人。身長八尺。目光如星。右臉有七黑子。如北斗狀。自幼警悟絕人。讀書一覽輒記。嘗讀孟子所謂天民者。慨然曰。為人必當如此。夢拊石琴。其音泠泠然。一人謂之曰。八音中惟石難諧。子能諧之。異日其得道乎。因別號石齋。至崇仁。受學於康齋。歸即絕意科舉。築陽春臺。靜坐其中。不出閾外者數年。尋遭家難。游太學。祭酒邢讓試和楊龜山此日不再得詩。見先生之作。驚曰。即龜山不如也。颺言於朝。以為真儒復出。由是名動京師。羅一峰章楓山莊定山賀醫閭皆恨相見之晚。醫閭且稟學焉。歸而門人益進。十八年布政使彭韶都御史朱英交薦。召至京。政府或尼之。令就試吏部。不赴。疏乞終養。授檢討而歸。有言其出處與康齋異者。先生曰先師為石亨所薦。所以不受職。某以聽選監生。始終願仕。故不敢為辭。自後屢薦不起。卒年七十有三。先生之學。以虛為基本。以靜為門戶。以四方上下往古來今穿紐湊合為匡郭。以日用常行分殊為功用。以勿忘勿助之間為體認之則。以未嘗致力而應用不遺為實得。遠之則為曾點。近之則為堯夫。此無可疑者也。故有明儒者。不失其矩矱者亦多有之。而作聖之功至先生而始明。至文成而始大。向使先生與陽明不作。則濂洛之精蘊同之者固推見其至隱。異之者亦疏通其流別。未能如今日也。或謂其近禪。蓋亦有二。聖學久湮。共趨事為之末。有動察而無靜存。一及人生而靜以上。便鄰於外氏。此庸人之論也。先生自序為學云僕年二十七。始發憤從吳聘君學。於聖賢之書。無所不講。然未知入處。比歸杜門不出。專求所以用力之方。忘寐忘食。如是者屢年。而卒未有得。此心與此理未有湊泊脗合處也。於是舍繁就約。惟在靜坐。久之。然後見吾此心之體。隱然呈露。常若有物。日用間種種應酬。隨吾所欲。如馬之御銜勒也。體認物理。稽諸聖訓。各有頭緒來歷。如水之有源委也。於是渙然自信曰。作聖之功。其在茲乎。先生之學。自博而約。由粗入細。其於禪學不同如此。萬曆十二年。詔從祀孔廟。稱先儒陳子。諡文恭。

論學書

終日乾乾，共是收拾此理而已。此理干涉至大，無內外，無終始，無一處不到，無一息不運。會此則天地我立，萬化我出，而宇宙在我矣。得此欛柄入手，更有何事？往古來今，四方上下，都一齊穿紐，一齊收拾，隨時隨處，無不是這個充塞，色色信他本來，何用爾腳勞手攘。

人要學聖賢，畢竟要去學他。若道只是希慕之心，卻恐未稍衰易淺消，卒至廢弛。見得箇不容已處，雖使古無聖賢為之依歸，我亦住不得，如此而是自得之學。

前輩謂學貴知疑，小疑則小進，大疑則大進。疑者，覺悟之機也。一番覺悟，一番長進，更無別法也。即此便是科級，學者須循次而進，漸到至處耳。

棄禮從俗，壞名教事，賢者不為。願更推廣此心於一切事，不令做倒，各節道之藩籬，不守其中，未有能獨存者也。

學無難易，在人自覺耳。才覺退，便是進也；才覺病，便是藥也。

善學者主於靜以觀動之所本，察於用以觀體之所存。

人具七尺之軀，除了此心此理，便無可貴，渾是一包膿血，一大塊骨頭，饑能食，渴能飲，能著衣服，能行淫欲，貧賤而思富貴，富貴而貪權勢，忿而爭，憂而悲，窮則濫，樂則淫，凡百所為，一信血

氣老死而後已則命之曰禽獸可也

按先生學說多高明卓絕之言。如與何時矩書。謂宇宙內更有何事。天自信天。地自信地。吾自信吾。自動自靜。自闔自闢。自舒自卷。甲不問乙供。乙不待甲賜。牛自為牛。馬自為馬。感於此。應於彼。發乎邇。見乎遠。故得之者天地與順。日月與明。鬼神與福。萬民與誠。百世與名。而無一物奸乎其間。嗚呼大哉。前輩云銖視軒冕。塵視金玉。此蓋略言之以諷始學者耳。人爭一箇覺。纔覺便我大而物小。物盡而我無盡。夫無盡者。微塵六合。瞬息千古。生不知愛。死不知惡。尚奚暇銖軒冕塵金玉耶。此可以見先生之體撰化育矣。所謂一齊穿紐。一齊收拾。隨時隨處。無不是這個充塞者。此也。所謂以無所著之心。行於天下。亦焉往而不得者。此也。極深研幾。昭見性命。方可語此。初學聞之。奚翅說夢。故謹擇集中平實之言。足為為學始基者。著於篇。而附記於此云。

孝廉李大厓先生承箕

李承箕字世卿。號大厓。楚之嘉魚人。其文出入經史。跌宕縱橫。聞白沙之學而慕之。入南海而師焉。白沙與之無所不語。所未語者。此心通塞往來之機。生生化化之妙。欲先生深思而自得之。不可以見聞承當也。久之而先生有所悟入。歸築臺於黃公山。讀書靜坐其中。不復仕進。自

自嘉魚至新會。涉江浮海。水陸萬里。先生從見者四。而白沙相憶之詩。真有相視莫逆者。蓋先
生胸襟灑落。白沙之門。更無過之。卒年五十四。

通政張東所先生詡

張詡字廷實。號東所。南海人。白沙弟子。卒年六十。白沙以廷實之學。以自然為宗。以忘已為大。
以無欲為至。即心觀妙。以揆聖人之用。其觀於天地日月晦明山川流峙。四時所以運行。萬物
所以化生。無非在我之極。而思握其樞機。端其銜綏。行乎日用事物之中。以與之無窮。觀此則
先生之所得深矣。

按棃洲先生以白沙論道至精微處極似禪。其所以異者。在握其樞機。端其銜綏。禪則
并此無之。愚謂有先生之學而後可語此。學者言之則亦玩弄光影而已。

給事賀醫閭先生欽

賀欽字克恭。別號醫閭。世為定海人。以戶科給事中因亢旱上章極諫。復以言官曠職召災自
劾。尋即告病歸。白沙在太學。先生聞其為已端然之旨。篤信不疑。從而稟學。遂澹然於富貴。故
天下議白沙率人於偽。牽連而不仕。以先生為證。構小齋讀書其中。隨事體驗。未得其要。潛心
玩味。杜門不出者十餘年。乃見實理充塞無間。化機顯行。莫非道體。事事物物。各具本然實理。

吾人之學。不必求之高遠。在主敬以收放心。勿忘勿助。循其所謂本然而已。故推之家庭里閈。冠婚喪祭。服食起居。必求本然之理而力行之。久久純熟。心跡相應。不期信於人而人自信。有邊將詐誘殺為陣獲者。見先生即吐實。曰不忍欺也。城中亂卒焚劫。不入其坊。先生往諭之。衆羅拜而泣。曰吾父也。遂解散。其至誠感人如此。卒年七十四。白沙謂先生篤信謹守人也。別三十年。其守如昨。似猶未以凍解冰釋許之。

言行錄

為學須躬行。躬行須謹隱微。小小禮儀尚守不得。更說甚躬行。於顯處尚如此。則隱微可知矣。

觀此則以諸生羣居或視規律為不足遵。相率而杭管理者。其於自治何如矣。可不警哉。

吏目鄒立齋先生智

鄒智字汝愚。號立齋。四川合州人。弱冠領解首。舉進士。簡庶吉士。孝宗登極。王恕為吏部尚書。先生與李文祥湯鼐以風期相許。值星變。先生上言皆大臣不職奄宦弄權所致。請上修德用賢以消天變。又明年。鼐劾閣臣萬安劉吉尹直。中官語以疏且留中。鼐大言疏不出將併劾中宮。中官避匿。尋有旨安直皆免。吉陰使門客徐鵬魏璋伺之。會壽州知州劉槩寓書於鼐言夢兆。

鼎出示客。璋遂劾鼎概併及先生。議者欲處以死刑。部侍郎彭韶不判案獲免。謫廣東石城史目。至官。即從白沙問學。順德令吴廷舉建亭居之。其父來視。責以不能祿養笞之。泣受。卒年二十六。廷舉治其喪。方伯劉大夏至邑不迎。大夏賢之。

御史陳時周先生茂烈

陳茂烈字時周。福之莆田人。年十八。有志聖賢之學。謂顔之克己。曾之日省。學之法也。作省克錄以自考。登弘治丙辰進士。奉使廣東。受業白沙之門。作靜思錄。入為監察御史。絶服橫陋。一牝馬。而自係風紀之重。以母老終養。身自操作。治畦汲水。太守遣二力助之。閱三日。白守曰。是使野人添事而溢食也。遣之還。日坐斗室。體驗身心。隨得隨錄。曰儒者有向上工夫。詩文其土苴耳。吏部以其清苦。祿以晉江教諭。不受。又奏給月米。上言臣母自安於臣之貧。臣欲自盡尚恐不及。上煩官帑。心竊未安。奏上不允。母卒亦卒。年五十八。白沙。謂。時。周。真。百。鍊。金。孝。子。也。

長史林緝熙先生光

林光字緝熙。東莞人。會試入京。見白沙。語大契。從歸江門。往來問學者二十年。白沙稱其甚超脫。甚完全。自李大厓而外無過之者。嘗言所謂聞道者。在自得耳。讀盡。天。下。書。說盡。天。下。理。無自。得。入。頭。處。終。是。閒。也。年八十一卒。

州同陳秉常先生庸

陳庸字秉常。南海人。游白沙之門。白沙示以自得之學。謂我否。子亦否。我然。子亦然。然否。苟由我。於子何有焉。先生深契之。疾革。設白沙像。焚香再拜而逝。年八十六。

布衣李抱真先生孔修

李孔修字子長。號抱真子。居廣州。混迹闤闠。張東所引入白沙門下。先生嘗輸糧於縣。縣令异其容止。問姓名不答。第拱手。令叱之。復拱手如前。令怒笞五十。竟無言而出。父沒。庶母出嫁。誣先生奪其產。縣令鞫之。先生操筆對曰。母言是也。令疑焉。徐得其情。乃大禮敬。平居管寧帽。朱子深衣。入夜不違。或問子長廢人有諸。陳庸曰。子長誠廢。則顏子誠愚。霍韜曰。白沙抗節振世之志。惟子長張詡謝祐不失。

按橫逆之來。君子不校。然至於拱手受笞。默不一言。毋亦有虧體辱親之媿乎。明世士節。或有以曾受廷杖為榮者。士可殺。不可辱。是亦君子所欲商論者矣。

謝天錫先生祐

謝祐字天錫。南海人。白沙弟子。名利之事。纖毫不能入。

何時振先生廷矩

何廷矩字時振番禺人師白沙即棄舉子業學使挽之試不可

運使史惺堂先生桂芳

史桂芳字惺堂豫之鄱陽人先是嶺表鄧德昌白沙弟子也以其學授傅明應傅一見奇之曰予無第豪舉聖門有正學可勉也手書古格言以畀先生懼然向學之意自此始留都六載時諱者以解妙相高先生取行其所知而止不輕信也其學以知恥為端以改過遷善為實以親師取友為佽助若未抉隱造微則俟人之自得不數數然也天臺以御史督學南畿先生曰予將何先曰優等多與賢書使稱良矣先生厲聲曰予不思如何正人心挽士習以稱此官耶拂衣而起天臺有年家子宜黜而留之先生曰此便是腳根站不定朝廷名器是爾作面皮物耶天臺行部值母諱日供張華先生謂曰富貴果能移人兄家風素樸舍中所見居然改觀矣其直諒如此先生與諸生講學談畢珍重曰慎無介髭吾言激發屬吏言辭抗慨遂平令故貪鬧之流蕩翻然改行其守延平七日憂去而盡革從前無名之費若先生者不徒講之口耳矣

按白沙之門多抗節不仕講學勵行事關於脩齊或非斯世斯民望救者之所亟然其正人心轉風俗扶世道於不衰其功亦詎有既者諸生身受　國家之教育將儲材以為世用使先弃德而不脩則雖智勇冠絕人亦適為濟私具耳其害於國家天下甚大

是則白沙諸儒所亟鄙夷不欲與之共仕路也又按惺堂史先生責難天臺之言謂其以朝廷名器作面皮物便是脚根站不定嗟呼吾未見今世之有立人矣乃至一堂之中或亦相率而作面皮忘其為何事非有大勇痛為掃除奚有真益哉先生之學以知恥為端惟恥故勇庶幾有立歟

山东高等学堂明儒学案讲义十八卷

（清范铠撰，清光绪三十三年山东高等学堂石印本）

明儒學案講義

河東學案

河東之學。悃愊無華。恪守宋人矩矱。故數傳之後。其議論設施。不問而可知其出於河東也。若陽明門下。親炙弟子。已往往背其師說。亦以其言之過高也。然河東有未見性之譏。所謂此心始覺性天通者。定非欺人語。可見無事乎張皇耳。

文清薛敬軒先生瑄

薛瑄字德溫。山西河津人。母夢紫衣人入謁而生。膚理如水晶。五臟皆見。祖聞其啼聲。曰非常兒也。自幼書史過目成誦。父貞為滎陽教諭。魏（純字希文山東高密人范未考）二先生深於理學。俾先生與之游處。講濂洛諸書。歎曰。此問學正路也。因盡棄其舊學。先生登進士第。宣德初授監察御史。三楊欲識其面。令人要之。先生辭曰。職司彈事。豈敢私謁公卿。三楊嗟歎焉。差湖廣銀場。手錄性理大全。通宵不寐。遇有所得。即便劄記。正統改元。出為山東提學僉事。先力行而後文藝。人稱為薛夫子。時中官王振用事。問三楊吾鄉誰可大用者。皆以先生對。召為大理寺少卿。三楊欲先生詣謝。不可。又令李文達傳語。先生曰。德遠亦為是言乎。拜爵公朝。謝恩私室。某所不能為也。已遇振於東閣。百官皆跪。先生長揖不拜。振大恨之。會有獄。先生發其誣。都御史王文承振意劾為故出。先生廷折文。文言囚不服訊。繫獄論死。先生讀易不輟。覆奏將決。振有老僕。山西人也。泣於竈下。振怪問之。曰。聞薛夫子將刑。故泣耳。具言其生平狀。振惘然。立傳旨戍邊。尋放還家。景泰初。起南京大理寺卿。蘇松饑。民貸粟不得。火有粟者之廬。先生抗疏辨之。文謂人曰。此老崛强猶昔。中官金英奉使道出南京。公卿餞於江上。先生獨不往。英至京。言於衆曰。南京好官。惟薛卿耳。壬申秋。以原官召入。英廟復辟。入內閣。于忠肅王宮保就刑。先生謂同列曰。此事人所共知。各有子孫。石亨奮然曰。事已定。不必多言。上召閣臣入議。先生言陛下復登寶位。天也。今三陽發生。不可用重刑。同列皆無言。詔減一等。先生退而歎曰。殺人以為功。仁者不為也。一日召對便殿。上衣冠未肅。先生凝立不入。上知之。即改衣冠。先生乃入。上惡石亨專。徐天全李文達許道中退朝。謂耿都御史令御史劾之。先生謂諸公曰。易戒不密。春秋譏漏言。禍從此始矣。未幾。諸公皆下詔獄。上以先生學行老成。甚重之。一日奏對誤稱學生。蓋注遂衷。先生知曹石用事。非行道之時。遂乞致仕。臨行。岳季方請教。先生曰。英氣太露最害事。後季方敗。憶先生之言曰。正乃先生之罪人也。居家八年。從學者衆。卒年七十有六。留詩有七十六年無一事。此心始覺性天通。先生以復性為宗。濂洛為鵠。所著讀書錄。大概為太極圖說西銘正蒙之義。疏重複雜出。蓋惟體驗身心。非欲成書也。崔後渠言先生之佐大理。王振引之也。當時若辭而不往，豈不愈於抗而得禍歟。于忠肅有社稷之功，其受害也，先生固爭之矣，爭不得，即以此事而去，尤為光明俊偉。先生出處大節，豈後學所敢輕議，而盡美不能盡善，所云連得間矣。成化初，謚文清。隆慶五年，詔從祀孔廟，稱先儒薛子。

按先生之佐大理，赴朝廷之召也，妄問引者之為王振否耶。仕將為道，各欲保身立名以為高，其於獨善則得矣，顧誰與國家共治平乎。先生救于忠肅，王宮保不得，知非行道之時，乃從容乞身而去。其不亟亟然行其意者，或將興朝廷分過，不欲令天下競汚其主，且亦欲以遠禍，未可知也。要之先生出處大節，與其躬行實踐，所傳三代後儒人或鮮遜矣。師其一端，皆可以振世而勵俗，豈可輕議哉。

讀書錄

人心一息之頃，不在天理，便在人欲，未有不在天理人欲而中立者也。

按心體清明，則天理自然純全，理與心非有內外也。此心純然天理，則人欲即是天理，更無所蔽，而皆非必舉人生應有之欲而盡屏絕之也。愚見如此，當與諸生共證之。

為政以法律為師，亦名言也。既知律己，又可治人。

愚嘗推重秦始皇欲仕者以吏為師之詔，惜其享國不永，未有定制，致後世士不知律利。於社稷生民無益也。未幾宄果敗。先生書法端勁。少未為人知。知府段堅見而奇之。即名見。收之門下。故先生之學本之段氏。

布衣周小泉先生蕙

周蕙字廷芳。山丹衛人。為蘭州戍卒。聞段容思講學。時往聽之。於是篤信力行。以程朱自任。又受學於安邑李昶。昶者文清之門人也。恭順侯吳瑾總兵於陝。聘為子師。先生辭。或問故。曰某軍士也。名之不敢不往。若使教子。則某師也。名之豈敢往哉。瑾遂親送二子於其家。始納贄焉。先生以父游江南。久之不返。追尋江湖間。至揚子而溺。天下莫不悲之。門人最著者。渭南薛敬之。秦州王爵。

同知薛思菴先生敬之

薛敬之字顯思。陝之渭南人。五歲即喜讀書。居止不同流俗。成化丙戌貢入太學。時白沙亦在太學。一時並稱。選山西應州知州。積粟四萬餘石。民免流亡。逋而歸者三百餘家。奏課為天下第一。卒年七十四。先生從周小泉學。常雞鳴而起。候門開。灑掃設坐。跪而請教。故謂其弟子曰。周先生躬行孝弟。學近伊洛。吾以為師。陳雲逵忠信狷介。事皆持敬。吾以為友。吾所以有今日者。此二人力也。

郡丞李介菴先生錦

李錦字在中。陝之咸甯人。受學周小泉。以主敬窮理為學。然諾辭受。皆不敢苟。卒年五十一。

文簡呂涇野先生柟

呂柟字仲木。陝之高陵人。正德戊辰舉進士第一。授翰林修撰。逆瑾以鄉人致賀。卻之。瑾不悅。已請上還宮中御經筵親政事。益不為瑾所容。遂引去。瑾敗。起原官。上疏勸學。乾清宮災。應詔言六事。皆武宗荒政。不聽。復引去。世廟即位。起原官。以修省自劾。語涉大禮。下詔獄。降解州判官。攝守事。興利除害若嗜欲。移宗人府經歷。陞尚寶卿。慶轉南禮部右侍郎。致仕。卒年六十四。賜謚文簡。先生師事薛思菴。所至講學。鎮守廖奄張甚。其使者過高陵。必誡之曰。呂公在。汝不得作過也。九載南都。與湛甘泉鄒東廓共主講席。東南學者盡出其門。朝鮮聞先生名。奏請其文為式國中。先生之學。以格物為窮理。先知而後行。只在語默作止處驗之事事。不放過大概。工夫下手。明白。無從躲閃也。先生議良知。以為刻數字以必人之從。非惟不知陽明。并不知聖人矣。

語錄

問今之講學多有不同者如何。曰。不同。乃所以講學同也。安用講耶。故用人以治天下不可皆求同，求同則讒諂面諛之人至矣。

問身甚弱，若有作盜賊力量，改而為聖人方易。曰：作聖不是用這等力量，見得善處肯行，便是力量。溺於流俗物欲者，乃弱也。

按先生此語最分明。有野蠻之力量，修聖賢之道德，氣力自是完足。然弱者之勇，究亦誰能奪者？惟無志，乃是真弱。雖有強力，何與學問？諸生或積慚不振，諉病假者日常數十，毋亦志氣之弱為累乎？若見善即行，有季路之勇，吾見病夫國之病夫學堂，必猛焉有起色也。

各人揀自己所累處，一切盡除去，自然心廣體胖。

看來聖學工夫，只在無隱上，就可做得。學者但於己身有是不是處，就說出來，無所隱匿，使吾心事常如青天白日，纔好。不然，久之積下種子，便陷於心了。

人能反己，則四通八達，皆坦途也。若常以責人為心，則舉足皆荊棘也。

司務呂愧軒先生潛

呂潛字時見，陝之涇陽人。師事呂涇野，言動咸以為法。卒業成均。母病亟，欲識其婦面，命之娶。先生娶而不婚，喪畢，然後就室。與郭蒙泉講學谷口洞中，學者甚衆。涇陽之傳，海內推之。

張石谷先生節

張節字介夫涇陽人初從湛甘泉游繼受學於涇野涇野稱其守道不回嘗語學者先儒云默坐澄心體認天理又云靜中養出端倪吾輩須理會得此方知一貫真境不爾縱事事求合於道終難湊泊不成片段矣

李正立先生挺

李挺字正立咸寧人從涇野學孤直不隨時俯仰

郡守郭蒙泉先生郛

郭郛字惟藩涇陽人先生與呂愧軒同學愧軒之父其師也辛卯計偕因呂師會葬遂不行有古師弟之風其學以持敬為主自少至老一步不敢屑越嘗有詩云道學全憑敬作箴須臾離敬道難勝常從獨木橋邊過惟願無忘此際心又云近名終喪己無欲自通神

按諸生之於教員或視為雇買而已其自相視或同於烏合而已師道不尊而師弟之情蕩然而無寄教育之精神更何自而通耶觀於思菴先生之事小泉候門灑掃設坐跪請蒙泉先生之喪呂師計偕不行不勝盡然於吾國今日之無師而子弟之獷蕩不敬其長者或相視為固然將令道德之喪亡不知其所終而一日來復之機乃窮於微

山東高等學堂

明儒學案講義

慢。其事。為。可。哀。也。

明儒學案講義

三原學案

關學大概宗薛氏。三原又其別派也。其門下多以氣節著。風土之厚。而又加之學問者也。

端毅王石渠先生恕

王恕字宗貫。號介菴。晚又號石渠。陝之三原人。先生志在經濟。知揚州府。歲饑請賑。不待報而發粟。民免溝壑。襄南地多山險。秦楚之流民萃焉。日出剽略。於是特設治院。以先生為右副都御史領之。累平寇亂。流民復業。巡撫雲南。中人錢能橫甚。使其下指麾郭景通安南為奸利。先生執景。盡發能貪暴狀上。撤能還。巡撫南畿。興利除害。三吳自設巡撫以來。獨周忱與先生耳。錢能與先生共事。先生坦然不念前事。能語人曰。王公大人也。吾惟敬事而已。林見素以劾妖僧繼曉下獄。先生救之得出。先生益發舒言天下事。天子不能無望意。以尚書致仕。孝宗即位。召用為吏部尚書。加太子太保。上釋奠文廟。請用太牢加幣。許之。先生崇禮風義之士。故一時後進在朝者。如庶吉士鄒智十餘人。皆慷慨喜事。以先生為宗。凡中官倖人。恩澤過當者。先生輒為裁止。雖上已許。必固執也。丘濬以禮部尚書班先生下。及直文淵閣。先生仍序尚書之次。濬意弗善。每有論奏。陰抑之。且使其私人劉文泰訐先生所刻傳文。詳列不報之章。為彰先帝之過遂乞骸骨歸瀋卒文泰往弔其夫人叱之出曰汝搆王公於我相公險人也何弔為閹者快之先生家居編集歷代名臣諫議錄一百二十四卷又取經書傳注有所疑滯再三體認行不去者以己意推之名曰石渠意見未敢自以為是也蓋年八十四而著意見八十六為拾遺八十八為補缺其耄而好學如此先生之學大抵推之事為之際以得其心安者故隨地可以自見至於大本之所在或未之及也卒謚端毅

按舍事功而專言心學則所守愈狹如河東如三原雖或未通性命之源然皆救世之良矣德不修而學不講曠今一世而不聞河東三原之風天下將如何竊望諸生之興起也

康僖王平川先生承裕

王承裕字天宇號平川冢宰之季子也兵科給事中還吏掌科逆瑾恨其速己又疏進君子退小人益恨之罰粟戍邊瑾誅起原官歷南太常卿宸濠反發留都之內應者嘉靖初晉南戶部尚書致仕十四五時從莆田蕭某學蕭令侍立三日無所授先生歸告端毅端毅曰是即教也真汝師矣登第後侍端毅歸講學於弘道書院弟子至不能容冠婚喪祭必率禮而出三原士風民俗為之一變為少墟以先生之學皆本之家庭也

光祿馬谿田先生理

馬理字伯循。號谿田。陜之三原人。游太學。與呂涇野崔後渠相切劘。名震都下。高麗使亦慕之。錄其文以歸。安南貢使問禮部主事王清曰。關中馬理先生。何尚未登仕籍。其名重外夷如此。武廟將南巡。與黄伯固等伏闕極諫。杖於廷。議大禮。復杖於廷。丙申例當考察外官。内閣冢宰挾私意。欲去廣東河南陜西三省提學。先生昌言魏校蕭鳴鳳唐龍今有數人物。若欲去三人。請先去理。由是獲免。先生師事王康僖。又得涇野後渠為之友。墨守主敬窮理之傳。嘗謂見行可之仕。唯孔子可以當之。學聖人者當自量力。故每出不過二年即歸。歸必十數年而後起。後渠稱其愛道甚於愛官。真不虛也。

恭簡韓苑洛先生邦奇

韓邦奇字汝節。陜之朝邑人。正德戊辰進士。授吏部考功主事。轉員外。辛未考察。都御史袖私帖視之。先生奪去曰。考覈公事。有公籍在。甲戌遷浙江按察僉事。宸濠謀反。遣内監餽僧天竺寺。聚數千人。先生立散遣之。又以儀賓進貢。假道衢州。先生不可。於是襲浙之計窮。甲申大同兵變。起山西左參政。分守大同。先生單車入城。人心始安。巡撫蔡天祐至代州。先生服戎服謁之。天祐驚曰。公何為如此。曰大同變後。巡撫威削。其降禮從事。使知巡撫之不可輕也。再致仕。

辛年七十七。贈少保。諡恭簡。門人白壁曰。先生天禀高明。學問精到。明於數學。胸次灑落。大類堯夫。而論道體乃獨取橫渠。少負氣節。既乃不欲為奇節一行。涵養宏深。持守堅定。則又一辭敬軒也。

忠介楊斛山先生爵

楊爵字伯修。陝之富平人。幼貧苦。挾冊躬耕。為兄累繫獄。上書邑令。辭意激烈。令異之曰此奇士也。出而加禮。登嘉靖己丑進士。辛丑上封事。謂今日致危亂者五。一則輔臣夏言習為欺罔。翊國公郭勛為國巨蠹。所當急去。二則凍餒之民不憂䘏。而為方士修雷壇。三則大小臣工弗覩朝儀。宜慰其望。四則名器濫及緇黃。出入大內非制。五則言事諸臣若楊最羅洪先等。非死即斥。所損國體不小。疏入。上大怒。逮繫鎮撫司。拷掠備至。搥鎖晝夜。血肉淋漓。死者數矣。而先生氣定。故得再甦。主事周天佐御史浦鋐俱以救先生箠死獄中。於是防守益嚴。上日使人偵先生一言一動皆籍記。偵者苦於不得言。以情告先生。使多為善言。先生曰。有意而言便是欺也。部郎錢緒山劉晴川給事周訥谿先後以事下獄。相與講學不輟。緒山先釋。先生顧有以為別。緒山曰。靜中收攝精神。勿使游散。則心體湛一。高明廣大。可馴致矣。作聖之功。其在此乎。先生敬識之。與晴川訥谿讀書賦詩。如是者五年。著周易辨錄中庸解若干卷。乙巳八月。上用箕神之言釋三人。會上登箕臺。太宰熊浹驟諫。上怒罷浹。復逮三人。在獄又三年。高玄殿災。上恍惚聞火中有呼三人姓名者。次日釋歸。歸二年而卒。隆慶初贈謚忠介。初韓恭簡講學。先生往拜其門。恭簡異其氣岸。叩其學。詫曰。循學老儒莫能過也。剛大之氣。百折不回。人與椒山並稱。謂之韓門二楊。

嗟呼。使斛山先生處今日。則其所謂致危亂者。更不止數十事也。然朝無詔獄之虐厲。而相率為憂歎而不言。豈非忽欺。而把之忠銷亡。於榮利。學之不講。而剛大直養。之氣磬滅。於士類也乎。安得斛山先生一作忠諫之風。發揚士氣也。然未聞心學則距有。種。熈。

漫錄

作一好事。乃分所當為。雖事皆中理。纔能免。於過。惡耳。豈可。自。以為。美。纔以為美。便是矜心。禹之不矜不伐。顏子無伐善。無施勞。此聖賢切己之學也。

徵君王秦關先生之士

王之士字欲立。陝之藍田人。潛心理學。作養心圖定氣說。書之座右。蒿牀糲食。尚友千古。以為藍田風俗之美。由於呂氏。今其鄉約具在。乃為十二、會。灑掃應對。冠婚喪祭。一一潤澤其條件。

三原

行之惟謹。美俗復興。又謂天下之學術不一。非親證之。不能得其大同。於是赴都門講會。上闕里。南行入浙江。至吳興。學者多從之。萬歷庚寅卒於家。祭酒趙用賢疏薦。詔授國子博士。除目下。而先生不及見矣。

按今之主政柄者。方以地方自治誘天下。然其人非必有化民成俗之思也。特浮慕東西洋成蹟。曰吾移易今日之天下。為立憲備者。非此不可。理則然耳。顧安所得泰關先生。兼有呂氏之遺規。為之潤澤條件。謹行之以興美俗乎。諸生各還其鄉。即各有自治其鄉之天職。不可慢矣。彼欲興之。而吾謝不能。大辱之歸。甯能舉以相讓。鐙是以為天下悲耳。

明儒學案講義

姚江學案

有明學術。從前習熟先儒之成說。未嘗反身理會。推見至隱。所謂此亦一述朱。彼亦一述朱耳。高忠憲云。辥敬軒呂涇野語錄中。皆無甚透悟。亦為是也。自姚江指點出良知人人現在。一反觀。而自得。便人人有個作聖之路。故無姚江則古來之學脈絕矣。然致良知一語。發自晚年。未及與學者深究其旨。後來門下各以意見攙和。說元說妙。幾同射覆。非復立言之本意。先生之格物。謂致吾心良知之天理於事事物物。則事事物物皆得其理。以聖人教人只是一個行。如博學審問慎思明辨皆是也。篤行之者。行此數者不已是也。先生致之於事物。致字即是行字。以救空。空。窮。理。只在知上討個分曉之非。乃後之學者。測度想像。求見本體。只在知識上立家儒。以為良知。則先生何不仍窮理格物之訓。先知後行。而必欲自為一說耶。天泉問答。無善無惡心之體。有善有惡者意之動。知善知惡是良知。為善去惡是格物。今之解者曰。心體無善無惡是性。由是而發之為有善有惡之意。由是而有分別其善惡之知。由是而有為善去惡之格物。層層自內而之外。壹切皆是粗機。則良知已落後著。非不慮之本然。故鄧定宇以為權論也。其實無善無惡者。無善念惡念耳。非謂性無善無惡也。下句意之有善有惡。亦是有善念惡念耳兩句只完動靜二字他日語辭偶曰無善無惡者理之靜有善有惡者氣之動即此兩句也所謂知善知惡者知亦誠意中之好惡虛靈不昧之性體也為善去惡只是率性而行自然無善惡之夾雜先生所謂致吾心之良知於事事物物也彼在發用處求良知者認已發作未發教人在致和上着力愈求愈遠矣得羲說而存之而後知先生之無弊也

文成王陽明先生守仁

王守仁字伯安學者稱為陽明先生餘姚人也豪邁不羈十八歲謁婁一齋慨然以聖人可學而至（先生事功見明史）封建安伯門人周積侍疾問遺言先生曰此心光明亦復何言頃之而逝年五十七先生之學始泛濫於詞章繼而編讀考亭之書循序格物顧物力吾心終判為二無所得入於是出入於佛老者久之及至居夷處困（因逆瑾矯旨逮南京科道官先生抗疏救之下詔獄謫貴州龍場驛丞）動心忍性因念聖人處此更有何道忽悟格物致知之旨聖人之道吾性自足不假外求其學凡三變而始得其門自此以後盡去枝葉一意本原以默坐澄心為學的有未發之中始能有發而中節之和視聽言動大率以收斂為主發散是不得已江右以後專提致良知三字默不假坐心不待澄不習不慮出之自有天則蓋良知即是未發之中此知之前更無未發良知即是中節之和此知之後更無已發此知自能收斂不須更主於收斂此知自能發散不須更期於發散收斂者

感之體靜而動也發散者寂之用動而靜也知之真切篤實處即是行行之明覺精察處即是知無有二也居越以後所操益熟所得益化時時知是知非時時無是無非開口即得本心更無假借湊泊如赤日當空而萬象畢照是學成之後又有此三變也先生憫宋儒之後學者以知識為知謂人心之所有者不過明覺而理為天地萬物之所公共故必窮盡天地萬物之理然後吾心之明覺與之渾合而無閒說是無内外其實全靠外來聞見以填補其靈明者也先生以聖人之學心學也心即理也故於致知格物之訓不得不言致吾心良知之天理於事事物物則事事物物皆得其理夫以知識為知則輕浮而不實故必以力行為功夫良知感應神速無有等待本心之明即知不欺本心之明即行也不得不言知行合一此其立言之大旨不出於是而或者以釋氏本心之說頗近於心學不知儒釋界說只一理字釋氏於天地萬物之理一切置之度外更不復講而止守此明覺世儒則不恃此明覺而求理於天地萬物之閒所為絕異然其歸理於天地萬物歸明覺於吾心則一也向外尋理終是無源之水無根之木總使合得本體上已費轉手故沼門乞火與合眼見闇相去不遠先生點出心之所以為心不在明覺而在天理金鏡已墜而復收遂使儒釋疆界渺若山河此有目者所共覩也試以孔孟之言證之致吾良知於事物事物皆得其理非所謂人能弘道乎若在事物則是道能弘人矣

告子之外義豈滅義而不顧乎亦於事物之間求其義而合之正如世儒之所謂窮理也孟子胡以不許之而四端必歸之心哉嗟乎糠粃眯目四方易位而後先生可疑也隆慶初贈新建侯謚文成萬曆中詔從祀孔廟稱先儒王子

按先生言致吾心良知之天理於事事物物及知行合一之意信可謂直截了當開啟作聖之途統君子庶民無分存去而此心立自警覺即立遠於禽獸操存保養皆可以學聖而無餘也黎洲先生為學案全取蕺山所錄又復以己意多所發明其保衛先生之功尤至焉夫佛老舍天地萬物之理於心外而不復求有宋諸儒知求理於天地萬物而不知自足於心蓋又有告子義外之弊然宋儒求理於外固以心求也理既具足於心而壹以天地萬物為理之證印則所謂致良知之天理於事事物物者其幾萌發見處亦往往啟先生之先途特自先生始斬釘截鐵一口道破無有迴曲耳諸生幸生先生之後無難於闇知其一內審心理之若何自見學聖之易易雖不能至然於德育之地必有以異於前矣

陽明傳信錄

暇日讀陽明先生集摘其要語得三卷首語錄存學則也次文錄存教法也又次傳習錄存

宗旨也。宗周因手鈔之餘，有可以發明先生之蘊者，僭存一二管窺，藉正有道，庶幾有善學者出，傳之久而無弊也。後學劉宗周書。

語錄

刊落聲華，務於切己處着實用力。所謂靜坐事，非欲坐禪入定，因吾輩平日為事物紛拏，未知為己，欲以補小學收放心一段功夫耳。明道云：纔學，便知有着力處；既學，便須知有得力處。諸友宜於此處着力，方有進步，異時始有得力處也。學要鞭辟近裏著己。君子闇然日章，為名與利，清濁雖不同，然利心則一。謙受益，不求異於人，而求同於理，數語宜書之壁間，常目在之。舉業不患妨功，惟患奪志。

觀舉業不患妨功二言，則以學堂功課多，不暇靜心為己者，可謂奪志之甚矣，況僅求稍明兩語，為異種奴隸之生活者哉。蕺山云刊落聲華是學人第一義，今或止於求利，尚無聲華之足言，哀哉，人心竟至於此，所當恥也。

僕近時與朋友論學，惟說立誠二字，殺人須就咽喉上着刀，吾人為學當從心髓入微處用力，自然篤實光輝，雖私欲之萌，真是紅爐點雪，天下之大本立矣。若就標末粧綴比擬，凡平日所謂學問思辨者，適足以為長傲遂非之資，自以為進於高明光大，而不知陷於狠戾險嫉，亦誠可哀矣。

變化氣質。居常無所見。惟當利害。經變故。遭屈辱。平時憤怒者。到此能不憤怒。平時憂惶失措。到此能不憂惶失措。始是得。力處。亦便是。用。力處。

學絕道喪。俗之陷溺。如人在大海波濤中。且須援之。登岸。然後。可授之衣。食。若以衣。食投之波濤。中。是適。重其溺。彼不。以為。德。而反。以為。尤。矣。故今時且須隨機導引。因事啟沃。俟其感發興起。而後開之以其說。故為力易。而收效溥。

按此故鈔錄學案。未敢以高明卓絕之言。遽入此編。誠為此耳。

心無動靜者也。其靜也者。以言其體也。其動也者。以言其用也。學無間於動靜。其靜也。常覺而未嘗無也。故常應。其動也。常定而未嘗有也。故常寂。常應常寂。是之謂集義。心一而已。靜其體也。而復求靜根。是撓其體也。動其用也。而懼其易動焉。是廢其用也。

。且以所見。有實體諸心。必將有疑。果無疑。必將有得。果無得。必又有見。

妄心則動也。照心非動也。恒照則恒動恒靜。天地之所以恒久而不已也。照心固照也。妄心亦照也。其為物不貳。則其生物不息。有刻暫停則息矣。非至誠無息之學矣。

心之本體。無起無不起。雖妄念之發。而良知未嘗不在。但人不知存。則有時而或放耳。雖昏塞之極。而良知未嘗不明。但人不知察。則有時而或蔽耳。雖有時而或放。其體實未嘗不在也。存迹而已耳。雖有時而或蔽，其體實未嘗不明也，察之而已耳。必欲此心純乎天理而無一毫人欲之私，非防於未萌之先而克於方萌之際不能也。此正中庸戒愼恐懼、大學致知格物之功，舍此之外無別功也。灑落生於天理之常存，天理常存生於戒愼恐懼之無間，孰謂敬畏之增反為樂之累耶。謹獨即是致良知。

按此一言，體用兼該，學者終身實力發明不盡矣。

凡謂之行者，只是著實去做這件事。行之明覺精察處便是知，知之真切篤實處便是行。若行而不能明覺精察，便是冥行，便是學而不思則罔，所以必須說個知。知而不能真切篤實，便是妄想，便是思而不學則殆，所以必須說個行。原來只是一個工夫。凡古人說知行，皆是就一個工夫上補偏救弊，不似今人截然分作兩件事做。某今說知行合一，雖亦是就今時補偏救弊說，然知行體段亦本來如是。

夫良知之於節目事變，猶規矩尺度之於方圓長短也。節目事變之不可預定，猶方圓長短之不可勝窮也。故規矩誠立，尺度誠陳，則不可欺以方圓長短，而天下之方圓長短不可勝用矣。良知誠致，則不可欺以節目事變，而天下之節目事變不可勝應矣。毫釐千里之謬，不於吾心

良知一念之微而察之亦將何所用其學乎是不以規矩而欲定天下之方圓不以尺度而欲
盡天下之長短吾見其乖張謬戾日勞而無成也已語孝於溫凊定省孰不知之然而能致其
知者鮮矣若粗知儀節而遂謂之能致其知則天下孰非致知者耶以是而言可以知致知之
必在於行而不行之不可以為致知也明矣知行合一之體不益較著乎
學絕道喪之餘苟有興起向慕於學者皆可以為同志不必銖稱寸度而求其盡合於此以之
待人可也若在我之所以為造端立命者則不容有毫髮之或爽矣道一而已仁者見仁知者
見知釋氏之所以為釋老氏之所以為老百姓日用而不知皆是道也寧有二乎今古學術之
誠偽邪正何啻碔砆美玉有眩惑終身而不能辨者正以此道之無二而其變動不拘充塞無
間縱橫顛倒皆可推之而通世之儒者各就其一偏之見而又飾之以比擬仿像之功文之以
章句假借之訓其為習熟既足以自信而條目又足以自安此其所以誑己誑人終身沒溺而
不悟焉耳然其毫釐之差而乃致千里之謬非誠有求為聖人之志而從事於惟精惟一之學
者莫能得其受病之源而發其神奸之所由伏也若某之不肖蓋亦嘗陷溺於其間者幾年倀
倀然既自以為是矣賴天之靈偶有悟於良知之學然後悔其向之所為者固包藏禍根作偽
於外而心勞日拙者也十餘年來雖痛自洗剔創艾而病根深痼萌蘗時生所幸良知在我操

得其要。譬猶舟之得舵，雖驚風巨浪顛沛不無，尚猶得免於傾覆者也。夫舊習之溺人，雖已覺悔悟，而其克治之功尚且其難若此，又況溺而不悟日益以深者，亦將何所抵極乎。

按以先生早歲之材，賢度邁於今之書丈號為有道德者遠甚，乃猶自謂為包藏禍心作偽於外，況以吾人之不如先生，更未嘗從事省克者乎。良知固在，曷亟致之，免墜一身而禍天下。

工夫全在必有事上。勿忘勿助，只就其間提撕警覺而已。今卻不去必有事上用功，而乃懸空守着一個勿忘勿助，此如燒鍋煮飯，鍋內不曾漬水下米，而乃專去添柴放火，吾恐火候未及調停，而鍋先破裂矣。所謂時時集義者，只是致良知。說集義則一時未見頭腦，說致良知當下便有用工實地。

凡人言語正快意時，便截然能忍默；意氣正到發揚時，便翕然能收斂；憤怒嗜欲正到騰沸時，便廓然能消化，得此非天下之大勇不能也。然見得良知親切時，其工夫又自不難。

鄙薄未嘗治心學，得先生學說，從歷自試驗，良為信然。

凡工夫只是要簡易真切，愈真切愈簡易，愈簡易愈真切。

如事父一事，其間溫清定省之類有許多節目，如何不講求。只是有個頭腦，只就此心去人欲存天理上講求。如講求冬温夏凊。只是要盡此心之孝。恐怕有一毫人欲間雜。此心若是個誠於孝親之心。冬時自然思量父母寒。自去求溫的道理。夏時自然思量父母熱。自去求凊的道理。譬之。樹木。這誠孝的心。便是根。許多條件。便是枝葉。須先有根。然後有枝葉。不是先尋了枝葉。然後去種根。禮記孝子之有深愛者必有和氣。有和氣者必有愉色。有愉色者必有婉容。便是如此。

按人之處乎子臣弟友。應乎事事物物。均以致良知為根。講求節目為枝葉。即各種中西科學。亦並以致良知為根。而後枝葉有生發處也。

知而不行。只是未知。如好好色。見好色屬知。好好色屬行。只見好色時。已自好了。不是見後又立個心去好。知是行之始。行是知之成。

身之主宰便是心。心之所發便是意。意之本體便是知。意之所在便是物。如意在於事親。則事親便是一物。無心外之理。無心外之物。中庸言不誠無物。大學明明德之功。只是個誠意。誠意之功。只是個格物。

要此心純是天理。須就理之發見處用功。人心之得其正者即道心。道心之失其正者即人心。初非有二心也。

愛因舊說汩沒始聞先生之教駭愕不定無入頭處其後聞之既熟反身實踐始信先生之學為孔門嫡傳舍是皆旁蹊小徑斷港絕河矣如說格物是誠意工夫明善是誠身工夫窮理是盡性工夫道問學是尊德性工夫博文是約禮工夫惟精是惟一工夫此類始皆落落難合久之不覺手舞足蹈（徐愛先生門人也）

靜時亦覺意思好纔遇事便不同是徒知養靜而不用克己工夫也人須在事上磨鍊方立得住

以循理為主何嘗不寧靜以寧靜為主未必能循理

省察是有事時存養存養是無事時省察

人若真實切己用功不已則於此心天理之精微日見一日私欲之細微亦日見一日若不用克己工夫天理私欲終不自見今於已知之天理不肯存已知之人欲不肯去只管愁不能盡知閒講何益且待克得自己無私可克方愁不能盡知亦未遲在

言語無序亦足見心之不存

人到純乎天理方是聖金到足色方是精所以為精金者在足色而不在分兩所以為聖者在純乎天理而不在才力也後世不知作聖之本却專去知識才能上求聖人敝精竭力從冊子上

鑽研名物上考索形迹上比擬知識愈廣而人欲愈滋才力愈多而天理愈徹正如見人有萬鎰精金不務煅煉成色而乃妄希分兩錫鉛銅鐵雜然投之分兩愈增而成色愈下及其稍末無復有金矣

按此鐙乃愈為學堂諸生懼也況於內併無才浮慕殊種學說遺棄道德侮蔑聖人悍然恣肆者乎夫亡中國而見奴夷狄必此類為先鐙愈為學堂諸生悲也

只是一個工夫無事時固是獨知有事時亦是獨知於此用工便是端本澄源便是立誠若只在人所共知處用工便是作偽

蔡希淵問大學新本先格致而后誠意工夫似與首章次第相合若先生從舊本誠意反在格致之前矣曰大學工夫即是明明德明明德只是個誠意誠意工夫只是格致如新本先去窮格事物之理即茫茫蕩蕩都無着落處須添個敬字方纔牽扯得身心上來終沒根源以誠意為主即不須添敬字大抵中庸只是誠身誠身之極便是至誠大學只是誠意誠意之極便是至善

一點良知是爾自家的準則爾意念着處他是便知是非便知非更瞞他一些不得只不要欺他實實落落依着他做去善便存惡便去何等穩當此便是致知的實功

按先生之學。雖謂盡此數語可也。

我輩致知。只是各隨分量所及。今日良知見在如此。則隨今日所知擴充到底。明日良知又有開悟。便隨明日擴充到底。如此方是精一工夫。

丁亥九月。先生起征思田。德洪與汝中論學。德洪舉先生教言曰。無善無惡心之體。有善有惡意之動。知善知惡是良知。為善去惡是格物。汝中曰。此恐未是究竟話頭。若說心體是無善無惡。意亦是無善無惡。知亦是無善無惡。物亦是無善無惡矣。若說意有善惡。畢竟還有善惡在。德洪曰。心體是天命之性。原無善惡。但人有習心。意念上見有善惡在。格致誠正修。此是復性體工夫。若原無善惡。工夫亦不消說矣。是夕坐天泉橋。各舉請正。先生曰。二君之見。正好相資。不可。各執一邊。我這裏接人。原有二種。利根之人。直從本源上悟入。人心本體。原是明瑩無滯。原是個未發之中。利根之人。一悟本體。即是工夫。人己內外。一齊俱透。其次不免有習心。本體受蔽。故且教在意念上實落為善去惡。工夫熟後。渣滓去盡。本體亦明淨了。汝中之見。是我接利根人的。德洪之見。是我為其次立法的。相取為用。則中人上下。皆可引入於道。既而曰。已後講學。不可失了我的宗旨。無善無惡心之體。有善有惡意之動。知善知惡是良知。為善去惡是格物。這話頭隨人指點自沒病痛。原是徹上徹下工夫。利根之人。世亦難遇。人有習心。不教他在

良知上實用為善去惡工夫只去懸空想個本體一切事為俱不着實不過養成一個虛寂病痛不是小小不可不早說破

按右為王畿天泉證道記王門後學流派歧而爭辯多並導源於此然以龍溪念菴泰州戢山諸君子各守其宗旨各成其流別而同歸於一源者卒皆始於善疑終於自得躬行實踐造詣精微今學者漫然於古人之言未嘗以心體認之欲其有疑而不可得安望其有深造之日哉鐘編學案至此亦先自慚汗也

七年。奔文成之喪。以終心制。陽明致良知之學。發於晚年。其初以澄心靜坐訓學者。多有喜靜惡動之弊。知本流行。故提掇未免過重。然曰良知是未發之中。又曰謹獨即是致良知。則未嘗不以收斂為主。故鄒東廓之戒懼。羅念庵之主靜。此真陽明之的傳也。先生與龍溪親炙陽明最久。習聞其過重之言。龍溪謂寂者心之本體。寂以照為用。守其空知而遺照。是乖其用也。先生謂未發竟從何處覓。離已發而求未發。必不可得。是兩先生之良知。俱以見在知覺而言。於聖賢凝聚處。盡與掃除。在師門之旨。不能無毫釐之差。龍溪從見在悟其變動不居之體。先生只於事物上實心磨練。故先生之徹悟不如龍溪。龍溪之修持不如先生。乃龍溪竟入於禪。而先生不失儒者之矩矱。何也。龍溪懸崖撒手。非師門宗旨所可繫縛。先生則把纜放船。雖無大得。亦無大失耳。

會語

戒懼。即是良知。覺得多。此戒懼卻是工夫。深久則本體工夫。自能相忘。不思而得。不勉而中。亦只一熟耳。

學者功夫。不得伶俐直截。只為一虞字作祟耳。良知是非從違。何嘗不明。但不能一時決斷。如自虞度曰。此或無害於理否。或可苟同於俗否。或可欺人於不知否。或可因循一時以圖遷改

否只此一虞便是致吝之端

按虞之致吝即先生所謂人要為惡只可言自欺也良知本來無惡不自欺則無吝矣

不自虞則不自欺矣

論學書

親蹈生死真境身世盡空獨留一念熒魂耿耿中夜豁然若省乃知上天為我設此法象示我以本來真性不容絲髮掛帶平時一種姑容因循之念常自以為不足害道由今觀之一塵可以瞇目一指可以障天誠可懼也噫古人處動忍而獲增益吾不知增益者何物減削則已盡矣

按此為先生在獄中與龍溪書也

郎中王龍溪先生畿

王畿字汝中山陰人受業文成丙戌試期不欲往文成曰吾之學疑信者半子之京師可以發明耳乃行中是年會試不廷試而歸文成門人益進不能徧授多使之見先生與緒山先生和易宛轉門人日親文成卒奔喪至廣信斬衰以畢葬事而後心喪先生林下四十餘年無日不講學卒年八十六先生親承陽明末命其微言往往而在象山之後不能無慈湖文成之後不

能無龍溪以為學術之盛衰因之慈湖決象山之瀾而先生疏河導源於文成之學固多所發明也

按先生天泉證道記語已見前四無之說為上根人立教四有之說為中根以下人立教上根頓悟中根漸復先生之論大抵宗於四無故謂良知原是無中生有即是未發之中此知之前更無未發即是中節之和此知之後更無已發自能收斂不須更主於收斂自能發散不須更期於發散當下現成不暇工夫修整而後得致良知原為未悟者設信得良知過時獨往獨來如珠之走盤不待拘管而自不過其則也以篤信謹守一切矜名飾行之事皆是犯手做作則先生之宗法陽明未免過於高明可見矣

語錄

千古學術只在一念之微上求生死不違不違此也日月至至此也

說箇仁字沿習既久一時未易覺悟說箇良知一念自反當下便有歸著

懲窒之功有難易有在事上用功者有在念上用功者有在心上用功者事上是遏於已然念上是制於將然心上是防於未然懲心忿窒心慾方是本原易簡功夫在意與事上遏制雖極心掃除終無廓清之期

師門嘗有入悟三種教法。從知解而得者謂之解悟。未離言詮。從靜中而得者謂之證悟。猶有待於境。從人事鍊習而得者。忘言。忘境。觸處逢源。愈搖蕩愈凝寂。始為徹悟。

知府季彭山先生本

季本字明德。會稽人。少師王司輿。名文轅 其後師事陽明。先生之學。貴主宰而惡自然。龍溪云學當以自然為宗。警惕者。自然之用。東廓云不警惕不足以言自然。不自然不足以言警惕。先生終自信其說。不為所動。閔學者之空疏。祇以講說為事。故苦力窮經。為致君有用之學。所著總百二十卷。

說理會編

謹於獨知。即致知。謹獨不已。即力行。故獨知之外無知。常知之外無行。工夫何等簡易。

尚書黃久庵先生綰

黃綰字叔賢。台之黃岩人。初師謝文肅。及官都事。聞陽明講學。請見陽明曰作何工夫。對曰初有志。工夫全未。陽明曰人患無志。不患無工夫可用。復見甘泉。相與矢志於學。陽明歸越。先生過之。聞致良知之教。曰簡易直截。聖學無疑。乃稱門弟子。陽明既沒。以女妻陽明之子。銷其外侮。

布衣董蘿石先生澐 附子穀

董澐字復宗。海鹽人。年六十八。游會稽。聞陽明講學山中。往聽之。陽明與之語。連日夜。先生喟然。因何秦以求北面。陽明不可。先生再三而委質焉曰。吾今而後。始得離於苦海耳。至七十七而卒。

董穀字石甫。少游陽明之門。因筆其所聞者。爲碧里疑存。然多失陽明之意。

主事陸原靜先生澄

陸澄字原靜。湖之歸安人。議大禮不合。罷歸。後悔前議之非。上言臣以經術淺短。雷同妄和。質之臣師王守仁。始有定論。臣不敢自昧本心。謹發露前愆以聽天誅。有議文成之學者。先生條爲六辨。欲上奏。文成止之。傳習錄自曰仁發端。其次卽先生所記。故陽明謂曰仁沒而吾道益孤。致望原靜者不淺。執父喪。哀毀失明。

尚書顧箬溪先生應祥

顧應祥字惟賢。湖之長興人。好讀書。九流百家。皆識其首尾。尤精算學。少受業陽明。陽明沒。作傳習錄疑。龍溪致知議略。亦摘其可疑者辨之。

侍郎黃致齋先生宗明

黃宗明字誠甫甯波鄞縣人受學於陽明陽明謂誠甫自當一日千里任重道遠吾非誠甫誰望耶則其屬意亦至矣

論學書

學必寡欲而後無欲知用力而後知得力若如貧人說富如學子論大賢功效體當自家終無受用時也所謂主靜者正以尋欲所從生之根而拔去之故善學者能求靜然後氣得休息而良知發現自然覺察自能拔去是故無欲者本然之體也寡欲者學問之要也求靜者寡欲之方也戒懼者求靜之功也

嗟呼鐟編錄學案而稍稍講說之正是說別人家儅非自家受用處也然其關頓漸方法固已備足各反求諸心以用力為得力之基則終有受用之一日耳

中丞張浮峯先生元冲

張元冲字叔謙越之山陰人先生登文成之門以戒懼為入門一意求諸踐履揭坐右曰惟有主則天地萬物自我而立必無私斯上下四旁咸得其平前後宦江西與東廓念庵洛村楓潭聯諸會訂文成之學迎龍溪緒山主講席留緒山為文成年譜惟恐學之有出入也其有功師門如此

侍郎程松溪先生文德

程文德字舜敷。婺之永康人。初學於楓山。後卒業於陽明。以真心為學之要。所得淺深不可知。然用功有實地也。

太常徐魯源先生用檢

徐用檢字克賢。金華蘭溪人。師事錢緒山。然其為學不以良知而以志學。無不證諸孔氏。時學者執心之精神謂之聖一語。縱橫於氣質以為學。先生以孔氏為的。亦不得已之苦心也。耿楚倥曰。先生今之孟子也。後數年。心地日瑩。見解脫落。

都督萬鹿園先生表

萬表字民望。甯波衛世襲指揮僉事。讀書學古。不失儒生本分。先生功在漕運。其大議有三。人共奇之。其大者卒莫之行也。倭寇之亂。先生親身陷陣。肩中流矢。忠憤至死不忘。先生之學。多得之龍溪念庵緒山荊川。而究竟於禪學。時東南講會甚盛。先生。以為此輩未曾發心為道。不過依傍門戶。雖終日與之言。彼此何益。先生嘗言切要工夫。莫先於格物。格物者格吾心之物也。格物則知自致也。先生之論。最為諦當。格之又格。愈研愈精。而後本體之物呈露。即白沙之養出端倪也。

侍郎王敬所先生宗沐

王宗沐字新甫。臨海人。與王元美為詩社。七子之一也。師事歐陽南野。少從二氏而入。已知所為良知者。在天為不已之命。在人為不息之體。即孔氏之仁也。學以求不息而已。

侍讀張陽和先生元忭

張元忭字子藎。山陰人。幼讀朱子格致補傳曰。無乃倒言之乎。當云心之全體大用無不明。而後物之表裏精粗無不到也。先生之學。從龍溪得其緒餘。篤信四有教法。龍溪談本體而諱言工夫。識得本體便是工夫。先生不信。謂本體本無可說。凡可說者皆工夫也。嘗闢龍溪欲渾儒釋而一之。以良知二字為範圍三教之宗旨。何其悖也。故曰。吾以不可學龍溪之可。先生可謂善學者矣。先生之意。只在善有善幾。惡有惡幾。於此慎察之。其認良知都向發上。陽明獨不曰良知是未發之中乎。恐於本體終有所未明也。

明儒學案講義

江右王門學案

姚江之學。惟江右。得其傳。東廓念庵兩峰雙江其選也。再傳而為塘南思默。皆能推原陽明未盡之旨。是時越中流弊錯出。挾師說以杜學者之口。而江右獨能破之。陽明之道。賴以不墜。蓋陽明一生精神。俱在江右。亦感應之理宜然也。

文莊鄒東廓先生守益 附子善 孫德涵 德溥 德泳

鄒守益字謙之。號東廓。江西安福人。初見文成於虔臺。文成日夕講學。先生曰。往吾疑程朱補大學。先格物窮理。而中庸首慎獨。兩不相蒙。今釋然格致之即慎獨也。遂稱弟子。又見文成於越。既別而文成念之曰。以能問於不能。謙之近之矣。先生之學得力於敬。敬也者。良知之精明。而不雜以塵俗者也。吾性體行於日用倫物之中。無有停機。流行之合宜處謂之善。其障蔽壅塞處謂之不善。但令無往非戒懼之流行。即是性體之流行矣。離卻戒慎恐懼無從覓性。離卻性亦無從覓日用倫物也。陽明之沒。不失其傳者。以先生為宗子。先生記陽明赴兩廣。錢王二子各言所學。緒山曰。至善無惡者心。有善有惡者意。知善知惡是良知。為善去惡是格物。龍溪曰。心無善而無惡。意無善而無惡。知無善而無惡。物無善而無惡。陽明笑曰。洪甫須識汝中本體汝中。須識洪甫。功夫此與龍溪天泉證道記同一事。而言之不同如此。蕺山先師嘗疑陽明天泉之言與平時不同。平時每言至善是心之本體。又曰至善只是盡乎天理之極而無一毫人欲之私。又曰良知即天理。有時說無善無惡者理之靜。亦未嘗徑說無善無惡者是心體。今觀先生所記。而四有之論。仍是以至善無惡為心。即四有四句。亦是緒山之言。非陽明立以為教法也。今據天泉所記。以無善無惡議陽明者。盍亦有考於先生之記乎。子善號潁泉。孫德涵字汝海。潁泉論學。於文莊之教無所走作。入妙通玄。都成幻障。先生以悟為入門。於家學又一轉手矣。德溥字汝光。於易道多所發明。德泳號瀘水。既承家學。守致良知之宗。而於格物則別有深悟。

東廓論學書

良知之教。乃從天命之性。指其精神、靈覺而言。惻隱羞惡辭讓是非。無往而非良知之運用。故戒懼以致中和。則可以位育。擴充四端。則可以保四海。初無不足之患。所患者未能明耳。好問好察。以用中也。誦詩讀書。以尚友也。前言往行。以畜德也。皆求明之功也。及其明也。只是原初明也。非合天下古今之明。而增益之也。世之沒溺於聞見。勤苦於記誦。正坐以良知為不合。而求諸外以增益之。故比擬愈密。揣摩愈巧。而本體障蔽愈甚。

過去。未來。之思。皆是。失卻。見在。工夫。不免。借此。以繫。其心。緣平。日。戒懼。功疏。此心。無。安。頓。處。若精。神。見。在。就業。不。暇。那有。閒。工。夫。思。量。過。去。理會。未。來。

文莊歐陽南野先生德

歐陽德字崇一。江西泰和人。先生立朝大節。在國本尤偉。不奪於上之喜怒。先生以講學為事。當時士咸知致良知之說。而稱南野門人半天下。羅整庵不契良知之說。謂以知覺為性。先生曰。知覺與良知。名同而實異。凡知視知聽知言知動。皆知覺也。而未必其皆善。良知者。知惻隱知羞惡。知恭敬。知是非。所謂本然之善也。本然之善。以知為體。不能離知而別有體。蓋天性之真明覺。自然隨感而應。自有條理。是以謂之良知。亦謂之天理。天理者。良知之條理。良知者。天理之。靈明。知覺。不。足。以。言。之。也。知覺。未。可。謂。之。性。未可。謂。之。理。知。之。良。者。乃。所。謂。天。之。理。也。良知必發於視聽言動。視聽言動必交於天地人物。離卻天地人物。亦無所謂良知矣。時緒山龍溪東廓洛村明水。皆守已發未發非有二候。致和即所以致中。獨聶雙江以歸寂為宗。功夫在於致中。而和即應之。故同門環起解難。然觀傳習錄云。良知。明。白。隨。你。去。靜。處。體。悟。也。好。事上。磨。練。也。好。良。知。本。體。原。是。無。動。無。靜。的。後來學者。不從良知用工。只在動靜上用功。又只在動上用工。分明倒卻一邊矣。雙江於先生議論雖未歸一。雙江。之。歸。寂。何。嘗。枯。槁。先。生。之。格。物。不

陸支離發明陽明宗旨始無遺憾兩不相妨也

南野論學書

凡兩念相牽即是自欺根本如此不了卒歸於隨逐而已

貞襄聶雙江先生豹

聶豹字文蔚永豐人也起知平陽府陞陝西按察司副使為夏貴溪所惡罷歸尋逮之先生方與學人講中庸校突至械繫之先生繫畢從與學人終前說而去既入獄貴溪亦至先生無怨色踰年得出卒年七十七陽明在越先生見而大悅猶疑接人太濫上書言之陽明曰吾行不得已之心耳若畏人不信必擇人而與之是自喪其心也先生惕然陽明既沒先生設位北面再拜始稱門生先生之學獄中閒久靜極忽見此心真體光明瑩澈萬物皆備乃喜曰此未發之中也守是不失天下之理皆從此出矣及出與來學立靜坐法使之歸寂以通感執體以應用王龍溪黃洛村陳明水鄒東廓劉兩峰各致難端惟羅念庵深相契合謂雙江所言真是霹靂手段許多英雄瞞昧被他一口道著如康莊大道更無可疑兩峰晚乃信之

困辯錄

才覺無過便是包藏禍心故時時見過時時改過便是江漢以濯秋陽以暴夫子只是改過鄉

愿。只。要。無。過。

文恭羅念庵先生洪先

羅洪先字達夫。吉水人。十一歲讀古文。慨然念羅一峰之為人。即有志於聖學。嘉靖八年。舉進士第一。外舅聞報。喜曰幸吾壻建此大事。先生曰。丈夫事業更有許大在。此等三年遞一人。奚足為大也。先生之學始致力於踐履。中歸攝於寂靜。晚悟澈於仁體。幼聞陽明講學。心即向慕。比傳習錄出。讀之忘寢食。聶雙江以歸寂之說號於同志。先生獨心契之。謂良知者至善之謂也。中無所主。而謂知本常明。不可也。知有未明。而謂無乖戾於既發之後。不可也。故非經枯槁寂寞之後。一切退聽。天理炯然。未易及此。闢石蓮洞居之。默坐半榻。不出戶者三年。事或前知。王龍溪訪之於松原。問曰。近日行持。比前何似。先生曰。近來無有雜念。感應處便自順適。即如均賦一事。終日紛紛。未嘗敢厭倦。未嘗敢執著。未嘗敢放縱。未嘗敢張皇。惟恐一人不得其所。一切雜念不入。亦不見動靜二境。龍溪嗟歎而退。先生於陽明之學。始而慕之。已見其門下承領本體太易。亦遂疑之。及至功夫純熟。而陽明進學次第。洞然無間。天下學者。亦遂因先生之言。而後得陽明之真。鄧定宇曰。陽明必為聖學無疑。然及門之士。槩多矛盾。其私淑而有得者。莫如念庵。此定論也。

論學書

果能收斂翕聚如嬰兒保護自能孩笑自能飲食自能行走豈容一毫人力安排試於臨民時驗之稍停詳妥貼言動喜怒自是不差稍周章忽略便有可悔從前為良知時時見在一句誤卻欠卻培養一段工夫培養原屬收斂翕聚孟子言皆有怵惕惻隱之心由於乍見言平旦好惡與人相近由於夜氣所息未嘗言時時有是心也未言四端擴充可保四海夜氣得養無物不長所以須養者緣此心易動故也未嘗言時時可致用可保四海也養是常息此心常如夜之所息則時時可似乍見與平旦時陽明拈出良知上面添一致字便是擴養之意真擴養得便是集義自浩然不奪於外此非一朝一夕可得時時培此卻是最容地也

黙黙自修真見時刻有不穀手處時刻有不如人處只在自心尋究虛靜根底安頓不至出入即有好商量矣

吾輩一個性命千瘡百孔醫治不暇何得有許多為人說長道短耶願將精一還堯舜感應還孔子良知還陽明無生還佛直將當下胸中粘帶設計斷除眼前紛紜設計平妥原來性命設計恢復益於我者取之而非徇其言也害於我者違之而非徒以言也

處士劉雨峰先生文敏

劉文敏字宜充。安福人。年二十三。與師泉共學。思所以自立於天地間者。已讀傳習錄而好之。乃入越而稟學焉。雙江主於歸寂。先生言發與未發。本無二致。戒懼慎獨。本無二事。又言默坐澄心。反觀內照。外好日少。知慧日著。生理亦生生不已。所謂集義也。與雙江相視莫逆。故人謂雙江得先生而不傷孤另者。非虛言也。年八十。猶陟三峰之巔。靜坐百餘日。謂門人曰。知體本虛。虛乃生生。吾道以虛為宗。汝曹念哉。卒年八十三。

同知劉師泉先生邦采

劉邦采字君亮。安福人。偕兩峰入越謁陽明。稱弟子。陽明契之曰。君亮會得容易。陽明卒後。學者浸失其真。先生憂之。龍溪問見在良知與聖人同異。先生曰不同。赤子之心。孩提之知。愚夫婦之知。能知頑礦未經煆煉。不可名金。其視無聲無臭自然之明覺。何啻千里。何者為其純陰無真陽也。先生之言心意知物。較四有四無之說為諦當。謂有感無動。無感無靜。心也。常感而通。常應而順。意也。常往而來。常化而生。物也。常定而明。常運而照。知也。見聞之知。其糟粕也。象著之物。其凝漚也。念慮之意。其流澌也。動靜之心。其遊塵也。心不失無體之心。則心正矣。意不失。無欲之意則意誠矣。物不失無住之物則物格矣。知不失無動之知則知致矣。夫心無體。意無欲。知無動。物無住。則皆是有善無惡矣。劉念臺於龍溪之四無字易一字。心是有善無惡之心。意是有善無惡之意。知是有善無惡之知。物是有善無惡之物。何其。相符。合也。疾亟。門人問此視平時何如。答曰。夫形。豈累。性哉。今吾。不。動者。自。若也。先生。之。得。力。如。此。

御史劉三五先生陽 坿劉印山 王柳川

劉陽字一舒。號三五。安福人。見陽明語錄而好之。如虔問學。陽明謂諸生曰。此生清福人也。苟不甘至貧至賤。不可以為聖人。先生於師門之旨。身體精研。嘗謂師泉曰。海內講學而實踐者有人。足為人師者有人。而求得先師之學未一人。見蓋意在斯乎。意在斯乎。

劉秉監字遵教。號印山。三五同邑人。初學於甘泉。尤篤志於陽明。講學往來。儉約如寒士。毋夫人勞之曰。兒孝且弟。何必講學。先生對曰。人見。其。外。未見。其。內。將求。合。真。不敢。不。學。劉三五評之曰。印山早勵名節。烈烈不挫。至臨死生靡挫。宜其一變而至道無難也。

王釗字子懋。號柳川。安成人。始受學梅源東廓。既學於文成。栖栖於山水寂寞之鄉。求所謂身心性命。敝衣糲食終其身。非矯也。

三五先生洞語

惟侍。其。身。者。小。故。可。苟。惟。自。任。者。不。重。故。逸。

縣令劉梅源先生曉

劉曉字伯光。安福人。見陽明於南京。遂稟受焉。陽明贈詩。謾道六經皆註脚。還誰一語悟真機
歸集同志為惜陰會。吉安之多學者。先生為之五丁也。

員外劉晴川先生魁

劉魁字煥吾。泰和人。先生受學陽明。卒業東廓。以直節著名。而陶鎔於學問。每舉陽明遺事以淑門人。黃德良說。陽明學問。初未成片段。因從游者衆。夾持起。歇不得。所以成就者如此。有舉似先生者。曰也是如此。朋友之益甚大。

主事黃洛村先生弘綱

黃弘綱字正之。江西雩縣人。從陽明於虔臺。陽明歸越。先生不離者四五年。始者持守甚堅。其後以不致力一順自然為主。厚於自信而薄迎合。長於持重而短機械。望而知為有道士也。陽明之良知。原即周子誠一無僞之本體。然與學者言。多從發用上要人。從知是知非上轉個路頭。此方便法門也。先生只在念起念滅上工夫。一世合不上本體。四句教法。先生不用也。

主事何善山先生廷仁

何廷仁字性之。雩縣人。謁選知新會縣。喜曰。吾雖不及白沙之門。幸在其鄉。敢以俗吏臨其子孫耶。釋菜於祠而後視事。見陽明於南康。已從至越。陽明歿。與同志會於南都。一時為之語曰。

浙有錢王江有何黄先生嘗曰吾人須從起端發念處察識於此有得思過半矣又曰知過即是良知改過即是本體作格物說以示來學蓋難四無而伸四有言心既至善意本澄然無動意之靈即是知意之照即是物為善去惡固是意上工夫然則陽明之四有豈為下根人說教哉

按以鎧之鄙見言之惟四有之說由平實起步最為吾人所宜體認也

郎中陳明水先生九川

陳九川字惟濬臨川人也為李空同所知致仕周流講學辯駁甚嚴先生自入虔師陽明即自焚所著後凡再見竟所未聞先生合寂感為一寂在感中即感之本體感在寂中即寂之妙用陽明所謂未發時驚天動地已發時寂天寞地其義一也

太常魏水洲先生良弼

魏良弼字師說新建人先生兄弟皆於陽明撫豫時受學以致良知自誠而明知微以顯天地萬物之情與我之情自相應照能使天回象君父易慮士大夫永思至愚夫孺子亦徵於寤寐何者不慮之知達之天下智愚疏戚萬有不同孰無良焉此所以不戒而孚也弟良政字師伊良器字師顏

太常王塘南先生時槐

王時槐字子植。安福人。弱冠師劉兩峰。學從收斂而入。以透性為宗。研幾為要。謂至真之氣。本無終始。不可以先後天言。世儒分理氣為二。而求理於氣先。遂墮佛障。非先生豈能辨其毫釐。高忠憲曰。塘南之學。八十年磨勘至此。可謂洞徹心境者矣。

論學書

白手。起家。勿在他人。腳跟。下。湊泊。

按此足以見先生自求之力量。無復有依傍處也。

文潔鄒定宇先生以讚

鄒以讚字汝德。新建人。澄神內照。洞徹性靈。謂陽明知是知非為良知。特是權論。夫知是知非。不落於是非者也。在陽明實非權論。後來學者多在用處求辨之於有是有非之中。多不得力。先生隨其義。不可謂非藥石也。先生私淑陽明之門人。龍溪陽和其最也。

按知是知非為良知。正是堂上人。不落於堂下者也。謂為權法。疏矣。梨洲先生以之為藥石。仍持上根教法耳。

參政陳蒙山先生嘉謨

陳嘉謨字世顯。廬陵人。起湖廣參政。以學未大明。非息機忘世無以深造。遂乞休。少讀書南塔。值劉雨峰在焉。即師事之。螺川人士知學。先生倡之也。

徵君劉瀘瀟先生元卿

劉元卿字調父。安福人。稟學劉三五。聞天臺生生不容已之旨。欣然自信。惡釋氏。即平生所最信服者天臺塘南。亦不輕相附和。

督學萬思默先生廷言

萬廷言字以忠。南昌之東溪人。受業於陽明先生。匿跡韜光。研幾極深。念庵之學。得先生而傳。深於易。三百八十四爻。無非心體之流行。不著爻象。而又不離爻象。自來說易者。程傳而外。未之或見也。蓋深見乾元至善之體。融結為孩提之愛敬。若先生始可謂之知性矣。

憲使胡廬山先生直

胡直字正甫。泰和人。少駘蕩。好攻古文詞。年二十六。從歐陽文莊問學。即語以道藝之辨。年三十。復從學羅文恭。文恭教以靜坐。先生著書。專明學之大意。以理在心。不在天地萬物。疏通文成之旨。夫曰理在心。不在天地萬物。非謂天地萬物竟無理也。先生之旨。既與釋氏三界惟心山河大地為妙明心中物不遠。其與釋氏異者。釋氏主在出世。而歸於無有。吾儒主在經世。而

常處於有義則以為世儒之求理與釋氏之不求理學術雖殊其視理在天地萬物一也

忠介鄒南皋先生元標

鄒元標字爾瞻吉水人先生之學以識心體為入手以行恕於人倫事物之間與愚夫愚婦同體為功夫以不起意空空為極致離達道無所謂大本離和無所謂中故先生於禪學亦所不諱然先生即摧剛為柔融嚴毅方正之氣而與世推移其一規一矩必合當然之天則而介然有所不可者仍是儒家本色不從佛氏也

按先生立朝大節忠諤不欺碻然為三代後有數儒臣其所以劘切人主與導世於正學者亦卓然有堯舜君民之思乃以羣小齮齕不伸其志禍害隨之悲夫然觀先生會語云學者有志於學須要鐵石心腸百年轉盼貴乎自立則知先生之風義養之非一日也

給諫羅匡湖先生大紘

羅大紘字公廓安福人學於徐魯源林下與南皋講學南皋謂敏而善入然觀其所得破除默照以為一念既滯五官俱墮於江右先正之脈又一轉矣

中丞宋望之先生儀望

宋儀望字望之。永豐人。從學於聶貞襄。聞良知之旨。時方議從祀陽明。而論不歸一。因著或問以解時人之惑。其論河東白沙。亦未有如先生之親切者也。

徵君鄧潛谷先生元錫

鄧元錫字汝極。江西南城人。聞羅近溪講學。從之游。就學於鄒東廓劉三五。得其要旨。居家著述。時心宗甚行。謂九容九思四教六藝桎梏也。先生謂九容不修。是無身也。九思不慎。是無心也。每日晨起。令學者靜坐。收攝放心。食時。次第問當下心體畢。各因所至。爲覺悟之。

徵君章本清先生潢

章潢字本清。南昌人。與萬思默同問學。先生論止修則近於李見羅。論歸寂則近於聶雙江。而其最諦當者。無如論氣質之非性。離氣質又不可覓性。則與蕺山先師之言。若合符節矣。

僉憲馮慕岡先生應京

馮應京字大可。盱眙人。先生師事鄒南皋。其拘幽書草。皆從憂患之餘。言其得力。先生嘗疏糺監陳奉九大罪。奉亦疏糾撓國課。詔逮下獄。在獄四年。與司李何棟如講學不輟。後卒於家。

明儒學案講義

南中王門學案

南中之名王氏學者。陽明在時。王心齋黃五岳朱得之戚南玄周道通馮南江其著也。陽明沒後。緒山龍溪所在講學。東廓南野善山先後官留都。興起者甚衆。其無語錄可考見者。戚賢。即南玄 馮恩。即南江 貢安國查鐸。沈龍宛溪。蕭念蕭良榦。戚袞張棨章時鸞。程大賓程默。鄭燭姚汝循殷邁。姜寶。

孝廉黃五岳先生省會

黃省會字勉之。蘇州人。陽明講學於越。先生執贄為弟子。作會稽問道錄十卷。東廓心齋龍溪皆相視莫逆也。陽明以先生筆雄見朗。欲以王氏論語屬之。出山不果。未幾先生卒。

長史周靜庵先生衝

周衝字道通。宜興人。陽明講學於虔。先生往受業。繼從甘泉。謂甘泉之體認天理。即王之致良知也。與蔣道林為新泉問道錄。

明經朱近齋先生得之

朱得之字本思。靖江人。從學陽明。所著有參玄三語。頗近老氏。

恭簡周訥溪先生怡

周怡字順之。宣州太平人。師事東廓龍溪。於傳習錄身體而力行之。所謂節義而至於道者也。

提學薛方山先生應旂

薛應旂字方山。武進人。先生爲考功時。寘龍溪於察典。論者以爲逢迎貴溪。其實龍溪言行不掩。先生借龍溪以正學術也。嘗及南野之門。而一時諸儒不許其名王氏學者以此節也。然東林導源於此。豈可沒哉。

襄文唐荊川先生順之

唐順之字應德。武進人。先生晚年之出。由於分宜。人多議之。先生固謀之念庵。念庵謂向嘗隸名仕籍。此身已非己有。當軍旅不得辭難之日。與徵士處士論進止。是私此身也。於是遂決其著述大者爲五編。儒編左編右編文編稗編是也。先生之學。得之龍溪者爲多。故言於龍溪只少一拜。以天機爲宗。無欲爲工夫。儒佛分途。只在天機之順逆。不可以此而同之也。

荊川論學書

小心。二字。誠是學者對病靈藥。細細照察。細細洗滌。一些私見習氣。不留下種子在心裏。便是小心矣。

按此尤為道學入門之定法也。理會得起。方可體認鳶飛魚躍之活機。

太常唐凝菴先生鶴徵

唐鶴徵字元卿。荆川之子也。始尚意氣。繼以園林絲竹。而後泊然歸之道術。語其甥孫文介曰。人到生死不亂。方是得手。居常當歸併精神一路。毋令漏洩。

文貞徐存齋先生階

徐階字子升。華亭人。聶雙江初令華亭。先生受業其門。故得名王學。及在政府。為講會於靈濟宮。使南野雙江松溪分主之。學徒至千人。丙辰後諸公或沒或去。講壇為之一空。先生主朝大節。絕無儒者氣象。陷於霸術而不自知。諸儒以其主張講學。許之知道。此同護門面之見也。

中丞楊幼殷先生豫孫

楊豫孫字幼殷。華亭人。華亭當國。引先生自輔。諮而後見。先生以知識即性。習為善者固此知識。習為惡者亦此知識。總坐程子惡亦不可不謂之性一語。由是將孟子性善置之在疑似之間。而荀楊之說紛紛起廢矣。

明儒學案講義

楚中王門學案

楚學之盛。惟耿天臺一脈。自泰州流入。當陽明在時信從尚少。道林闇齋劉觀時出自武陵。故武陵之及門。獨冠全楚。觀徐曰仁同遊德山詩可考也。然道林實得陽明之傳。天臺之派雖盛。反多破壞良知學脈。惡可較哉。

僉憲蔣道林先生信

蔣信字卿實。常德人。先生初無所師授。與冀闇齋孝索於書本之間。陽明在龍場。見先生之詩而稱之。遂與闇齋師事焉。棄官歸。甘泉游南嶽。先生從之遊。故得於甘泉者為多。

按先生病肺至道林寺靜坐。久之併怕死與念母之心俱斷。夫怕死念斷可也。至念母之心亦斷。是與佛之滅性棄倫何異。縱論理氣心性得其要。詎有當耶。

孝廉冀闇齋先生元亨

冀元亨字惟乾。武陵人。陽明謫龍場。先生與蔣道林往師焉。宸濠致書問學。陽明使先生往荅之。先生反復陳君臣之義以動濠。濠敗。忌陽明者借先生以陷之。逮至京師。搒掠不服。出獄五日卒。在獄與囚講說。使囚能忘其苦。先生常謂道林曰。苟無見於仁體。雖枯坐何益。觀其不挫志於艱危。信所言之非虚也。

明儒學案講義

北方王門學案

北方之為王氏學者獨少。穆玄庵既無問答。而王道自以為是。無求益之心。其後趨向果異。不可列之王門。非二孟嗣響。即有賢者。亦不過跡象聞見之學。而自得者鮮矣。

文簡穆玄庵先生孔暉

穆孔暉字伯潛。山東堂邑人。陽明主試山東。取先生為第一。潛心理學。學陽明而流於禪。未經師門之煅煉。故陽明集中未有問答。

教諭張宏山先生後覺

張後覺字志仁。茌平人。受業於顏中溪徐波石。深思力踐。洞朗無礙。聞水西講學之盛。往而證其所學。卒年七十六。

尚寶孟我疆先生秋

孟秋字子成。茌平人。聞張宏山講學。即往從之。因尚書明目達聰語。灑然有悟。郜聚所周訥溪官其地。相與印證。改定明儒經翼。去其駁雜者。

主事尤西山先生時熙

尤時熙字季美。洛陽人。因讀傳習錄。始信聖人可學而至。師事劉晴川。又從朱近齋周訥溪黃德良。考究陽明之言行。以道理於發見處。始可見。學者只於發動處用工。故工夫即是本體。不當求。其起處。以白沙靜中端倪爲異學。

按今之學者。曾不知從發動處用工。安得便言起處。至起處之宜有涵養一節工夫。則其道甚明。非先生所得而掃除也。

文選孟雲浦先生化鯉

孟化鯉字叔龍。新安人。西川既傳晴川之學。先生因往師之。凡言發動處用工。及集義即乎心之所安。皆師說也。時人稱爲二孟。

侍郎楊晉庵先生東明

楊東明號晉庵。虞城人。先生所與問辨者。鄒東廓馮少墟呂新吾孟我疆諸人。故能得陽明之肯綮。嘗覺獨善其身之言有所未盡。其學之要領在論氣質之外無性。第氣質之本然是性。失其本然者非性。性善不可易也。陽明言無善無惡者心之體。以之言心。不以之言性。猶孔子之言無知。無知豈有病乎。此眞陽明之肯綮也。

郡守南瑞泉先生大吉

南大吉字元善。渭南人。幼穎敏。稍長讀書。即知求聖賢之學。知紹興府。文成方倡道東南。先生觀摩久。因悟人心自有聖賢。一日質於文成曰。大吉臨政多過。先生何無一言。文成曰。何過。先生歷數其事。文成曰。吾言之矣。先生曰。無之。文成曰。然則何以知之。曰。良知自知之。文成曰。良知。獨非吾之言乎。先生笑謝而去。居數日。數過加密。謂文成曰。與其有過而悔。不若先言之。使其不至於過也。文成曰。人言不如自悔之真。又笑謝而去。居數日。謂文成曰。身過可免。心過奈何。文成曰。昔鏡未開。可以藏垢。今鏡明矣。一塵之落。自難住腳。此正入聖之機也。勉之。先生謝別而去。闢稽山書院。身親講習。而文成之門人益進。

按文成為先生指點良知處。其親切警醒。不啻舉世界人類而一一指點之也。吾人心中。皆自有。聖賢自有一。陽明先生為吾省過悔過。去垢拂塵。在乎致力尊奉之耳。

明儒學案講義

粵閩王門學案

嶺海之學。於文成者。自方西樵始。及文成開府贛州。從學者甚衆。文成言潮郡有薛氏兄弟子姪。楊氏昆季。其餘任道之器以數十。乃今之著者惟薛氏學耳。西樵字獻夫。薛尚賢以學行著於鄉。楊驥字仕德。楊仕鳴與兄同學。梁焯字日孚。閩中自子莘以外。無著者。明衡字子莘。

行人薛中離先生侃

薛侃字尚謙。揭陽人。從學文成於贛。歸田從游者百餘人。門人記所聞曰研幾錄。世疑陽明先生類禪。曰廢書。曰背考亭。曰涉虛。先生一一辨之。然皆不足辨矣。

按先生以私草一疏。請擇親賢一人入京。為守城王。俟東宮生長。出封大國。為彭澤所傾陷。守正不屈。節概不負所學矣。

縣令周謙齋先生坦

周坦字謙齋。羅浮人。從學於中離。出游湖湘維揚新泉天真天關。以親講席。衰老猶與徐魯源相往復。其論學語云。白沙之學。以自然為宗。至謂靜中養出端倪。吾人要識得靜中心體澄然烱然。原無一物可著。若謂靜中養出端倪。則又添出一端倪矣。

明儒學案講義

止修學案

中丞李見羅先生材

李材字孟誠。豐城人。初學於鄒文莊。學致良知之學。已稍變其說。拈止修兩字。以為得孔曾之真傳。謂性自人生而靜以上。此至善也。發為四端。使有善不善。知是流動之物。都向已發邊去。則遠於人生而靜以上之體。攝知歸止。各得其則。不言修而修在其中矣。使稍有出入。不過一點簡提撕。修之使常歸於止而已。著書數十萬言。大指不越於此。其實先生以止為存養修為省察。不過換一名目。與宋儒大段無異。反多一張皇耳。

論學書

學之宗趣。必謹其初。大學先知止。程門先識仁。意亦由此。

止為主意。修為工夫。原非二事。

按梨洲先生師說中已論止修之大槩。吾人從致良知入手。確有循持後。再論止修之言心性體用。及格致誠正。四者平鋪之得失可也。

明儒學案講義

泰州學案

鎧編講義。至於泰州學案。喟然曰。吾學堂。諸。生。有。豪。傑。之。士。若。顏。山。農。何。心。隱。兩。先。生。其。人。者。崛。起。於。其。閒。自。取。兩。先。生。之。學。說。尊。揚。其。宗。風。出。而。大。忤。於。世。或。驟。變。其。世。可。也。苟無。其。人。則此。編。所。錄。自。崇。仁。以。下。至。於。姚。江。迄。止。修。業。足。為。諸。生。進。德。修。業。之。師。表。所。謂。置。之。康。衢。者。矣。置。之。康。衢。而。馳。驅。不。失。以。是。入。聖。道。無。難。若。猶。顛。蹶。焉。迷。罔。焉。安。取。更。進。以。泰。州。學。派。令。脫。羈。勒。於。名。教。也。哉。且。梨洲先生至重顏何也。然猶不列之於正案。況以鎧之無知。固心驚於顏何。而不知其所極者乎。不知其所極。猶漫然為諸生講之。夫亦不可以已耶。用為此懼。更簡擇焉。而述意於此。非敢輕諸生。亦吾敬慎之意然爾。

陽明之學。有泰州龍溪而風行天下。亦因泰州龍溪而漸失其傳。然龍溪之後。力量無過於龍溪者。又得江右為之救正。故不至十分決裂。泰州之後。其人多能以赤手搏龍蛇。傳至顏山農何心隱一派。遂非復名教之所能羈絡矣。義考其派下之最著者。顏鈞字山農。吉安人。梁汝元字山夫。其後改姓名為何心隱。永豐人。鄧豁渠初名鶴。號太湖。江內人。方與時字湛一。黃陂人。錢同文字懷福之興化人。管志道字登之。太倉人。

處士王心齋先生艮

王艮字汝止。號心齋。泰州人。陽明巡撫江西。講良知之學。先生未之聞也。有黃文剛者。寓泰州。聞先生論。詫曰此絕類王巡撫之談學也。先生喜曰有是哉。即日啟行。以古服進見。始入。先生據上坐。辨難久之。稍心折。移其坐於側。論畢。乃嘆曰簡易直截。艮不及也。下拜自稱弟子。退而有不合。悔曰吾輕易矣。明日入見。且告之悔。陽明曰善哉子之不輕信從也。先生復上坐。辨難久之。始大服。遂為弟子。陽明曰向者吾擒宸濠。一無所動。今卻為斯人動矣。先生以格物即物有本末之物。身與天下國家一物也。格知身之為本。而家國天下之為末。行有不得者。皆反求諸己。反己是格物底工夫。故欲齊治平在於安身。然所謂安身者。亦是安其心耳。非區區保此形骸之為安也。先生以孔子修身講學以見於世。未嘗一日隱也。故有以伊傅稱先生者。先生曰。伊傅之事我不能。伊傅之學我不由。伊傅得君。可謂奇遇。如其不遇。終身獨善而已。孔子則不然也。學也者。所以學為師也。學為長也。學為君也。以天地萬物依於身。不以身依天地萬物。舍此。皆妾婦之道。聖人復起。不易斯言。王襞字順宗。心齋先生仲子。

心齋語錄

顏子有不善未嘗不知。常知故也。知之未嘗復行。常行故也。

處士王東崖先生襞　附樵夫朱恕　陶匠韓樂吾　田夫夏叟

朱恕字光信。泰州人。樵薪養母。一日過心齋講堂。歌曰。離山十里。薪在家裏。離家一里。薪在山裏。心齋謂門人曰。小子聽之。道病不求耳。求則不難。不求則難。樵聽心齋語。浸浸有味。每樵必造階下聽之。畢則浩歌負薪而去。弟子覸其然。轉相驚異。有宗姓者招而謂之曰。吾以數十金貸汝。別尋活計。可日夕與吾輩游也。樵俯而思。既而大恚曰。子非愛我。我自憧憧然。經營念起。斷送一生矣。

按樵之為道良哉。今或以數金斷送一生。數十金斷送一家。數十百萬金斷送一國者。乃憧憧然於光天化日之下。道之滅亡也久矣。安所得樵者師長羣倫而一變之也悲夫。

韓貞字以中。號樂吾。興化人。慕朱樵而從之學。久之有得。以化俗自任。隨機指點。農工商賈從之者千餘。農隙則聚徒談學。一村既畢。又之一村。前歌後答。絃誦洋洋。縣令問政。對曰。儂窶人無能補於左右。第凡與儂居者。幸無訟牒煩公耳。

按今之民風日下。好德無聞。重以健訟逞毆。動禍家國。正苦無韓先生者躬任化俗之責耳。諸生必先有獨善之意。然後始有公善之具。毋徒自放。輕責下民。且疑朝廷之化不下逮也。

夏廷美。繁昌農夫也。一日聽張甑山講學。謂為學學為人也。為人須求為真人。叟憮然。曰。吾平日為人。得毋未真耶。乃之楚訪天臺。天臺謂汝鄉焦弱侯可師也。歸從弱侯游。得自然旨趣。曰吾人須是自心作得主宰。凡事只依本心。便是大丈夫。

嗟呼。吾見諸生之處學堂。其所謂求學者或偽也。教員之所授。管理員之所施與諸生之所以相接者。乃亦有時而或偽也。學說不端。謬乃愈大。曷遂反已務為真人也哉。

布政徐波石先生樾

徐樾字子直。貴溪人。少與夏相才名相亞。得事陽明。繼而卒業心齋之門。

教諭王一庵先生棟

王棟字隆吉。泰州人。從事心齋。先生之學。大端有二。一言格物所以致知。平居安正其身。便是格其物之本。便是未應時之良知。事至物求。推吾身之矩。順事恕施。便是格其物之末。便是既應時之良知。一則謂自身之主宰言謂之心。自心之主宰言謂之意。心則虛靈而善應。意有定向而中涵。自心虛靈之中。確然有主者。名之曰意耳。

文選林東城先生春

林春字子仁。泰州人。師心齋而友龍溪。自束髮至蓋棺。未嘗一日不講學。同志語質行者必歸之。未必為泰州之入室。蓋亦無泰州之流弊也。

文肅趙大洲先生貞吉

趙貞吉字孟靜。蜀之内江人。先生之學。李贄謂得之徐波石。其答友人云。僕之為禪。自弱冠以來。試觀僕之行事立身。於名教有悖謬者乎。則禪之不足以害人明矣。

雜著

學不信心久矣。惟其不信自心。是以志無由立。志墮而學。宜其展轉外求。而自傲深矣。

參政羅近溪先生汝芳

羅汝芳字惟德。江西南城人。江陵問山中功課。先生曰。讀論語大學。視昔差有味耳。顏山農得心齋之傳。先生盡受其學。山農以事繫留京獄。先生盡鬻田產脫之。侍養於獄六年。不赴廷試。歸田後。身已老。山農至。先生不離左右。一茗一果。必親進之。諸孫以為勞。先生曰。吾師非汝輩所能事也。楚人胡宗正。故先生舉業弟子。已聞其有得於易。反北面之。三月而後得其傳。先生之學。以赤子良心。不學不慮為的。以天地萬物同體。徹形骸忘物我為大。微者劇論所觸。若春行雷動。雖素不識學之人。俄頃之間。能令其心地開明。道在現前。一洗理學膚淺套括之氣。當

下便有受用未有如先生者也

按先生之學精深微妙處不易言渾淪順適處尤不易到略揭其大凡苟非立志自求雖舉其全書錄之奚益哉

語錄

隸胥之在於官府兵卒之在於營伍雜念之類也憲使升堂而吏胥自肅大將登壇而兵將自嚴則慎獨之與雜念之類也今不思自作憲使主將而惟隸胥兵卒之求焉不亦悖且難哉

侍郎楊復所先生起元

楊起元字貞復廣東歸善人先生之父傳芬名湛氏學故幼而薰染過建昌黎允儒與之談學問豈有所授受乎允儒曰吾師近溪羅子也無何先生在京近溪至先生遂稱弟子近溪歸先生嘆曰吾師老今不盡其傳終身之恨也因訪從姑山房而卒業焉所至以學淑人先生之事近溪出入必以其像供養有事必告而後行

恭簡耿天臺先生定向

耿定向字在倫黄安人先生之學不尚玄遠謂以中行為學稍一不徹骨髓其下塌不及狂狷多矣因李卓吾鼓倡狂禪學者靡然從之故以實地為主苦口匡救

按天臺於江陵奪情比之伊尹。梨洲謂其誦六藝以文奸言。何必隱之。獄不敢伸救恐犯江陵之忌。則於知行合一之道。隱疚多矣。

處士耿楚倥先生定理

耿定理字子庸。天臺仲弟。論學不煩言説。當機指點。使人豁然。

文端焦澹園先生竑

焦竑字弱侯。南京旗手衛人。積書數萬卷。覽之略徧。金陵人士輻輳。先生主持壇坫。如水赴壑。其以理學倡率。王弇州所不如也。師事耿天臺羅近溪。又篤信李卓吾之學。以為未必是聖人。可肩一狂字坐聖門第二席

尚寶潘雪松先生士藻

潘士藻字去華。婺源人。學於天臺卓吾。得友祝延之。時時為述所聞。隨方開釋。稍覺拘泥。輒少寬之。少懈。輒鞭策之。久之閉塞憤悶日甚。延之曰。經此一番苦楚。是一生得力。一日忽省。曰原來只是如是。何須更索。質之延之。延之曰近是。識此。自會。戒慎恐懼。已相戒曰。此念最易墮落。須時時提醒。縕醖日深。庶有進步。

闇然堂日錄

學者不知一念之差已為蹠之徒也故視得志之人負於國家往往竊歎之豈知己之汲汲營利是其植根而得志之時不過成就結果之耳

按今日吾人之視吾政府。視吾畺吏至於庶官。所以哀憤而痛詆之者。詎嘗不得其正。不當於事耶。顧吾人快然詆議之時。曾未嘗躬嚴義利之辨。有治心之學以澄吾他日御世之源。則其同歸於穢污可預決也矣。觀雪松先生之言。而憬然自省。吾知哀憤痛詆。將有所不暇焉耳。

明經方本庵先生學漸

方學漸字達卿。桐城人。領歲薦棄去。從事講學。見世之談心以無善無惡為宗。有憂焉。進而證之於古。摘其言之有關於心者。各拈數語。以見不睹不聞之中。有莫見莫顯者。以為萬象之主。非空無一物者也。

郎中何克齋先生祥

何祥號克齋。四川內江人。事南野於太學。大洲謂之曰。如南野當專拜為師可也。先生如其言。凡南野大洲一言一動。先生必籍記之。以為學的。

給事祝無功先生世祿

祝世祿字延之。鄱陽人。當緒山龍溪講學江右。先生與其羣仲為文麗之會。及天臺倡道東南。海內景從。其最知名者。則潘去華王德孺與先生也。天臺以不容已為宗。先生從此得力。身在心中一語。實發先儒所未發。至謂主在道義。即蹈策士之機權。亦為妙用。此非儒者氣象。古今功業。如天空鳥影。以機權而幹當功業。所謂以道殉人。遍地皆糞土矣。

嗟呼。今吾中國。乃一無功業可言。彼曾左胡李之機權。殆猶時裁以道義。故得成中興之功。而曾於諸公之間。蓋尤有儒者之氣象。故其薰染一世。非苟然已也。今則所謂機權者。乃愈趨而日下。雖策士猶羞之。非有真儒力倡心學。安所得挽回世運之術哉。

祝子小言

學者不論造詣。先定品格。須有鳳凰翔于千仞氣象。方可商求此一大事。

患莫患於不自振。洪範六極。弱居一焉。一念精剛。如弛忽張。風飛雷動。奮迅激昂。羣疑以亡。諸欲以降。百行以昌。更有何事。

尚寶周海門先生汝登

周汝登字繼元。嵊縣人。從兄周夢秀聞道於龍溪。先生因之。已見近溪。供近溪像。事之終身。先生建立宗旨。以性為無善無惡。失卻陽明之意。後來顧涇陽馮少墟皆以無善無惡一言。排擿陽明。豈知與陽明絕無干與。

文簡陶石簣先生望齡

陶望齡字周望。會稽人。先生之學。多得之海門。而泛濫於方外。

太學劉沖倩先生塙

劉塙字靜主。會稽人。賦性任俠。周海門許敬庵楊復所講學南都。先生與焉。海門契先生特甚。受教兩年。未稱弟子。一日指點投機。先生下拜。海門曰。吾期足下遠。不可答拜。海門之學者衆。而以入室推先生。然流俗疾之如讐。亦以信心自得。不加防檢。其學有以致之也。

按泰州學派。率主信心自得。而防檢疏。學者慎去其短可也。

明儒學案講義

甘泉學案

王湛兩家。各立宗旨。湛氏門人。雖不及王氏之盛。然當時學於湛者。或卒業於王。學於王者。或卒業於湛。其後源遠流長。王氏之外。名湛氏學者。至今不絕。即未必仍其宗旨。而淵源不可沒也。

文簡湛甘泉先生若水

湛若水字元明。廣東增城人。從學於白沙。所至必建書院以祀白沙。從游者徧天下。先生宗旨隨處體認天理。學者遂以良知之學。各立門户。其間為之調人者。謂天理即良知。體認即致也。何異何同。然先生論格物。條陽明之說四。不可。陽明謂隨處體認天理為求之於外。是終不可强之使合也。

語錄

立志。煎銷習心。體認天理。之三言者。最為切要。然亦只是。一事。天理是。一大頭腦。聖賢共此頭腦。終日終身。只是此。一大事。立志者。立乎此而已。體認是工夫。以求得乎此者。煎銷習心以去其害此者。心只是一個好心。本來完全。不待外求。顧人立志否耳。

太僕呂巾石先生懷

呂懷字汝德。永豐人。受學於甘泉。以為天理良知。本同宗旨。學者功夫。無有著落。枉自說同說異。作心統圖說。以河圖之理明之。

侍郎何吉陽先生遷

何吉陽字益之。德安人。從學於甘泉。學以知止為要。與江右主靜歸寂之旨。大略相同。

郡守洪覺山先生垣

洪垣字峻之。婺源人。為弟子時。族叔熺從學文成。歸而述所得。先生頗致疑。後執贄甘泉。甘泉曰。是可傳吾釣臺風月者。

主政唐一庵先生樞

唐樞字惟中。歸安人。師事甘泉。慕陽明之學而不及見也。故於甘泉之體認天理。陽明之致良知。兩存而精研之。卒標討真心三字為的。夫討真心。陽明已言之。不為創也。

侍郎蔡白石先生汝楠

蔡汝南字子木。德清人。師則甘泉。友皆陽明之門下也。

端居箴言

學者種種病痛各各自明只從知見得及工夫未經到處纔中不知不覺而發平居既自知發後又能悔何故正當其時忽然發露若用功經到雖未渾化念頭動處自如紅爐點雪

按此段指點至親切理會得此何復有人欲橫流之時

侍郎許敬庵先生孚遠

許孚遠字孟仲德清人學於唐一庵以克己為要其訂正格物謂必常在根上看到方寸地灑灑不掛一塵方是格物先生信良知而惡夫援良知以入佛者

恭定馮少墟先生從吾

馮從吾字仲好長安人先生言宋之不競以禁講學故非以講學故也受學於許敬庵全要在本原處透徹未發處用加而於日用常行卻要字字檢點以求合其本體與靜而存養動而省察之說無有二也

疑思錄

外省不疚不過無惡於人內省不疚纔能無惡於志無惡於人到底只是鄉愿無惡於志纔是個真君子

文選唐曙臺先生伯元

唐伯元字仁卿。澄海人。陽明從祀孔廟。疏言不宜從祀。言官劾其詆毀先儒。先生學於呂巾石。耿天臺謂唐君太和治行為天下第一。即其發於政。便可信其生於心矣。唐君以篤修為學。不必强之使悟。顧涇陽過先生。先生曰。世之談良知者如鬼如蜮。還得為文成諱否。涇陽曰。大學言致知。文成恐人認識為知。走入支離。故就中間點出一良字。孟子言良知。文成恐人將這個知作光景玩弄。走入玄虛。故就上面點出一致字。其意最為精密。至於如鬼如蜮。正良知之賊。奈何歸罪於良知。先生曰。善。假令早聞足下之言。向者論從祀一疏。尚合有商量也。

嗟呼。今世之異說。歧出而不窮。即諸生之或詆先儒。亦自以為有見。然有唐曙臺先生之篤修為學。治行冠絕天下。則言之失於不智已耳。留俟他日之憬悟可也。苟百行不及曙臺先生。無其修而為其言。則亦自墮於狂獗。何足為先儒之輕重哉。鍠願與諸生同自審也。

端潔楊止庵先生時喬

楊時喬字宜遷。上饒人。學於呂巾石。以天理為天下公共。故必推極其虛靈覺識之知。貫徹無間於天下公共之物。斯為儒者之學。若單守其虛靈知覺。則入於佛氏窠臼矣。

明儒學案講義

諸儒學案

諸儒學案者。或無所師承。得之於遺經者。或朋友夾持之力。不令放倒。而又不可系之朋友之下者。或當時有所興起。而後之學者。無待者。俱列於此。上卷則國初為多。宋人規範猶在。中卷則皆驟聞陽明之學而駭之。有此辨難。愈足以發明陽明之學。所謂他山之石可以攻玉也。下卷多同時之人。半歸忠義。所以證明此學也。否則為僞而已。

謹按右所言。足見諸儒之大凡矣。原卷分上中下。自四十三至五十七。凡十五卷。於全編中可謂浩博。鎧之編此。未與為宋元及本朝學案講義者同循一跡。以為以鎧至薄陋。苟為講義。必不能如為其學者之所自講。亦必不能如梨洲先生貫澈宗派之殊同。壹折中於王氏。所講尤精審也。故祇簡縮篇章。頗遺事實。以育德為的。宗王為歸。取有益工夫之言。刪互相雷同之論。然自卷首至此。繕寫尋繹為數已多。計諸生之時。猶不能盡讀吾編。况猶有三朝學案講義。更不能通之於一日乎。夫求諸儒之書而讀之。不厭其多也。若求益於身心。則就鎧所已編者。業終身饜飫而不盡。且以陽明絕學。前有崇仁白沙河東三原開其先。嗣有浙中江右南中楚中北方粵閩繼其後。而止修泰州甘泉鼎立而三。要其終。攻衛殊而衍繹闕。則陽明之學益極於高堅醇深。窮天下之心思。而不可得其罅漏。斯亦可謂窮侈極觀也。道窟天心。昭若日月。無復餘藏矣。進以諸儒不加多。而減之不加少矣。又他派並有條貫可尋。諸儒則否。而獲益之處。未必其獨優也。是用存其目次。閒擇精語著於編。

文正方正學先生孝孺。瓊山趙考古先生謙。學正曹月川先生端。督學黃南山先生潤玉。文毅羅一峰先生倫。文懿章楓山先生懋。郎中莊定山先生昶。侍郎張東白先生楨。方伯陳克庵先生選。布衣陳剩夫先生真晟。方伯張古城先生吉。方伯張翠渠先生璞。司成蔡虛齋先生清。太常潘南山先生府。參政羅東川先生僑

文毅羅一峰先生倫語

士患不能剛爾。折不折。天也。太剛乎。何尤。為是言者。鄙夫是也。

文莊羅整庵先生欽順。文莊汪石潭先生俊。文敏崔後渠先生銑。文定何柏齋先生瑭。肅敏王浚川先生廷相。文裕黃泰泉先生佐。文定張甬川先生邦奇。襄惠張淨峰先生嶽。莊裕徐養齋先生問。諸生李大經先生經綸

文敏崔後渠先生銑論學語

學者改過追索其動念之故而除之斷不萌於再

中丞李谷平先生中　文敏霍渭厓先生韜　考功薛西原先生蕙　文節舒梓溪先生芬　徵君來瞿塘先生知德　盧冠巖先生宁愚　侍郎呂心吾先生坤　忠節鹿乾嶽先生善繼　臺長曹真予先生于汴　忠節呂豫石先生維祺　給事郝楚望先生敬　諫議吳朗公先生執御　忠烈黃石齋先生道周　忠節金伯玉先生鉉　中丞金正希先生聲　輔臣朱震青先生天麟　徵君孫鍾元先生奇峰

侍郎呂心吾先生坤呻吟語

一門人問無極太極及理氣同異性命精粗性善是否予曰此等語非汝今日急務假若了悟性命洞達天人也只於性理書上添了某氏曰一段言語講學門多了一宗卷案不知於國家之存亡萬姓之生死身心之邪正見在得濟否我只有個粗法子汝只把存心制行處事接物齊家治國天下大本小節都事事心下信得過了再講這話不遲

嗟呼今日國家之存亡萬姓之生死乃益有急不能待之勢而人心凋喪民德日污智勇不生救乃無術於此之時强聒諸生以性命天人之說固不如其已也然諸生身心

之邪正動關於他日國家生民者甚鉅見在濟否不信其心則國家生民與諸生將同歸於淪亡已耳呂先生之憂患深矣鐙讀之若墮冰雪不可起也

凡人之為不善其初皆不忍也其後忍不忍半其後忍之其後安之其後樂之至於樂為不善而後良心死矣

孟子謂不仁之人安其危而利其灾樂其所以亡者嗟呼不仁之人而至此豈一朝一夕之故哉諸生務於始之不忍而力導其機斬絕於半忍之始萌則可謂致良知者矣

明儒學案講義

東林講義

今天下言東林者，以其黨禍與國運終始。小人資為口實，以為亡國由於東林，稱之為兩黨。即有知之者，亦言東林非不為君子，然不無過激，且依附者之不純為君子也，終是東漢黨錮中人物。嗟呼！此寱言也。東林講學，不過數人，其為講院亦不過一郡之內耳。昔緒山、二溪，所在設教，可謂之標榜矣，東林無是也。京師首善之會，主之者為南皋、少墟，於東林無與。乃言國本者謂之東林，爭科場者謂之東林，攻逆奄者謂之東林，以至言奪情、奸相、討賊，凡一議之正，一人之不隨流俗者，無不謂之東林。若似乎東林標榜，遍於域中，延於數世。東林何不幸而有是也！東林何幸而有是也！然則東林豈真有名目哉？亦小人加之名目而已。論者以東林為清議所宗，禍之招也。子言之：君子之道，辟則坊與。清議者，天下之坊也。夫子議臧氏之竊位，議季氏之旅泰山，獨非清議乎？清議熄而後有美新之上言，媚奄之紅本。小人之惡清議，猶黃河之礙砥柱也。熹宗之時，龜鼎將移，其以血肉撑拒，沒虞淵而取墜日者，東林也。毅宗之變，攀龍髯而蓐螻蟻者，屬之東林乎？屬之攻東林者乎？數十年來，勇者燔妻子，弱者埋土室，忠義之盛，度越前代，猶是東林之流風餘韻也。一堂師友，冷風熱血，洗滌乾坤。無智之徒，竊竊然從而議之，可悲也。夫。

嗟呼。吾國今日之清議。亦幾什伯於東林。 朝廷念其然。則頗懲前代朋黨之危。務以廣大示天下。登進强矯。甄擇其政論。改革頻繁。期於一二十年之間。普晉國民。成立憲之大業。斯固吾國數千年之帝者。所不肯稍損其權。抑亦殊方異族之君民。所百戰相爭。而後獲有此名者。獨吾乃在於 聖人之大讓。可謂 天地之仁。然猶或大張其刑誅。嚴示以訓敕。震聾天下之耳目。令知 君父之宜畏愛。而名義之必不可干。斯由下人之激。而使然。亦猶春之不可以無秋。而民氣之不可以過競。爾海內人士。部封其心。轉號於羣曰。吾愛吾 國家。故不得不議吾 朝廷。吾清議之權。不奪於刑賞。是吾所以完天付耳。其視 國家與 朝廷。若不可溷合然者。嗟呼。處今之世。用今之道。辨 國家與 朝廷。而殊視之。則其歸。乃適於二途。非至危。則極安。非甚詘。吾朝廷。則民氣不可伸。而常相激。為異變。其事亦既易然矣。且此持清議者流。義殊於東林。而所以興內憂。為外患之招。乃益什伯於東林。何也。無東林治心之學。植其基。忠介之風。昭其節。而自由平權之學說。益足蝕吾 君民之維。市道小人。襍出於其間。愈益不可以分辨。以此欲得 朝廷之信任。不愈險且難乎。故以鎧之愚。疑甚詘吾 朝廷而仲吾民氣茲事至未可期而憂患至未可測也夫以吾學堂諸生才質性氣各不同然至以議論招其羣則剛果見焉故令諸生讀東林學案吾知其必有動於心也顧以東林動於心遂欲而持其清議則非鎧所以為諸生望矣鎧聞之也治心之學倍難於治國士君子不嚴淨其身心育養其道德顧囂囂然曰吾愛國家吾愛朝廷則其所謂愛否不可知利害不可知而身心之不自愛將卒為小人之歸重禍吾國家亦可以預決焉耳嗟呼是鎧與諸生所當同憂也鎧不欲為諸生楊東林之旌故僅存其目次擇有益工夫者錄於篇鎧謹記

端文顧涇陽先生憲成。忠憲高景逸先生攀龍。御史錢啓新先生一本。文介孫淇澳先生慎行。主事顧涇凡先生允成。太常史玉池先生孟麟。職方劉靜之先生永澄。學正薛玄臺先生敷教。侍郎葉園適先生茂才。孝廉許靜餘先生世卿。耿庭懷先生橘。光祿劉本儒先生元珍。忠端黃白安先生尊素。貢士吳觀華先生桂森。宗伯吳霞舟先生鍾巒。文選華鳳超先生允誠。中書陳幾亭先生龍正

端文顧涇陽先生憲成語

先生論學與世為體嘗言官輦轂念頭不在君父上官封疆念頭不在百姓上至於水間林下

三三兩兩相與講求性命切磨德義念頭不在世道上即有他美君子不齒也

主事顧涇凡先生允成語

血氣之怒不可有義理之怒不可無義理之氣節不可亢之而使驕亦不可抑之而使餒以義理而誤認為血氣則浩然之氣且無事養矣

忠端黃白安先生尊素

先生以開物成務為學視天下之安危為安危苟其人志不在弘濟艱難沾沾自顧揀擇題目以賣聲名則直鄙為硜硜之小人耳

按鎧以三先生之言著東林學問體用之不同即所以殿茲編之終蓋以儒者所學不以國家生民同體為安危則其事僅成為自私而其罪乃同於自私國家生民何賴有斯人而斯人亦何關於國家生民此黃白安先生所鄙為硜硜之小人耳鎧詎為諸生願之雖然任生於其材材成於其德未有德至而無其材者抑未有有其材而不克勝其任者育德以養材雖無有窮期時與所任而並進顧當其德之未立而材方萌茁則急於求任焉者未有不歸於失敗而以躁自喪其材是固可惜耳諸生裕與世為體之學務以義理之氣節直養至大至剛之本源庶幾有開物成務之材起於學堂為世大

用者乎。鎧是以於前所記言。不欲諸生茍焉爲清議徇也。鎧謹記。

明儒學案講義

蕺山學案

今日學者。大概以高劉二先生並稱。然當高子遺書初出。先師摘其闌入釋氏者示羲論學書有云。古者朱子。今有忠憲。皆半雜禪門。所謂大醇而小疵者。若先師則醇乎其醇矣。先師著述雖多。大概具是。學者可無未見之恨矣。

按梨洲先生為明儒學案。歸重於王氏。而結窟於蕺山。其為蕺山學案。崇其師。不啻其自為學案。崇其所師承。所修持。以純至於聖也。故梨洲先生全書之精神。骨於此而軒露。學者能於全書中時時見先生。而後可以讀蕺山學案。否則雖讀之。猶然同於諸子。不能見蕺山之精神。安能見梨洲先生著書之精神耶。嗟呼。乾知坤能。未易猝語。惲日初為蕺山高第弟子。其為劉子節要。梨洲猶不肯序。以為日初之為劉高兩先生正學說。非果能知兩先生者。況於吾輩無蕺山梨洲為師友。曾未有狂慧盲修之經歷。漫然而講之讀之。欲遽有如立卓爾之精神。示我於數百年道學喪絕之後。雖欲易言之。惡可得。都梨洲先生有云。學欲其自得之也。即釋氏亦最忌道破。人便作光景玩弄。此書未免風光狼藉。學者徒增見解。不作切實工夫。則羲反以此書得罪於天下後世矣。夫鎧敬編講義於全書不過得十之一然其為狼藉如故也欲稍留有餘俟諸生之自得故亦不復求詳聊以便始學之語著於篇或亦諸生之所恕也若其為豪傑有實力有致十年之間見兩先生於精神之地則鎧所願為執鞭者矣

忠端劉念臺先生宗周

劉諱宗周字起東號念臺越之山陰人起自孤童始從外祖章穎學長師許敬菴而砥礪性命之友則劉靜之丁長孺周寧宇魏忠節先忠端公高忠憲始雖與陶石梁同講席為證人之會而學不同石梁之門人皆學佛後且流於因果一輩時名之士執贄先生門下皆喜闢佛然無根柢反資學佛者之口先生有憂之兩者交譏故傳先生之學者未易一二也先生之學以慎獨為宗儒者人人言慎獨唯先生始得其真慎之工夫只在主宰上覺有主是曰意離意根一步便是妄便非獨矣故愈收斂是愈推致然主宰亦非有一處停頓即在此流行之中故曰逝者如斯夫不舍晝夜先生之指如是

語錄

湛然寂靜中當見諸緣就攝諸事就理雖簿書鞅掌金革倥傯一齊俱了此靜中真消息若一事不理可知一心忙亂在用一心錯一心理一事壞一事即豎得許多功能亦是沙水不成團

如喫飯穿衣。有甚奇事。纔忙亂。已從容。渠過。學無本領。漫言主靜。總無益也。

身。在。天。地。萬。物。之。中。非有。我。之。得。私。

心。在。天。地。萬。物。之。外。非一。膜。之。能。囿。

通。天。地。萬。物。為。一。心。更無。中。外。可。言。

體。天。地。萬。物。為。一。本。更無。本。心。可。覓。

小人。只是。無忌憚。便結果一生。至大學止言閒居為不善耳。閒居時有何不善可為。只是一種。懶散。精神漫無著落。處便是。萬惡淵藪。正是小人。無忌憚處。可畏哉。

嗟呼。鎧見學堂諸生之精神矣。以吾國今日自將相大臣。至於末吏小民。皆無不以懈筋惰肉。結成懶散之世界。以供他人之侵漁。而學堂者。則有規律整齊其身心。學說鼓舞其志氣。作育裁制。儲他日拯救之人材也。然且瞻觀諸學堂。則管理者不敢以規律施。而教員亦不敢以學說繩。曰自由。曰平權。掃盪一切禮教。上姑為縱任。毋以執法犯諸生之衙。下肆為傲倨。毋以謹行違眾人之忌。孟子所謂上無道揆。下無法守。賊民興。喪無日者。乃或於學堂見之。以此而欲求人材。救國難。南轅北轍之喻。安足以形其謬乎。嗟呼。危亡之源。時或。產之於學堂。劉子云。一種懶。精神。便是萬惡淵藪。諒哉言乎。天下詛有違道揆謹法守之人而安於懶散者乎三前前德氣乃精彫民之脉弱國安雄强諸生詛不知顧一振勵否耳鎧是以言之而不諱且以吾學堂之無此愈望其加勉焉

莫懸虛鵠三教異同且當下辨人禽兩路

學者立身不可自放一條出路

天命流行物與无妄人得之以為心是謂本心人心無一妄而已惚焉有妄希乎微乎其不得而端倪乎是謂微過獨知主之有微過是以有隱過七情主之有隱過是以有顯過九容主之有顯過是以有大過五倫主之有大過是以有叢過百行主之總之妄也君子防之早其惟慎獨乎

按梨洲先生謂慎獨惟蕺山獨得其真以其於意根上止截一下便干了百當若到必固我已漸成決裂幸於我處止截得猶不失為顏子克己過此無可商量落一格粗一格工夫轉愈難一格故曰克伐怨欲不行焉可為難矣劉子之學真可為得孔子之學也

工夫卻從存養中來若僅取當下一點靈明瞥然有見時便謂之悟恐少間已不可恃

按必若先生此言而後致良之學乃終身為實地工夫更無虛空元妙之可儗鎧編至此亦竣吾事矣然至於德育之旨何則鎧方始惶然內動其靈明而少間利欲之來亦

將奪吾所恃而去。果何以為諸生倡耶。鎧自濫側學堂。數承　立之監督命校試卷。竊審諸生材者。智識文藝。固已斐然。即其質地稍庸。亦皆秉齊魯賢行之遺傳。不為外觀浮囂。視大江並海東南士氣。迥殊焉。竊謂生質既美矣。若復漸之以道德。摩之以學問。廣之以東西洋之智識。材藝進而輔國濟民。拓與世同體之心胸。以成其不可一世之勳業。意者其或在此乎。鎧既竣此編。願以此言為學堂諸生祝也。光緒三十三年臘月山東全省高等學堂編校講義員范鎧謹記

山東高等學堂明儒學案講義跋

山東高等學堂明儒學案講義十八卷，清南通州范鎧撰，清光緒三十三年山東高等學堂石印本，一冊。

范鎧，字秋門，號酉君，清咸豐十一年生（據《范鍾年譜》咸豐十一年十月初三日生。又宣統二年《山東巡撫孫寶琦奏請以范鎧補濮州牧折》中云年四十八歲，以此推之，當以生於咸豐十一年為是。《光緒丁酉科江蘇選拔貢卷》云生於同治八年，蓋此為官年，減歲以取試），民國四年十二月二十七日卒於濟南（公曆為民國五年一月三十一日。民國五年二月初七日張謇擬輓聯弔唁范鎧去世，見《張謇日記》。陳三立撰有《范秋門客死濟南悼以此詩》，載民國五年《東方雜志》第九期）。清光緒二十三年丁酉拔貢，光緒二十四年朝考欽取二等以知縣試用，籤分山東。先後署任壽光（光緒三十一年署壽光知縣，光緒三十二年秀水金猷大代，據民國《壽光縣志》）、德平知縣（宣統元年署任，據《山東巡撫孫寶琦奏請以范鎧補濮州牧折》。民國《德平縣續志》卷三《范鎧傳》云光緒三十年任知縣。按民國《德平縣續志》卷三《職官表》，光緒三十年在任者為許廷瑞，湖南永定縣人。《職官表》亦列范鎧於光緒三十三年與宣統元年之間。據《山東巡撫孫寶琦奏請以范鎧補濮州牧折》范鎧於宣統元年十二月十九日署任德平知縣。傳所云光緒三十年任德平知縣者有誤），宣統二年任濮州知州（據《山東巡撫孫寶琦奏請以范鎧補濮州牧折》。民國元年六月，即上書乞退，及十月，遂棄官而歸）。光緒三十三年十月至十二月奉山東高等學堂監督周學淵命編纂《明儒學案講義》十八卷，序末署“山東全省高等學堂編校講義員范鎧”，又云“自濫側學堂，數承立之監督命校試卷”。蓋退官餘暇，校士於山左上庠，名儒循吏一身兼之。（民國《德平縣續志》卷三云：“熱心教育，時至各校監察指導，教師學生均有所戒懼，嘗編印《明儒學案節本》，分送各機關學校，資為求學立身之準。”）

周學淵任山東高等學堂監督時，憂道學剝喪，禍亂相尋，人材不興，國乃微弱，乃以《奏定學堂章程》舉宋、元、明、清四朝學案為倫理課本，為謀德育之基。范鎧分撰《明儒學案講義》，以黄宗羲《明儒學案》雖精擇明儒之書詳語之，然學堂教學日月有限，乃善為刪飾，列師說、崇仁學案、白沙學案、河東學案、三原學案、姚江學案、浙中王門學案、江右王門學案、南中王門學案、楚中王門學案、北方王門學案、粵閩王門學案、止修學案、泰州學案、甘泉學案、諸儒學案、東林講義、蕺山學案十八類，每類為一卷。較《明儒學案》原書為簡，而標榻宗旨，多附心得之言以為案語，示學者以從入之途。范鎧治詞章，为肯堂當世、仲林鍾之弟，亦三范齊名，著有《范季子詩集》二卷《文集》五卷。

民國元年歸里後與張謇共纂《南通縣圖志》二十四卷《通海墾牧鄉志》一卷。(按吴汝綸刊印《寫定尚書》似為范鎧手書上板者,是其又善書。吴汝綸《與張廉卿》書云:"《尚書》寫本,前托范秋門代繕已成,將用石印成帙。"蕭穆《復吴摯甫》云:"凡書欲速成及價廉而且久者,自以近來所行宋字刊板為宜。前以三者奉質吾兄,捨石印而從刊板是已,而又必待范秋門手書。今春肯堂過訪,以秋門所書《尚書注》一册見示,弟以吾兄既改從刊板,此抄字樣過大,於石印為宜,於刊板太笨,是以仍還肯堂,屬其弟改寫稍小之册,以便付梓。"案,吴汝綸《寫定尚書》一卷,有清光緒十八年石印本。)

書衣有范彦殊朱筆題識云:"此先叔秋門先生所編,較之梁卓如《節本明儒學案》為簡略,然亦是留遺之佳本,當保存之,留為子弟明心性之用,比之原書便攜帶也。民國六年二月廿六日彦殊誌。"范彦殊者,即范罕,范當世子,著有《蝸牛舍詩》。

辛丑年秋八月五日李振聚記於山東大學校經處。

说文部首解释

（周幹庭撰，民国齐鲁大学石印本）

說文部首

王錫字萊友

說文部首第一篇解釋

一

段注引漢書曰、元元本本、數始於一「天」「丕」等字皆從之。古音在第十二真臻部、

二

「高也，此古文上」、小物在大物之上也。「帝」「旁」「示」等字、皆從之、古音在第十陽唐部。

示

「天垂象、見吉凶、所以示人也、从二、三垂、日月星也」。凡關乎神之字、如「祀」「祝」「祠」「禘」皆從示字、皆為神人相感召之意。古音在第十五脂微部。

三

「數名、天地人之道也」、段注引老子曰、一生二、二生三、三生萬物、故曰成數也、古文弎字，寫法異而音義皆同。古音在第七侵鹽部。

王

「天下所歸往也、董仲舒曰、古之造文者、三畫而連其中、謂之王、三者天地人也、而參通之者、王也、孔子曰、一貫三為王」、「閏皇」等字、皆從之。 古音在第十陽唐部。

玉

「石之美有五德者」、五德即仁義智勇潔也、字典引六書精蘊曰、「帝王之王、一貫三為義、三者天地人也。中畫近上、王者法天也。珠玉之王、三畫相均。」類篇隸始加點、以別帝王字」、而玉在字之旁者、仍不加點。 古音在第三尤幽部。

玨

「二玉相合為一玨」、音角、「班𤤴」二字、即从之、 古音在第三尤幽部、

气

「雲气也、象形、」古作气、今作氣、「氣」字从之、段註、象雲起、三之者、列多不過三之意、　古音在第十五脂微部

士

「事也、數始於一、終于十、从一十、孔子曰推十會一為士、」段註引韻會玉篇、皆作推一合十、論語、「雖執鞭之事、吾亦為之」或作叓、或作士、因事與士通也、　古音在第一之咍部

丨

「下上通也、引而上行讀曰囟、引而下行讀若退、」王筠註、句承下通、謂自下通于上也、句承上通、謂自上通於下也、上通下者、古本切。字典、退古退字。　古音囟在第十三真臻部、古音退在第十五脂微部。

屮

「草木初生也」，王注：艸下云，从二屮，木下云，从屮，故云然。音徹。書洪範「庶草蕃廡」，古文尚書作屮，漢書「屮茅臣無知識」，又曰，「布衣屮蹻而牧羊」，許書「古文或以為艸字」是也，「屯」「芬」等字从之。

古音在第十五脂微部。

艸

「百艸也」，詩「百卉俱腓」是也，从二屮，論衡草初生為屮，二屮為艸，三屮為卉，四屮為茻，言其生繁蕪也。倉老切。

古音在第三尤幽部。

蓐

「陳艸復生也」，从艸辱聲，王注：案釋器蓐謂之茲，注，公羊傳曰，「屬負茲」，茲者蓐席也，左宣十二年傳，「左追蓐」，注，在左者追求草蓐為宿備，案此皆人之蓐也，俗作褥子。古音在第三尤幽部。

茻眾艸也。模朗切。段注。按經傳艸莽字當用此。日暮之暮。當作

莽。即茻字所成也。

古音在第十陽部。

說文部首第二篇解釋

小

「物之微也、從八丨、見而分之。」丨中中間之筆、與丨相同、屮初生本小、再分之、更小也。「少」「尐」二字皆从之。 古音在第二蕭宵部。

八

「別也、象分別相背之形。」「分」「公」「北」皆从之。王註：北下分也、漢書「分北三苗」、盧翻曰、北古別字、與段註異。 古音在十一庚耕部。

釆

「辨別也。讀若辨。」楷書作釆。收部註曰、釆古文辨字、漢司農劉夫人碑、甄釆、作此釆字。段註。倉頡造書契、釆字取獸指爪分別之形。「番」「悉」「釋」等字、皆从之。 古音在十四元寒部。

半

「物中分也、從八從牛。牛為物大、可以分也。」「胖」「叛」等字从之

古音在十四元寒部。

牛

「事也、理也」。王註、易萃、用大牲吉、虞翻註、坤為牛、故曰大牲。上曲者角也、丨之上端、為牛頂之高处、中則身、末則尾、一則後髀也、此自牛後視前之形。牛行首低、故朱作首、又無前脛者、為大腹所蔽也、　古音在第一之咍部、與羊祥馬怒一例、

犛

「西南夷長毛牛也、从牛𠩺聲」。或莫交切、音毛、或里之切、音犂。春官樂師釋文、犛、舊音毛、劉音來、沈音釐、或音茅、字或作氂、或作斄、皆同、知本字與犛」與斄」、同音又同義。　段註古音在第一之咍部、

告

「牛觸人、角著橫木、所以告人也、从口从牛」。按牛角著橫木、聞山東曹州、有此風俗、而未得見也。　古音在第三尤幽部。

說文部首　五

口

「人所以言食也」象形」言語飲食者、口之两大耑。舌部亦兼此两事說之。 古音在第四侯部。

凵

「張口也」象形」口犯切。音看。齒之下部从之。 古音在第八覃談部。

吅

「驚嘑也」从二口。讀若讙」玉篇」吅與讙通。「嚴」「單」等字从之。 古音在第十四元寒部。

哭

「哀聲也」玉篇」哀之發聲。水部泣。無聲出涕曰泣。从吅。獄省声。 古音在第三尤幽部。

走

「趨也」从夭止」釋名」徐行曰步。疾行曰趨。疾趨曰走。夭者屈也。止者足也。人走快。故腿屈也。王註」夭當作犬。从犬之善走。比仝善走也。古音在第四侯部。

止

「下基也，象艸木出有阯，故以止為足」，止㞢形相似，㞢部云，「出也」，是㞢取義在上，象其出形，止取義在下，象其基形，士昏禮「北止」，注，止足也，知古文以止為趾也、　古音在第一之咍部」

癶

「足剌癶也」，剌盧達切，又音潑，形容詞，即足左右張如箕也，「登」字从之。　古音在第十五脂微部。

步

「行也」，从止𣥂相背」，止𣥂相承者，上登之象，止𣥂相隨者，行步之象，　古音在第五魚虞部。

此

「止也」，从止匕」，釋詁曰，已，此也。已止同義。从止匕。匕相比次也。相比次而止也、　古音在第十六支佳部。

正

「是也」、从一、一㠯止。江沅曰、一、所以止之也、如毋之止姦皆以一止之也、反正則爲乏、乏即乏。段註曰、礼受矢者曰正拒矢者曰乏。是以正爲象形字矣。　古音在第十一庚耕部、

是

「直也」、从日正。天下之物、莫正於日、詩「揆之以日、作于楚室」、即此意也、　古音在第十六支佳部、

辵

「乍行乍止也」、从彳止。丑略切。王註曰、許君以字有止、遂說以乍止、非也。部中字皆行意、辵與行同意、行不能左行而右止、辵不能前行而後止、止祇是足耳、行从彳亍、步从止少、辵則各分其半而從之。「迹」「巡」「徙」等字从之。　古音在第二蕭宵部、讀如超。

彳

「小步也，象人脛形，三屬相連也」丑亦切，三屬者，上為股，中為脛，下為足也。魏都賦「澤馬彳亍」，射雉賦「彳亍中輟」，張衡舞賦「彳亍中輒」，「往」「徒」等字從之。

廴

「長行也，从彳引之」余忍切，音引。「延」「建」等字从之。古音在第十二真臻先部。

㢟

「安步延延也。从廴从止」丑連切，「延」字从之。古音在十四元寒部。

行

「人之步趨也。从彳亍」。爾雅：「室中謂之時，堂上謂之行，堂下為之步。門外謂之趨，中庭謂之走，大路謂之奔」。古音在第十陽唐部。

齒

「口斷骨也，象口齒之形，止聲」。口犯切，口張也，張口故見齒。一者，上下齒中間之虛縫，从則齒形也。古音在第一之咍部。

牙

「壯齒也，象上下相錯之形」。壯大也，壯齒者，齒之大者也，前當脣者謂齒，後在輔車者者為牙。古音在第五魚虞部。

足

「人之足也，在体下，从口止」。王註，鳥獸曰蹏曰爪，不曰足，惟人曰足。止下基也，即趾也。口者，或以為象股脛，近是。古音在第三尤幽部。

疋

「足也，弟子職曰，問疋何止」。管子雜篇第五十九。古文以為詩大疋字，新序「今為濡足之故，不救溺人可乎」，韓詩外傳作「濡雅」。是足謂疋，疋謂雅也。疏字右旁从之。古音在第五魚虞部。

品

「衆庶也。从三口」、「人三為衆、故从三口」、喿字从之、喿即噪字、俗作噪、　古音在第七侵鹽部、

龠

「樂之竹管」、凡經典之籥、皆當作龠、風俗通引周禮「龠師」、詩「以龠不僭」、廣雅釋樂、亦云龠謂之笛、知龠係以竹成者、从品侖、侖理也。　古音在第二蕭宵部、

冊

「符命也、諸侯進受於王者也」、尚書「王命周公後、作冊逸誥」、他經多借策為之、象其扎一長一短、中有二編之形、「扁」「笧」等字从之、

古音在第十六支佳部。

說文部首第三篇解釋

㗊

「衆口也、从四口」。讀若戢、「嚚」「器」等字從之、　古音在第七侵盬部。

舌

「所以立言别味者也、从干口」。或曰、舌泄也、舒泄所當言也、又曰、舌卷也、可以卷制食物、使不落也、段氏曰、干犯也、言犯口而出之、食犯口而入之、　古音在第十五脂微部、

干

「犯也」、「尚書」、「干先王之誅」、後世干戈之干、干旌之干、皆用此干。作為名詞、是别義矣、屰字从干、訓為不順、即是此意、　古音在第十四元寒部、

𧮫

「口上阿也，从口，上象其理」其虐切，音缺，與噱通，笑也，羽獵賦注曰，口之上下名為噱，通俗文云，口上曰臄，口下曰函，意與許同，古音在第五魚虞部，

只

「語已詞也」詩鄘風楚詞，只字皆在句尾，誠為語已之詞，文甚少，古音在十六支佳部，

㕯

「言之訥也，从口内」㕯吶，古今字也，檀弓，其言吶吶然，如不出諸其口」，變㕯之形為吶，釋文引字書云，訥或作吶，「商」字从之，古音在第十五脂微部，

句

「曲也，从口，丩聲」即句字，段氏曰，凡曲折之物，侈為倨，斂為句，凡地名有句字者，皆謂山川紆曲，上古無拘笱鉤三字，但用句音，巳非古也。古音在第四侯部。

丩　古　十　卅　言

「相糾繚也」、音糾、如瓜瓠之屬、纏結而上、糾葛之糾、即是此意、　古音在第三先幽部、

「故也、从十口、識前言者也」、「識前言者口也」、至於十、則展轉因襲矣、　古音在第五魚虞部、

「數之具也」、天數五、地數五、總其數、故曰具也、一為東西、丨為南北、則四方中央備矣、　古音在第七侵鹽部、

「三十并也」、漢石經、論語「卅而立」、又云「年卌而見惡焉」、蘇沓切、　古音在第七侵鹽部、

「直言曰言、論難曰語、从口、辛声」、尔雅、毛傳、言、我也、如「言告師氏言告言歸」是也。　古音在第十四元寒部、

誩

「競言也、从二言。」讀若競、王註謂為「競」之古文。如「譱」「讟」等字从之。

古音在第十四部元寒部。

音

「聲生于心、有節于外、謂之音、从言含一。」註有節之意也。

古音在第七侵鹽部。

䇂

「辠也、从干二、二古文上字、讀若愆。」廣韵曰、䇂古文愆。童字下、从䇂、重省聲、妾字下、从䇂从女、知曰童曰妾、古之有罪者也。見周礼秋官。

古音在第十四元寒部。

丵

「叢生草也、讀若浞、象丵嶽相竝出也。」丵嶽疊韵。蓋爭高競長之狀。「叢」「對」等字从之。

古音在第三尤幽部。

菐

「瀆菐也」，蒲沃切，音僕。徐鍇曰，一本註云，菐衆也，兩手奉
，是煩瀆也。孟子「僕僕亟拜」。即是此意。 古音在第三尤幽部

廾

「竦手也。从𠂇又」。即拱之古文。「弄」「戒」「兵」等字，皆从之。 古
在第三尤幽部。

𠬜

「引也，从反廾」。上林賦，「仰𠬜橑而捫天」，晉灼曰，𠬜古攀字，
此援引之意。漢平輿令薛君碑，「惟留蘂祖，命不可𠬜」。案此引
之意。 古音在第十四元寒部。

共

「同也，从廿廾」。亦可作𢍏，四手相叉狀，象共和同人民協力同
之意。 古音在第九東冬部。

異

「分也，从廾畀，畀予也。」王註，畀從由，而篆上平如田者非矣。段註，「分之則有彼此之異」，故為異。「戴」字从之。　古音在第一之咍部。

舁

「共舉也。」讀若余。廣雅云，舁舉也，兩人共舉一物也，白香山東歸詩，「翩翩平肩舁」，即是此意。　古音在第五魚虞部。

臼

「叉手也，从ＥㄋＥ。」居玉切，音巨。王註，「拱揖者手平心，故臼手高于肘，臼則垂拱之象，故肘高於手。」與段註稍別。　古音在第三尤幽部。

晨

「早，昧爽也。」王謂早為句，日部早，晨也。轉註。又謂昧爽為句，蓋言此以定早之為何時也。从臼从辰，丮夕為夙，臼辰為晨，皆同意。　古音在第十二真臻部。

爨

「齊謂炊爨」。元應引三蒼，字從臼持缶，缶甑也，冂爲竈口，廾以推柴内火，字意也」。内音納。　古音在第十四元寒部。

革

「獸皮，治去其毛，曰革。革，更也」。去其毛，卽有更改之意。論語，「犬羊之鞟」，所以从革也。　古音在第一之咍部。

鬲

「鼎屬也」。釋器，「款足者謂之鬲」。封禪書則云「空足曰鬲」。索隱云、「款者空也」。言其足中空也。容五穀，三足。「融」「䰝」等字从之。　古音在第十六支佳部。

䰜

「歷也，古文亦鬲字。象孰飪五味，气上出也」。歷音歷、䰜音鬲。許既釋爲气上出，鬲旁象气，則弜在鬲上可知。故當依玉篇，作鬻。　古音與上鬲同在一部。

爪

「丮也，持也。覆手曰爪。象形。」丮音戟。王注：「又」等字，指皆在上，爪指則臂而指下，故曰覆。「孚」「爲」等字從之。「爫」亦爪也，古掌字，從反爪。　古音在第二蕭宵部。

丮

「持也。」即上丮字，讀若戟，几劇切，音劇。段注：外象拳握形。「埶」「孰」等字从之。　古音在第五魚虞部。

鬥

「兩士相對，兵杖在後，象鬥之形。」都鬥切，音豆。「鬩」「鬮」等字从之。　古音在第四侯部。

又

「手也。」王注：又之為手，不見於經。詩賓之初筵，「室人入又」，「矧敢多又」，箋並云：又，復也。竊謂似可云：又，取也，「室人入又」者、入而取酒益之也。「矧敢多又者」，況敢多取而飲之也。猶擅弓子「手弓而可」。以執弓為手弓，用靜字為動字，以此推之，又字可得手義。　古音在第一之咍部。

「左手也，象形」。即今之左字。今用左右，古用ナ又。今用佐佑，古用左右。　古音在第十七歌戈部。

「記事者也，从又持中。」段註引玉藻，動則左史書之，言則右史書之，故曰持中也。「事」字从之。　古音在第一之咍部。

「去竹之枝也。从手持半竹。」王註以枝釋支，與以訥釋㕯同例，左莊六年傳，引詩「本枝百世」，又「芄蘭之支」，則支即古枝字，枝本通稱，而專屬於竹者，以字从半竹也。　古音在第一之咍部。

肀

「手之疌巧也，从又持巾」。音聶。「肄」「肅」等字从之。王註肀聿本一字。 古音在第八覃談部。

聿

「所以書也。从聿一。楚謂之聿，吳謂之不律，燕謂之弗，秦謂之筆。」史記蒙恬取中山兔毛造筆。古今註，以枯木為管，鹿毛為柱，羊毛為被，所謂蒼毫也。聿余律切，音入，又音遹。 古音在第十五脂微部。

畫

「介也。」八部，介畫也。係轉註。象田四介，聿所以畫之。王本介作界，聿作肀。 古音在第十六支佳部。

隶

「及也，从又，从尾省，又持尾者，從後及之也。」尾即古尾字，段註，此與辵部逮，音義皆同，逮行而隶廢矣。 古音在第十五

臤 臣 殳

脂微部。

「堅也。从又，臣聲」。王註引物理論曰，在金石曰堅，在草木曰緊，在人曰賢。此說最允。邱耕切讀若鏗鏘之鏗，又苦賢切。

古音在第十二真臻部。

「牽也，事君者，象屈服之形」。晋灼曰，臣服也。案金刻作臣，是人跪拜之形。小篆不象。

古音第十二真臻部。

「周礼，殳㠯積竹，長丈二尺，建於兵車」。段註，杖各本作杸，依太平御覽正云。杖者，殳用積竹而無刃是也。西京賦薛綜註，殳杖也，或以木為，或以竹為。

古音第四庚部。

殺

「戮也，从殳，杀聲」，徐註曰，說文無杀字，相傳云音察。毛註引鄉飲酒義註、察或為殺，是察杀同音。「𢦏」从而省。

古音在第十五脂微部。

几（几）

「鳥之短羽，飛几几也。讀若殊」。殳字即从此音，鳧字亦同。

古音第四矦部。

寸（寸）

「十分也，从又一」。繹山碑，寸一連於又是也。大戴礼，「布指知寸」，古八論長短，多以手為度。

古音第十三諄文欣部。

皮（皮）

「剝取獸革者謂之皮」。言剝取者，以字从又也，人謂之膚，獸謂之皮。俗語呼皮匠

古音第十七歌戈部。

甍

「柔韋也。」柔治之使鞣也，攷工記註說鮑曰，蒼頡篇有鞄甍，則甍似柔皮之工之名，从北从皮省，王註，謂段氏改作是也。讀若耎，而兗切。 古音第十四元寒部。

攴(扑)

「小擊也，从又，卜聲。」經典攴作扑，虞書，「扑作教刑」。傳，扑榎楚也。「啟」「徹」「整」「敗」等字从之。 古音第三尤幽部。

教

「上所施，下所效也，从攴𡥈。」子部，𡥈，效也，「學」「斆」等字从之。 古音第二蕭宵部。

卜

「灼剝龜也。」按灼灸也，故下云灸龜。三礼圖，龜以上春灼後左，夏灼前左，秋灼前右，冬灼後右。刀部剝，裂也。或者刻字於骨上也。「卦」「貞」「占」等字从之。 古音第三尤幽部。

用 用

「可施行也，从卜中」。段注：「卜中則可施行，故取以會意」。意謂周卜而得其中，所以可用也，「甫」「甯」等字从之。 古音第九東冬部。

爻 爻

「交也。象易六爻頭交也」。繫辭曰：爻也者，効天下之動者也。詩曰：營營青蠅，止于棥」。棥字从之。今詩作樊。 古音第二蕭宵部。

㸚 㸚

「二爻也」。廣韻：㸚尒布明白」，象形也。案㸚尒即爾下之麗爾，音麗。爽字、爾字，从之。 古音缺。

說文部首第四篇解釋

舉目使人也〔王註、公羊文七年傳、眣晋大夫、使與公盟〕註以目通指曰眣、疏若今瞚眼。釋文。眣音舜。从攴目。讀若颭。火劣切。

古音第十五脂微部。

目

人眼也、象形〔特區別之曰人眼。即當作罒矣、人眼橫、獸眼縱。鳥眼圓，形不一也。人眼當橫而覽者、易與他字配合、如水字本當作≋、而小篆作爲氺是也。

古音第三尤幽部。

𠂇又視也、从二目〔詩齊風唐風、礼記檀弓曾子問襍記玉藻、或言瞿、或言瞿瞿、盖皆䀠之假借，瞿行而䀠廢矣。讀若拘。

古音第五魚虞部。

瞂 音伐

亯〃享

𩫖自 音庸 同

鼻聞香臭，而敬

譽

眉 形 音四 鼻氣

辠 罪同，吃辣子 鼻子受苦 故

以為罪

𥃩 眉　盾 盾　自 自　𦣹 白

「目上毛也，从目，象眉之形，上象頟理也。」士冠禮古文作麋，少牢饋食禮古文作微，皆假借字也。 古音第十五脂微部。

「瞂也，所以扞身蔽目。」段註：用扞身，故謂之扞，毛傳曰，干，扞也。用蔽目，故字从目。 古音第十三諄文欣部。

「鼻也，象鼻形。」王註，此以今文訓古文也。高部𩫖，尸部眉眉，辛部辠，皆以自為鼻。 古音第十五脂微部。

「此亦自字也。」王註，積古齋，「東朋尊，自字如此作。」省自者，詞言之气从鼻出，與口相助也。段註，「㿝者，意內而言外也，言从口出，而氣从鼻出，與口相助，故其字上从自省，下从口而讀同自。」「百字、𦣻字，即从之。」 古音第十五脂微部。

自鼻古今字

正字通：人之胚胎鼻先成形，故云鼻祖，曰始祖

鼻 鼻

「引气自畀也。」此自乃自家之自，今人言自，自指其鼻，有古義焉，从自，从畀。王註云，自畀皆聲，而不言聲者，自乃鼻之古文，世變音轉，遂增畀字，不可云聲也。

古音第十五脂微部。

皕 皕

「二百也。」讀若祕，小雅「路車有奭」之奭从之。

古音在第五魚虞鄉部。

習 習

「數飛也。」「月令鷹乃學習」，論語學而篇。註：習，鳥數飛也。意本此。

古音第七侵鹽部。

羽 羽

「鳥長毛也。」王註，謂異于背上之毛，腹下之毳也，象形，字象兩翅，六之者，所謂六翮也。

古音第五魚虞部。

入雀 所鳴其民有禍

說文部首

隹（隹）「鳥之短尾總名也」。段注，短尾名隹，別於長尾名鳥。小雅四牡篇「翩翩者雛」。釋文，夫不也，本又作隹。楚金引詩「翩翩者隹」。釋文，隹旁或加鳥，非也。「隻」「雀」「雞」「雕」等字从之。古音第十五脂微部。

奞（大隹）「鳥張毛羽，自奮奞也。从大隹」。讀若睢。「奪」「奮」等字皆从之。古音第十五脂微部。

萑（丫隹）「鴟屬。从隹从丫，有毛角」。釋鳥萑，老鵵。釋文鵵，本又作兔。郭注，木兔也。似鴟鵂（休鳥）而小。「雚」「舊」「蒦」等字从之。胡官切。完古音第十四元寒部。

字凡有羊字旁皆有好意例如美善義祥……

𦍌（𦍌）

羊角也，象形。讀若菲。乖之古文。工瓦切，（蛙）又乖買切。玉篇，𦍌𦍌，兩角皃。廣韵，𦍌𦍌，兩角開皃。

古音第十六脂微部。

十七歌戈部。

首（苜）

目不正也。从𦍌从目。讀若末。瞢字、蔑字，从之。與苜蓿之苜有别。

古音第十五脂微部。

羊（羊）

祥也。从𦍌，象頭角足尾之形。攷工記註，羊善也，公羊春秋昭十一年，盟於侵羊，穀梁作侵祥，古鐘鼎凡祥皆作羊，知羊即祥也。

古音第十陽唐部。

羴（羶）

羊臭也，从三羊。式連切。臭者，气之通於鼻者也，羊多則气羴，故从三羊。

古音第十四元寒部。

折柳樊圃

狂夫瞿瞿

雔讎　古今字

雥　集

鳥　王氏以法

瞿（瞿）「鷹隼之視也」。禽經，「雀以精瞿」。从隹从䀠，九遇切。矍字从之。

古音在第四侯部。

雔（雔）「雙鳥也，从二隹，讀若醻」。段注：釋詁仇、讎、敵、妃、知、儀，匹也，此讎字作雔，則義尤切。古書必有用雔者，今則讎行而雔廢矣。

古音第三尤幽部。

雥（雥）「群鳥也，从三隹」。徂合切，隋許善心神雀頌，「嘉貺雥集」。「集」字从之。

古音第七侵盐部。

鳥（鳥）「長尾禽總名也。象形，鳥之足似匕，故从匕」。短尾曰隹，長尾曰鳥，鳥足以一該二，能鹿以二該四。

古音第二蕭肖部。

烏

「孝鳥也，象形」，字同鳥而少目，為色黑，目與羽毛無別，人不見其目，故無目。雖現代山中之烏，其嘴其爪，間有紅者，而羽則無他色也。

古音第五魚虞部。

𠦒

「箕屬，所以推糞之器也，象形。」王注引集韻，𠦒呂靜作⿱竹𠦒，⿱竹𠦒見竹部，大箕也，是𠦒⿱竹𠦒為古今字也。或有音畢者，王謂為非是。畢从之。

古音北潘切。第十四元寒部。

冓

「交積材也。象對交之形」。漢書梁孝王傳，「聽聞中冓之言」，應劭曰，「中冓，材構在堂之中也」。按構者，冓之累增字，今字構行而冓廢矣。

古音第四侯部。

幺幺小醜

說文部首 一

幺

小也。象子初成之形。王註：釋數之言豕也，曰幺幼。許云象子，則謂人也。然字形不能得此意，食貨志有幺錢幺貝幺布，通俗文曰：不長曰幺，細小曰麽。又俗謂一為幺，亦或作么，皆小之意也。

古音第二蕭宵部。幼丨力也

丝

微也。从二幺。幽字下曰隐也。幾字下曰微也。皆从二丝，故其意亦同。幽字从之。

古音第三尤幽部。於虯切。

叀

叚本，小謹也。汪本，專小謹也。并謂專為句，專一之專，可用叀也，乃專而可以小謹釋之者。豳風有敦瓜苦，傳，敦猶專專也。箋，專專如瓜之繫綴焉。案人之小謹，其狀似之。

古音第四元寒部。

玄

「幽遠也，黑而有赤色者為元，象幽而人覆之也」。　古音第十二真臻部。

予

「推予也」。象相予之形。段注，予與古今字，釋詁曰，台、朕、賚、畀、卜、陽，予也。按推予之予，假借為予我之予，則推予之予先，而我予之予後矣。　古音第五魚虞部。

放

「逐也。从攴，方聲」。尚書「放驩兜于崇山」。孟子「放太甲於桐」。又依也，論語「放於利而行多怨」。敎游之敎从之。　古音第十陽唐部

𠬪

「物落，上下相付也。从爪从又」。孟子「野有餓莩」。趙注，引詩「莩有梅」。丁公着以為韓詩。食貨志引孟子作芆。鄭德曰，芆音「蔈有梅」之蔈。許君收芆字，蓋采之韓詩。竊意蔈為借字，因𠬪而誤為芆

、因篆而又誤莩也。「爰」「𤔔」「受」等字从之。平小切。

古音第二蕭

𣦼 

寒部。

「殘穿也。从又从歺，讀若殘」。王本以殘為句，謂「𣦼」「殘」可通借也。以穿釋殘，殘，賊也，𣦼，則穿也，猶有分別。濬叡之叡从之。

古音第十四元寒部。

歺 

「列骨之殘也。讀若櫱」。王註：列，分解也，分解其骨，則無肉而作冎，又省之而作歺，故曰殘。上𣦼从歺聲，音義頗近，故區別之曰，𣦼之訓殘，乃穿地之殘，歺則列骨之殘也。「殄」「殛」「殫」等字从之。

古音第十五脂微部。

死

「澌也，人神形離也。从歺从人」曲禮，庶人曰死，注，死之言澌也，精神澌盡也。 古音第十五脂微部。

冎

「剔人肉置其骨也」俗作剮，列子湯問篇，楚之南有炎人之國，其親戚死，朽其肉而棄之，然後埋其骨。殷敬順釋文云，朽本作冎，剔肉也。 古音古瓦切，第十七歌戈部。

骨

肉之覈也，从冎有肉」段注，去肉為冎，在肉中為骨。 古音第十五脂微部。

肉

「胾肉也」下文曰，胾大臠也，謂鳥獸之肉。雖說文之例，先人後物，既以肉為部首，不得不先言鳥獸之肉也。人民之初，食鳥獸之肉，故肉字最古，而製人体之字，用肉為偏旁，是亦叚借也。

人曰肌，鳥獸曰肉，此其分别也。古音第三尤幽部。

筋

肉之力也，从肉力。从竹，竹，物多筋者。力下曰筋也，筋力同物。今人殊之。古音第十三諄文部。

刀

兵也，象形。周礼五兵無刀，攷工記以鄭之刀，與斤削劍竝數，亦不盡是兵器，疑或鸞刀之類。古音第二蕭宵部。

刃

刀堅也。王註焠下云，堅，刀刃也。然則刀堅者，謂刀堅利之處也。段氏改為刀鋻也（音見），亦通。按刀以刃為用，刃不能離刀，刃字有柄有脊有刃矣。故刃字以、指其所，謂刃在是。如同一木字，一加在下，為本，加在上，為末，加在中，為朱也。古音第廿三諄文欣部。

魚‖角

大‖約

契‖丰殺

㓞 㓞

巧㓞也。兩字爲漢人語。音恝,又與契通。像刀刻竹木以記事者。古音第十五脂微部。

丰 丰

艸蔡也。艸部曰,蔡,艸丰也。叠韵互訓。讀若介。按艸丰,即是艸芥。芥行而丰廢矣。古音第十五脂微部。

耒 耒

耕曲木也。从木推丰。古者倕作耒,吕振民也。上古開荒,故不重發土而重推丰,艸部茻下云,耕多艸,是也。𦓤、耤、耕等字从之。古音第十五脂微部。盧对切。

角 角

獸角也。象形。角與刀魚相似。鹿下云,鳥鹿足相似。謂篆文下半相似。此則上半相似耳。曹全碑景北海之銘,觻字皆从角,是訛角爲魚,北齊葯方碑,療五痔方,用牛角䚡,是亦訛魚爲角者魚角相侶可見矣。

古音第三尤幽部

筍竹萌
簜竹

說文部首第五篇解釋

竹

「冬生艸也。象形」。冬生者，猶曰經冬猶緑林耳。爾雅竹在釋艸，山海經云，其艸多竹。且竹艸二篆，顛倒即是，故謂之艸。

古音第三尤幽部。

箕

「所以簸者也，从竹，𠀠象形。丌其下也」。廣韻引世本曰，箕帚夏少康作。「𠀠」「𠔇」「𠙴」均古文箕。「𥫯」「匩」均籀文箕。

古音第一之咍部。

丌

「下基也，薦物之丌，象形」。讀若箕。墨子其皆作亓，其古文箕。「典」「奠」等字从之。

古音第一之咍部。

左

「𠂇手相左也」。左，俗作佐。釋詁，左，右，助，勴也。力部勴，左也。勴，助也。詩長發篇，「實左右商王」，不啻實佐佑商王也。

展 ‖ 㠭

（玉）展，也 展看

展卷流連

瞻展坂墓

說文部首

工 工

古音第十七歌戈部。

巧飾也，象人有規矩。巧於文飾，故曰工。此字不似人形，而似矩形，故曰象人有規矩也。規生於矩，故連言規也。「式」「巨」「巧」等字从之。

㠭 㠭

古音第九冬東部。

極巧視之也。工為巧，故四工為極巧。極巧視之，謂如離婁之明，公輸之巧，既竭目力也。知衍切，即今展字。展行而㠭廢矣。

巫 巫

古音第十四元寒部。

祝也，能事無形，以舞降神者也，象人兩褎舞形。王註，春官祝之長為上大夫，巫之長為下士，二職相連。蓋巫為祝之屬，故以為說。古者巫咸初作巫。離騷「巫咸將夕降兮」。註：巫咸，古神巫也，

日人一手創立滿國因十九國委員不承認

當中宗殷之世。 古音第五魚虞部。

甘 甘

「美也，从口含一。一，道也」。王註，釋名，甘含也。人所含也。段註，食物不一，而道則一，所謂味道之腴也。「甜」「猒」等字从之。

古音第七侵盐部。

曰 曰

「詞也。象口氣出也」。段註，詞者意內而言外也。有是意而有是言，亦謂之曰，亦謂之云。「云」「曰」，雙聲也。釋詁，粵，于，爰，曰也。詩書古文，多有以曰為爰者，故粵，于，爰，曰，四字，可互相訓。以雙聲叠韵，相假借也。

古音第十五脂微部。

乃 乃

「曳詞之難也，象氣之出難也」。經典用乃字者，堯典「乃命羲和」。上無所承，是拙義。周礼太宰，「乃施典於邦國」。註，乃者更申敎之乃揚言退出國联。

我謁某某貴人，某貴人不理我，乃退出。

乃字有艱難之意。

∴故專謂之曳詞也。公羊宣八年傳：「而者何？難也，乃者何？難也。曷為或言而或言乃？乃難乎而也」。何註：言乃者內而深，言而者外而淺。目錄作尺，左筆下垂，雖於字義不合，而隸之作乃，即由此起。

古音第一之咍部。

丂

「氣欲舒出，丂上礙於一也」。古文或以為巧字。王註：丂當作乃，即乃字，乃本難，而又礙於一，尤難矣。蓋古無巧字，但作丂，或籀文，或小篆，始加工也。

丂＝乃

古音第三尤幽部。

可

「肎也」。釋言：肎，可也。二字雙聲。孟子陳代章：「退不可」。趙註：王退不肎。「奇」「哿」等字从之。

古音第十七歌部。

亏 金文皆作于

号＝號

於＝烏

檀弓下

鄭易孝公、襄有

司曰……易則易

于則于

潘攘東布

大夫束布

于＝迂 擴大之义

說文部首

兮（兮）

語所稽也。段注、兮稽疊韵。稽部曰、留止也。語於少駐也。有假猗為兮者，如詩河水清且漣猗是也。

古音第十六支佳部。

号（号）

痛聲也。从口在丂上。天問、伯昌号衰。亦借号為號。詩、誰之永號。古作号，今作號。

古音第二蕭宵部。

亏（于）

於也、象气之舒，从丂从一。段注、今音于、羽俱切。於者、古文烏也。烏下云，孔子曰，取其助气，故以為烏呼。然則以於釋亏，亦取其助气。釋詁、毛傳，皆曰亏於也。凡詩書用亏字、凡論語用於字，蓋亏於二字，為古今字，故釋詁毛傳，以今字釋古字也。凡言於，皆自此之彼之詞，其气舒于。檀弓易則易，于則于。皆廣大之意。

古音第五魚虞部。

凡包于外者曰郭

𡔷

喜

「樂也。从壴从口」。樂記曰，樂者樂也，古音樂與喜樂無二字，亦無二音。按壴音紂，陳樂也。聞樂而喜見諸口也。古音第一之咍部。

壴

「陳樂，立而上見也。从屮从豆」。王註，借陳為敶，壴字于經典無徵，而許君說以陳樂者，按「鼓」「彭」「鼖」皆為樂事，皆从壴，故以壴為陳樂之象也。云立者何？豎侸皆从豆，皆曰立也。是立之意，從豆生也。云上見者何？屮木初生，則見其顛，故从屮。古音第四侯部。（音紂）

鼓

「郭也。萬物郭皮甲而出，故曰鼓」。从壴，支者，象手擊之也。段註，凡外障內曰郭，自內盛滿出外亦曰郭，「郭」「廓」正俗字。古

愷 豈 〡 豈

玉篇 梁顧野王撰

音第五魚虞部。

豈 豈

「還師振旅樂也。」周禮大司樂曰，（春官宗第三）「王師大獻，則令奏愷樂。」注曰，大獻捷於祖，愷樂獻功之樂也。按經傳豈皆作愷。又注，从豆，當云從壴省，壴者陳樂也。

古音第十五脂微部。

豆 豆

「古食肉器也，象形。」玉篇豆作[illegible]（古文），是也。然當作[illegible]，日是器中有肉形，小篆迻肉在上耳。H是校形，一是校上飾。有無皆通。下一則鐙形，祭統，「夫人薦豆執校，執醴授之執鐙。」注，校，中央直者也。鐙，下跗也。

古音第四侯部。

豊 豊

「行禮之器也。从豆象形。」讀與禮同。豊禮疊韻。

古音第十五脂微部。盧啟切。

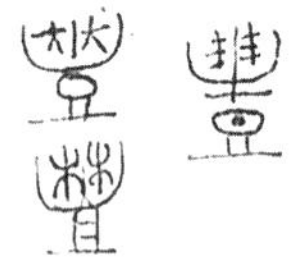

豐 豐

「豆之豐滿者也、从豆象形」、段註、謂豆之大者也。引申之、凡大皆曰豐。王註、既云象形、不應从山、案癸亥父己鬲作豐、豐兮𡰥敦作豐、豐姞敦作豐、皆不從山、知小篆之誤。 古音第九東冬部。

䖒 䖒

「古陶器也」。不作匋而作陶者、篆隸之別也。許羈切。音戲。

古音由五部轉入第十六支佳部。

虍 虍

「虎文也、象形」。徐鍇曰、象其文章屈曲、荒烏切。「虞虙等字从之」。

古音荒烏切。第五魚虞部。

虎 虎

「山獸之君、从虍、从儿、虎足象人足也」。儿、乃人之奇字。

古音第五魚虞部。

犾犾 狺 音殷

盧 飯器也

虤

「虎怒也。从二虎」。此與犾从兩犬相齧也同意，五閑切。舉例甚少。

古音五閑切。第十四元寒部。

皿

「飯食之用器也。象形，與豆同意，讀若猛」。段注，上象其能容，中象其体，下象其底也，與豆略同而少異。

古音孟猛皆讀芒

第十陽唐部。

凵

「凵盧飯器，以柳作之，象形」。去魚切，音區。

古音第五魚虞

部。

去

「人相違也，从大，凵聲」。左傳：大去其國。

古音第五魚虞部

主　王　灯中火也

丹‖丹　生‖生

血　血

丶　黈

「祭所以薦牲血也，从皿，一象血形」。牲之血，盛于皿中也。

古音第十二真臻部。

「有所絕止，丶而識之也」。王注，謂離經絕句也。今字作黈，知庾切，音主，字典，有所絕止而識之，謂之黈點，亦音主，古文主字，灯中火也。

古音第四侯部。

丹　丹

「巴越之赤石也，象采丹井，丶象丹形也」。段注，巴郡，南越，皆出丹沙。蜀都賦，「丹沙赩（音戚）熾出其坂」，謂巴也。吳都賦，「赬（音[illegible]）丹明玑」，謂越也。丹者石之精。

古音第十四元寒部。

青　青

「東方色也，木生火，从生丹」。攷工記，畫繢之事，東方謂之青。故春謂之青春。

古音第十一庚耕部。由春生夏之謂也

蜀人呼粒爲逼
時莫之解，或云：蘼
說文以皀訓粒，音方
力切，今皆從
鄉

井
八家一井、象構韓形。古者伯益初作井」。王註、今本多以井田為正義。是則按「鑿井而飲」推之、八家一井、謂八家共汲一井也。世本「化益作井」。宋衷曰、化益、伯益也。　古音第十一庚耕部。

皀
「谷之馨香也、像嘉谷在裹中之形。匕、所以扱之也。或說皀一粒也、又讀若香」。許書鄉字下、从皀聲、讀若香之証也。通俗文音力反。故曰皀一粒也。「即」「既」等字从之。　古音或在第七侵盐部。

鬯
以秬釀鬱艸、芬芳攸服、以降神也。从凵、凵、器也。中象米、匕、所以扱之」。按秬黑黍也。鬱下曰芳艸也、謂秬鬱合而為鬯也、※者、即米之斜字、既成酒、不復見米形、故不作米、而曰象米。　古音丑諒切、第十陽唐部。

食 「一米也，从皀亼聲」。亼，字典引正譌，亼古集字，「會」「合」等字从之。王註一米也。段作食，亼米也。 古音第一之咍部。

集 亼 「三合也，从入一，象三合形，讀若集」。夏書、「辰弗集於房」，傳、集，合也。「合」「僉」「侖」等字从之。 古音第七侵鹽部。

會 「合也，从亼，从曾省，曾，益也」。凡曰會計者，即合計之也。土部曰，增，益也。是曾者，為增之假借字。 古音第十五脂微部。

倉 「穀藏也。倉黃取而藏之，故謂之倉，〇象倉形，从食省」。呂覽高註，圓曰囷，方曰倉，荀子註，穀藏曰倉，米藏曰廩。仓奇字仓。 古音第十陽唐部。

内納古今字

入

「内也，象从上俱下也」。「入」「内」二字，古通用。釋名，入，納也。尚書，「内於大麓」，列女傳引，内作入，史記楚世家。靈王於是獨傍偟山中，野人莫敢入王，魏世家，商君亡秦，歸魏，魏怒不入。内字從之。 古音第七侵盍部。

缶

「瓦器，所以盛酒漿，秦人鼓之以節歌」。王註，秦人鼓之句，許君第據藺相如李斯傳爲說耳，易「不鼓缶而歌」，陳風「坎其擊缶」，不獨秦也。 古音方九切。第三尤幽部。

矢

「弓弩矢也，从入，象鏑栝羽之形，古者夷牟初作矢」。王註，人其鏑也，丨其榦也，丌栝及羽也。荀子，「浮游作矢」，註云，世本夷牟作矢，宋衷註云，黃帝臣。此云浮游，或夷牟之別名，聲相近而誤耳。　古音第十五脂微部。

高

「崇也，象臺觀高之形。从冂、口與倉舍同意」。王註，云象某形者謂字之上半，冂同冋，臺觀之界址也。　古音第二蕭宵部。

冂 ‖ 冋 ‖ 坰

冂 冂

「邑外謂之郊，郊外謂之野，野外謂之林，林外謂之冂，象遠界也」。魯頌，坰，遠野也。釋詁，迥，遠也。洞酌，泂，遠也。然則从冂者多訓遠。　古音第十一庚耕部。

古亯早

𩫏 郭

「度也，民所度居也。象城𩫏之重，兩亭相對也」。吳越春秋，鯀築城以衛君，造郭以居民，此城郭之始也。上亯下早，乃兩亭字之省。古作𩫏，今作郭，郭行而𩫏廢矣。　古音第五魚虞部。

望楚與堂
景山于京
丶云其人居
後予名臧

京

「人所為絕高丘也，从高省，丨象高形」。釋丘曰：絕高為之京，非人為之丘。王註：「詩『景山與京』，『依其在京』，皆擇人所不居之地以建國，安得有人所為之京。然則訓為絕高丘最好，可去『人所為』三字。」

古音第十陽唐部。

享

「獻也。从高省，㊀象進孰物形」。王註引段註曰：下進上之詞也。毛詩之例，獻於神曰亯，神食其所亯曰饗。周礼之例，凡祭亯用亯字，凡燕饗用饗字。仪礼之例，聘礼內臣亯君字作亯。小戴礼凡祭亯饗燕，字皆作饗，無作亯者。左傳則皆作亯，無作饗者。玉篇籀文作亯，隸書之享，蓋由此變。

音亯

古音第十陽唐部。

二十八

㫗 ‖ 厚

㫗 

「厚也」，从反亯。王註，經典皆作厚，故以為解。是則本部承上部。亯是飲食事也。徐鍇曰，亯者進上也。以進上之具，反之於下，則厚也。古文厚作垕，从后从土。

指土厚而言

古音第四侯部。

畐 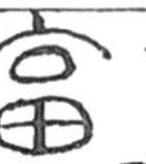

「滿也」，从高省，象高厚之形。玉篇云，腹滿謂之涌，腸滿謂之畐，今之「福」字，即从畐字得音。

古音伏畐二字，在第一之咍部。

亩 

穀所振入，从入回，象屋形，中有「戶牖」。中庸註曰，振，猶收也。以字從入，故云振入。王註，廩者亩之或体，故用亩也。入者屋形，回者戶牖形，屋必有戶牖，而重複言之者，倉廩恐米蒸變，必為天窗。

古音第十七侵盈部。

嗇穡古今字

嗇

「愛濇也。从來从㐭，來者㐭而藏之，故田夫謂之嗇夫」。段註，濇與澀皆不滑也。王註，荊汝江湘之郊，凡貪而不施謂之嗇。通作穡。釋文，穡本作嗇，本無禾字。

古音第一之咍部。

干思干思

辛甲獲來

古來

來

「周所受瑞麥來牟」，本艸綱目，小麥下，李時珍引許氏說文云，天降瑞麥，一來二麰，象芒刺之形，天所來也。如足行來，故麥字从來从夊，夊音綏，足行也。詩云，貽我來牟是矣。許書，來，小麥也，牟，大麥也。故曰「周所受瑞麥來牟」，又恐人謂來牟二字為一名也。乃別之曰，一來二牟，於是較然為兩物矣。

古音第一之咍部。

踳〃舛

綏〃夊

屣

麥

麥

「芒穀，从來，有穗者也，从夊」。王註，韓詩「貽我嘉𪌉」，漢書「貽我𪌉麰」。是漢人說詩，皆不以來為麥名。許君之說，蓋據麥从來定之。从夊難解，谷皆有穗，不第麥也。徐鍇曰，夊，足也，周受瑞麥來麰，如行來，故從夊。　古音第一之咍部。

夊

夊

「行遲曳夊夊，象人兩脛有所躧也」曲礼曰，行不舉足，車輪曳踵，詩云，雄狐綏綏，玉篇引作夊夊。通俗文，履不著跟曰屣，屣同躧，躧屣古今字也。行遲者如有所拖曳，故象之。　古音楚危切。第十五脂微部。

舛

舛

「對卧也，从夊㐄相背」。王註，引集韻，「蹯夷卧，以足相向，曰僢」。王制註說交趾曰，「卧則僢」，引伸之，凡足相抵皆曰僢。李善魏

䑞＝舜

囗＝圍

＝衛

都賦註、踳讀曰舛、舛乖也、知踳與舛音義皆通。　古音第十三諄文欣部。

䑞 䑞

「䑞艸也、蔓地生而連華、象形。从舛」隸作舜。與詩鄭風顏如舜華之舜、或同。

古音第十三諄文欣部。

韋 韋

「相背也、从舛、口聲、獸皮之韋、可以束物」。段註、故从舛、今字違行而韋字本義廢矣。「獸皮之韋」之韋字然當作圍、謂繞也。

古音第十五脂微部。

弟 弟

「韋束之次弟也」。段註、以韋束物、如輈五束衡三束之類、束之不一、則有次弟。引伸之、為次弟之弟、兄弟之弟、豈弟之弟。

古音第十五脂微部。

乃‖夃‖姑

灸‖久

夂 夂

「從後至也，象人兩脛，後有致之者」王註，兩脛謂夂也，致之者，謂夂也。致者何，送詣也。三蒼，致，到也，然則即是後有及之者之意。「夆」「夅」「夃」等字从之。

古音陟侈切，第十五脂微部。音敍

久 久

「從後灸之也。周禮曰，久諸牆以觀其橈」。火部曰，灸，灼也。士喪礼鄭註，「久讀為灸」，人首有病，以艾薰之，謂之灸，即此字也。

古音舉友切，第一之咍部。

桀 桀

「磔也，从舛在木上」。王註，元應引說文磔字說曰，張也，開也，雖與今本不同，而與桀從舛之意相合。舛字相背，象人骨肉分解離披之狀。在木上者，磔鳥于木上。又漢書王尊傳，取不孝子縣磔着樹，使騎吏五人、張弓射殺之。

古音第十五脂微部。

說文部首第六篇解釋

木

「冒也，冒地而生，東方之行，從屮、下象其根」。王註、屮者、屮也。木从之者，古人艸木，不甚分別。胎教禳事、引青史氏曰、梧者東方之草，春木也，柳者南方之草，夏木也。棘者西方之草，秋木也。棗者北方之草，冬木也。

古音第三尤幽部。

東

「動也，从木，官溥說，从日在木中」。王註，引白虎通曰，東方者動方也。萬物始動生也。

古音第九東冬部。

林

「平土有叢木曰林，从二木」。周礼林衡註曰，竹木生平地曰林，小雅，「依彼平林」，傳曰，平林，林木之在平地者也。

古音第七侵盍部。

才

艸木之初也。从丨上貫一，將生枝葉，一，地也。汪註，經典用才字者，皆以爲始之通称，不專屬艸木。夏侯湛兄弟誥，惟正月才生魄，尚書作哉，因亦借爲語詞。書往哉女諧，張平子碑，哉作才。凡始意，說文作才，今人作纔。

古音第一之咍部。

叒

日初出東方湯谷，所登榑木，叒，木也。音若。叒木者，榑桑之別名。榑桑即扶桑，日所出也。通典，扶桑國多扶桑木。

古音第五魚虞部。

之

出也，象艸過屮，枝莖益大，一者，地也。按許書訓之爲出，而釋詁則訓之爲往，始以自下而上爲之，引伸之，自此而彼亦爲之。

古音第一之咍部。

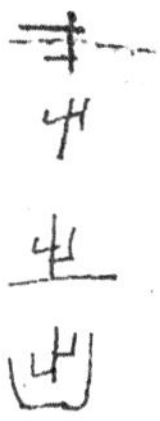

 帀

「周也、从反之而帀也」。段注、勹部𠣘、帀徧也。即周徧也。反之者、謂倒之也。凡物順逆往復、則周徧矣。古音第七八兩部。

 出

「進也、象草木益滋、上出達也」。段注、草木由才而屮、而㞢、而出、日益大矣。王注、辵部進、登也。出字義本指人、部中無一字涉草木者、人之出無可象、故借草木之出象之。古音第十五脂微部。

 米

「艸木盛、米米然、讀若輩」。詩小雅胡不旆旆、毛曰旆垂皃。與米米音義略同。「索」「南」二字从之。古音第十五脂微部。

 生

「進也、象艸木生出土上」。王注、此承㞢部而言、㞢、出也、已適屮矣、生較㞢又增一筆、是又過㞢矣、故曰進。書盤庚、汝萬民

乃不生生，王爾註，生生，進進也，「丰」「青」等字从之。古音第十一庚耕部。

古

乇

「艸葉也。從垂穗上貫一，下有根，象形字」。段註，在一之下者根也，一者，地也。凡乇聲者，皆在第五魚虞部。

垂

「艸木華葉𠂹，象形」。王註，中其莖也。凡下𠂹者，其莖必曲，故曲以象之。左右四曲，其華葉也。

古音第十七歌戈部。唾

古

華

「艸木華也。从𠂹，亏聲」。𠌶，花也，俗作花。今字花行而𠌶廢矣。

古音第五魚虞部。芳栗切

華花古今字

華

「榮也。从艸从𠌶」。王註，與𠌶同字，而說解不同。段註引釋艸曰，葩，華也。又曰，木謂之華，艸謂之榮，榮而實者謂之秀，榮而不宜者謂之英。 古音第五魚虞部。

禾

「木之回頭，止不能上也」。段註，此字古少用者。古奚切，音隔，楷作禾。 古音第十五十六部。

稽

留」，止也，从禾从尤，旨聲」。王註引字林，稽，留也，止也，非是。田部留，止也。此則以留說稽，即以留之說說之也。 古音第十五脂微部。

巢

「鳥在木上曰巢，在穴曰窠，从木象形」。段註，穴部曰，穴中曰窠，樹上曰巢，巢之言高也，巢之言空也。巛者鳥形，臼者巢形。如鳥野雀，均巢於樹上者是。 古音第二蕭宵部。

桼

「木汁可以髹物、从木、象形。桼如水滴而下也」。王註引漢書賈山傳、漆塗其外、鄒陽傳、堅如膠桼、字竝如此。漢書行林傳、漆書字亦不加水。石鼓文作桼、四点是桼、小篆加兩点、故不曰从水而曰如水也。

古音第十二真臻部。

束

「縛也、从囗木」。囗音圍、不是口。詩之束楚束薪、易之束帛、論語之束帶、左傳之束馬、皆用之、「柬」「敕」等字从束

古音第三尤幽部。

㯻

「櫜也、从束、圂聲」。王註云、似當云束櫜也。廣韵曰、櫜、大束。知凡束皆謂之櫜。則此㯻即諺語曰捆、宜訓作動字、不宜訓作名字。段註引廣韵古本切。音綑。

古音第十三諄文欣部。

說文部首

古

圍

「回也，象回帀之形」。段注，回轉也，按圍繞周圍字當用此，圍行而囗廢矣。「國」「圍」「圖」等字从之。

古音第十五脂微部。

員

「物數也」。段註，本為物數，引伸為人數，俗稱官員，漢百官公卿表曰，吏員自佐史至丞相，十二萬二百八十五人是也。籀文員作鼎。

古音第十三諄文欣部。 云

貝

「海介虫也，居陸名猋，在水名蜬，象形」。王註引正義曰，貝者水虫，古人取其甲以為貨，如今用錢然。凡關於銀錢之物，偏旁多从貝。

古音第十五脂微部。

邑

「國也，从囗，先王之制，尊卑有大小，从卪」。王註，御覽引作縣也，案邑之名，古大而今小。書曰，「率割夏邑」，是桀都也。殷武

都、城邑百雉，國之害也

古

曰：「商邑翼翼」，毛傳曰：京師也。漢書曰：「今朕作大邑於茲洛」，是周初猶沿夏商之名也。本部从邑者，楷書皆作阝，故字典凡帶阝之字，皆列邑部。　古音第七侵鹽部。

𨛜 巷

「鄰道也。从邑从邑」。段注：隸變作郒，胡絳切。王注：按郷鄉音義皆同，祇是一字。兩鄰望衡對宇，中央闕然為道，故曰鄰道，居南者北向，居北者南向，故反一邑以見意。即今之巷字。

古音闕　洪

卯 鄉 巷 巷

說文部首第七篇解釋

古旨東成日見起
色
古旨录成实見起
色

游 文飾也

八月 暮

說文部首 三十五

日 日

「實也，从日一，象形」。王註，日實疊韻，且通用。心部㤅下，引左傳，王室日惷惷焉，今左傳日作實。釋名，日，實也，光明盛實也。石鼓文從日之字，作⊙⊙日三形，而古文又作⊙知此字歷代頗有改易。　古音第十三真臻部。

旦 旦

「朝也，从日見一上，一，地也」。段註，明當作朝，下文云，朝者旦也。二字互訓。　古音第十四元寒部。

倝 倝

「日始出，光倝倝也，从旦，㫃声」。朝字从之。本部韓从倝。例少。　古音古案切。第十四元寒部。

㫃 㫃

「旌旗之游，㫃蹇之皃，从屮曲而下，垂㫃相出入也。古人名㫃字子游」。按經典皆借偃為㫃，昔有籍偃荀偃，鄭有公子偃駟偃，孔

曡

疊 始皇改為此，因避天象二日之文也

疊

子弟子有言偃，皆以子游佰游為字。偃行而於廢矣。古音第

冥 十四元寒部。偃

冥

「幽也。从日从六从冂，日數十、十六日而月始虧，幽也。」王註，案日部昏，日冥也，則說冥當曰昏也。而曰幽也者，「從六」難解，故主月而言。望後漸闕，月体寔無所損，祇是隱而不見耳。幽部幽，隱也，故云然。

古音第十一庚䎙部。

晶 晶

「精光也，从三日」。王註，物之精者必有光，天精為日，地精為月，人精為目。精則生明，其光發矣。

古音第十一庚耕部。

月 月

「闕也，太陰之精，象形」。鐘鼎文皆作☽，古文明字所從之☽，當是古文。所以作闕形者，一圓時少，闕時多。二讓曰。

古音

桓七年日有食之
莊十一年秋有螽
廿九年秋有蜚

古　古　古

說文部首

有

不宜有也。从月，又声。段註：謂不當有而有之称。引伸之遂為凡有之称，凡春秋書有者，皆有字之本義也。王註，桓四(三)年，有年，賈逵云，桓惡而有年豐，異之也。有鸜鵒來巢，皆言非其所宜有也。

古音第十五咍微部。

古音第一之咍部。佁

明

照也，从月囧。今人書明，皆作一日一月，而不作囧，不為無據。古文朙从日。為今日明字之根本。易繫辭，懸象著明，莫大乎

囧

窗牖麗廔闓明也。象形。讀若獷。賈侍中說讀與明同。

古音第十陽唐部。芒

囧月。

古音在第十陽唐部。芒（今音炯）

古

夕（夕）

「莫也、從月半見」。段註、莫者、日且冥也。日冥而月生矣、故字從月半見。旦者、日全見地上。莫者、日在茻中。「夜」「夢」「外」等字從之。

古音第五魚虞部。宿

多（多）

「重也、從重夕、夕者相繹也、故為多」。古文多作竝夕、如㣺。汪註引魯語曰、諸侯夕省其典刑、大夫夕序其業、士夕而復習、左傳曰、夕以修會、是晝之所為、夕必抽（由）繹之、故曰夕者相繹也。

古音第十七歌戈部。

毌（貫）

「穿物持之也、從一橫貫、𠙴象寶貨之形。讀若冠」。王註、古祇有毌、後因毌而生貫。此字不多見於經傳、惟田完世家、「宣公取毌丘」、索隱曰、毌音貫。古國名衛邑

古音第十四元寒部。

部首　二

𢎘「嘾也、艸木之華未發圅然，象形。讀若含」。王註曰，𢎘、圅、菡祇是一字、而遞增也。又曰、含即𢎘。梁鴻詩、「麦含含兮先秀」、亦借含為𢎘，知𢎘含圅為一字矣。所謂象形者、下象承華之莖、上象未放之蓓蕾。

古音第七侵盇部。

𣐺「木垂華實也。从木𢎘。」音與𢎘同。字典作𣐺、在木字部，例甚少。

古音第七侵盇部。

卤「艸木實垂卤卤然，象形。讀若調」，王註，凡實之長蒂者必下垂，字上象蒂形，下象實形，例甚少，籀文從三卤。

古音第二蕭宵部

齊「禾麥吐穗上平也，象形」。王註、魏三体石經、古文作𠫰，三平無參差，此參差者，作篆者配合之，取適觀耳、又加二以象地形。

齎字訓為等與齊音義皆同。後無用者，以字体繁重耳。　古音

朿

第十五脂微部。

「朿木芒也」、象形。讀若刺。王註、在艸曰芒，在木曰朿，釋草，方言、皆作刺，以從讀若句，改本文也。「棗」「棘」等字从之。金文作朿

古音第十六脂微部。

片

「判木也、从半木」。王註引莊子，「陰陽片合」。釋文，片音判，是片亦讀如判。「版」「牘」「牒」等字从之。

古音第十四元寒部。

鼎

「三足兩耳和五味之寶器也。昔禹收九牧之金，鑄鼎荊山之下」。王說，按字形下半，是析木為兩，而作鼎，上半之目，則鼎形也、又說、金刻各鼎字，多有兩耳而非三足。如鼎𪔂𪔄，小篆整齊之

而作鼎。　古音第十一庚耕部。

克

「肩也」。周頌傳曰，仔肩，克也。係象言之，毛謂仔與肩皆訓克也。肩謂任，任事以肩，故任謂之肩，亦謂之克。釋詁云，肩，克也。兩字互訓，例甚少。　古音第一之咍部。

彔

「刻木彔彔也」。象形」。王注引釋器。木謂之剫，刀部剫，从彔。云彔，剫割也。詩小戎傳，楘，歷錄也。歷錄，可作秝彔。古音第三尤幽部。

禾

「嘉穀也。二月始生，八月而孰。禾，木也。木旺而生，金旺而死。从木」。按年豐麥熟必大，大則必垂，禾者，象穗大而垂之狀。「觀二月生八月孰」之語，可見除麥菽以外，餘皆可謂之禾，因其字

麻 秝 古今字

黍甘 香

秝

「稀疏適秝也。从二禾，讀若歷」。段註，凡言歷歷可數，歷錄束文，皆當作秝，从二禾，言禾之疏密有章也，歷行而秝廢矣。

麻多从秝也。

古音第十七歌戈部。

黍

古音第十六脂微部。

「禾屬而粘者也，以大暑而種，故謂之黍。从禾，雨省声，黍可以為酒，故從禾入水也」。王註引農書，黍之言暑也，況勝之書曰，黍者暑也，種必待暑，先夏至二十日。春秋說題辭，精移火轉生黍，夏出秋收。

古音第五魚虞部。

香

「芳也，从黍从甘」。字典引說文，𪏰、香之本字。

古音第十陽唐部。

舂

米

「粟實也、象禾實之形」。王註、謂米是圓物、四點象之、有十以象其穎與穖（萼也）者、以米難象、故原其在禾時以象之。古音第十五

毇

脂微部。

「糲米一斛、舂為八斗也」。（糲音賴脫粟也）从臬从殳」。王註引淮南子、「粢食不毇」、高註、毇音毀、細也、與左傳之「粢食不鑿」同意

古音第十五脂微部。

臼 ・例甚少。

「舂也。古者掘地為臼、其後穿木石、象形、中象米也」。段註、黃帝時雍父初作臼。而呂覽則曰、赤冀作臼。「舂」「臿」等字从之。

古音第三尤幽部。

葩‖萉

説文部首

凵　凵

「惡也。象地穿，交陷其中也」。王註，云地穿者，承凵部説掘地而言，交謂乂也。

古音第九東冬部。

朩　朩

「分枲莖皮也、从屮、八象枲皮。讀若髕」。王註，八象皮，屮象莖、全体象形字也。廣韻、朩、麻片。枲、音葸，麻也。

古音

林　林　葩

第十二真臻部。

「葩之総名也、林之言微也、微纖為功，象形」。王註、桂段嚴三家（馥、玉裁、可均）、皆曰葩當作萉，呂氏春秋，纖萉屨，即麻鞵也。此亦萉訛為葩者。林，匹卦切，音怕，春秋説題詞曰、麻之為言微也。林麻古蓋同字。段註，絲起於糸、麻縷起於林、故曰微纖為功也。

古音第十六脂微部。

十七 叔 尗

後漢書光武紀二年篇末云，至是野谷旅生，麻尗尤盛，野蠶成繭，被于山中

槐題數尺 題 頭也

麻 麻

「枲也，與林同。人所治，在屋下，从林从广」。段註，說从广之意，林必于屋下績之，故从广。未治謂之枲，治之謂之麻。古音第十七歌戈部。

广 音儼，卬厂也，三面有墻之屋

尗 尗

「豆也，象尗豆生之形也」。王註，經皆謂之菽，後漢書光武紀，麻尗尤盛，此古字之僅存者。中一，地也，丨之通於上下者，莖也，附於右之一，甲也，如尗戴甲而生是也。八當作丷，犹米當作米，豆之根有土豆，豐年則堅好，故象之也。古音第十六脂微部。

耑 耑

「物初生之題也，上象生形，下象根也」。左傳「履端於始」，蓋假端為耑也，今則端行而耑廢矣。段註，題者額也，人体額為最上，物

七月食瓜
八月断瓠壶
中田有庐
疆埸有瓜

瓜

孤、菰、觚。
古

葫芦＝壶芦

之初見、即其頷也。王註、山其端也。不正者、與朩之上半同意、礼記所謂句者也。凡豆及瓜瓠桃李、初生皆如此。 古音第

韭　韭

十四元寒部。

「菜名也。一種而久生者也、故謂之韭、象形在一之上。一、地也」。 古音第三尤幽部。

瓜　瓜

蓏也。象形」。王註、齊民要術、三月辰日宜種瓜。ㄙ象其實。瓜象其蔓。 古音第五魚虞部。音谷

瓠

「匏也、从瓜夸聲」王註、今人以細長者為瓠、圓而大者為壺盧、古無此別也。詩八月斷壺。李時珍引孫愐唐韻曰、瓠音壺、又音護、 古音第五魚虞部。

躬‖躳

宀

「交覆深屋也。象形」。王註、交覆對广而言、广是三面有牆、宀是房屋形、四面有牆。「家」「室」「宅」等字从之。古音武延切。第十二真臻先部。宀

宮

「室也、从宀、躳省聲」。段註、宮言其外之圍繞、室言其內。析言則殊、統言不別也。金刻宮字皆作宮。一說、宮繞其外、呂居其中也。古音第九東冬部。

呂

「晉骨也。象形」。晉即脊字、按生理學、脊骨二十四、項椎七、胸椎十二、腰椎五。段注所謂廿一椎者非。兩口儞之丨、即椎與椎相連之筋也。以同膂字。古音第五魚虞部。

六夢：正夢、噩夢、思夢、寤夢、喜夢、懼夢

㝱

戹〃危

宀（穴）

「土室也，从宀，八声」。易上「古穴居而野處」。詩大雅「陶復陶穴」，穴原為野人所居，後引伸之，為蛇穴蟻穴。今河北張家口大北門外，猶有容居（穴居）者數十家。 古音第十二真臻部。

㝱（㝱）

「寐而覺者也，从宀，从疒，夢声。周礼，以日月星辰，占六㝱之吉凶」。今人假夢為之，夢行而㝱廢矣。 古音第六蒸登部。

疒（疒）

「倚也，人有疾病也，象倚著之形」。按即疒，或女戹切，音牀，「疾」「病」等字从之。 古音第十六支佳部。

冖

「覆也，从一下垂也」。按即古冪字，音覓。覆食巾也。周礼，冪人掌共巾冪，「冠」「冣」等字从之。 古音第十六支佳部。

共〃供

冂

冖刂冒

冒刂冃

古

冂　冖

「重覆也，从冂一」。莫保切，音冒。王註、冂又加一，故曰重。冖冖葢同字，不過寫時有繁省。「冃」「冡」等字从之。冡音蒙。　古音在之尤二部。音冪，或幂

冃　冃

「覆也，小兒及蠻夷頭衣也，从冂；二其飾也」。音冒。同冃。

古音第三尤幽部。

㒳　兩

「再也，从冂，从从，从丨。易曰：參天兩地」。（孟氏易）段註：再部曰：再者一舉而二也。凡物有二，其字作㒳，不作兩；兩者二十四銖之偁也。今字兩行而㒳廢矣。

古音第十陽唐部。　㒳

网　网

「庖犧氏所結繩以田以漁也，从冂，下象网交文」。今作网，古文作罔，籀文作𦊔。

古音第十陽唐部。

襾

「覆也，从冂上下覆之，讀若晉」，冂自上覆乎下，凵自下覆乎上、謂包物者反覆裹之也。

古音第五魚虞部。

巾

「佩巾也。从冂丨象糸也」。段註：按以巾拭物曰巾，玉篇曰：本以拭物，後人著之於頭。王註：冂、覆也周礼冪人註、以巾覆物曰冪，以巾覆頭亦曰冪，故从冂也。羽扇綸巾，即着于頭者。

巿

古音第十二真臻部。

「韠也」，上古衣，蔽前而已、巿吕象之，天子朱巿，諸侯赤巿，卿大夫蔥衡，从巾、象其連帶之形」。王註、芾、太古蔽膝之象也，芾者、巿之别体、亦假韍佛為之。

古音第十五脂微部。

音文

説文部首 二

天乾——会
‖
地坤——陰

昜‖陽

敝‖㡀

紩‖織

帛 帛

「繒也、从巾、白声」。段註、糸部曰、繒、帛也、二字係轉註。

古音第五魚虞部。

白 白

「西方色也、会用事、物色白、从入合二、二会数」。段註、出者陽也、入者陰也、故从入。

古音第五魚虞部。

㡀 㡀

「敗衣也、从巾、象衣敗之形」。㡀即敝字、今敝行而古㡀廢矣。

古音第十五脂微部。

黹 黹

「箴縷所紩衣、从㡀、丵省、象刺文也」。段註、紩、縫也。丵者、叢生草也。鍼縷之多象之也。「黼」「黻」等字从之。

古音第十五脂微部。

成湯之母即扎

其祖母即

化乜古今字

匕1匙

說文部首第八篇解釋

人 「天地之性最貴者也。此籀文人、象臂脛之形」。王註、古文奇字人字、作儿、凡頁下之八、兄字下之儿、均是人字。所謂象臂脛者、臂脛几四、而臂下垂、與脛相合而為一、故変四為二也。

古音第十二真臻部。

匕 「変也、从倒人」。按匕即化字、月令田鼠化為鴽之化、皆當作匕。今化行而匕廢矣。例甚少。

古音第十七歌戈部。

匕 「相與比叙也。从反人。匕亦所吕取飯。一名柶」。王註、匕之别有四、有黍稷之匕、有疏匕、有挑匕、有喪匕、三匕以棘、喪匕以桑。方言、匕、謂之匙。「頃」「卓」「卬」等字从之。礼非刀匕是供。即是

也。　古音第十六支佳部。音蚼

从　从

「相听許也，从二人」。段註，按从者今之從字，周禮司儀，客从拜辱于朝，今從行而从廢矣。　古音第九東冬部。

比　比

「密也，二人為从，反从為比」。論語，君子周而不比。从所不當从，故曰反从，故曰為比也。　古音第十五脂微部。

北　北

「菲也，從二人相背」。國語韋昭註，北者，古之背字，詩，「焉得諼草，言樹之背」，註，背者北堂也。知背與北為通字。　古音第一之咍部。

古

丘　丘

「土之高，非人所為也，从北从一，一地也」。王註，人力為之者，雖絕高，亦謂之京，不為之丘，地自然者，乃曰丘也。　古音

望
徵
聖

众

第一之咍部。

「眾立也，从三人」字典，乑音吟。周語，人三為眾。則乑又似古眾字。觀「讀若之意」，音與眾异，而義與眾同。許書，眾作[illegible]。

古音魚音切，第七侵盬部。

壬

「善也，从人士。士，事也。一曰，象物出地，挺而生也」。段註，按「象物出地」二句，純是象形。與前說異。上象挺出形，下當是土也。古土與士不甚可分如此。王註，凡从壬者，小徐作壬，从前說，大徐作壬，从後說。

古音他鼎切，第十一庚耕部。

重

「厚也，从壬，東声」。王註，壬从土，土者地也，重濁為地，厚德載物。

古音第九東冬部。

卧

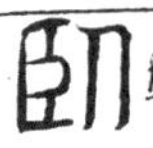 臥

「休也、从人臣、取其伏也」。臣下曰、象曲服之形。惟服故伏、所以訓卧也。「監」「臨」等字从之。

古音第十七歌戈部。

 身

「躳也、象人之身、从人、申省声」。按申即申也。白虎通曰、申者身也。

古音第十二真臻部。

 㐆

「歸也、从反身」。王註、與依同訓、則㐆即古依字也、中庸「壹戎衣」、鄭註、衣讀如殷、齊人言㐆聲如衣、于机切、音衣。

古音第十五脂微部。

 衣

「依也、上曰衣、下曰裳、象覆二人之形」。王註、人無羽毛鱗介、以衣為所依也。鐘鼎文皆作、與小篆同、小徐疑義篇作𧘇、不知何本。

古音第十五脂微部。

七月取彼狐貍
為公子裘

毛幕以蔽風雨

古 裘 裘

「皮衣也，从衣，象形」。段註，求古文裘，後加衣為裘，而求專為干請之用，亦犹加艸為蓑，而衰專為等差之用也。

古音第一之咍部。

古 老 老

「考也。七十曰老，从人毛匕，言須髮變白也」。段註，老下云，考也。考下云，老也。此為轉註字。七十曰老，乃曲礼文也。

古音第三尤幽部。詩采芑篇，老與猶醜為韵。音陋

毛 毛

眉髮之屬，及獸毛也。象形」。段註，髮者首上毛也，眉者目上毛也。

古音第二蕭宵部。

毳 毳

「獸細毛也，从三毛」。王註，天官掌皮注，毳毛，毛細縟者。字林毳，細羊毛也。

古音第十五脂微部。音粹

尸

「陳也，象臥之形」。王註，釋詁文，尸，主也，許君以陳攝之，郊特牲，尸陳也，此祭祀之主。詩祈父，有母之尸饔，此主饋也。而傳曰，尸陳也。曲礼，「在牀曰尸」，此終主也。而註曰，尸陳也，是「陳」本可該主也。

古音第十五脂微部。

尺

「十寸也，人手卻十分，動脈，為寸口，十寸為尺。尺，所以指尺規榘事也。从尸从乙，乙，所識也，周制，寸、尺、咫、尋、常、仞諸度量，皆以人之体為法」。王註，再推原於寸者，寸从又，又，手也，尺从尸，尸，人也。寸為以人之体為法之始，故重明之也。卻者前卻之卻，自擊(腕)之橫紋而卻之，適得一寸。為寸脈。自肘之曲池穴上橫紋而前之，至於擊(腕)之橫紋，適得一尺，為尺脈。

古音

第五魚屨部。

尾 尾

「微也。从倒毛在尸後」。王註、此以疊韵為訓。史記五帝本紀、偁「獸字微」、即堯典之「孳尾」。古今人表尾生高、尾生晦、顏註即微生高、微生畝。尾微通用。故以微訓尾也。

古音第十五脂微部。

履 履

「足所依也。从尸、从彳、从夊、舟象履形」。段註、最古曰屨、以後曰履、最後曰鞵、名之隨時不同者也。彳、小步也。履者所以步也。夊、象人兩脛有所躧。凡履必兩。

古音第十五脂微部

舟 舟

「船也。古者共鼓貨狄、刳木為舟、剡木為楫、以濟不通。象形」。古人言舟、漢人言船。蓋以漢名譯古也。王註、貨、世本作化。註云、二人、黃帝臣也。大荒北經曰、「番禺始為舟」、墨子曰、「巧

二

兄＝況
況指瑕瑪假

象人立形
象人行形
象人彎腰形

古

倕為舟」、呂覽曰、「虞姁作舟」、皆不同。古音第三尤幽部。

「併船也」。周南「不可方思」，邶風「方之舟之」。併船者，并兩船為一，濟南西門外，東流水上下，蓋常見之。今爾雅改方為舫，非其義矣。

古音第十陽唐部。

方

人

「古文奇字儿也，象形」。王註、凡从儿之字，皆从儿為下体。如「兄」「兒」「兌」「頭」等字，皆从之。

古音第十二真臻部。

兄

「長也，从儿从口」。王註、白虎通、兄，況也，兄況於父。小雅、「況也永歎」，釋文、況或作兄。大雅，「倉兄填兮」。毛傳皆曰，兄，茲也，茲者益也，況者益詞也。

古音第十陽唐部。虛王切

先

先 先

首笄也、从儿匸象形」。段注、古言笄、漢言先、先即古之笄也。字典云、先即古文簪字。按易豫九四、朋盍簪」、鄭云、速也、無釋為笄者。可見古雖有簪、而與今之訓為笄者、完全不同。

古音第七侵盍部。

皃 皃 貌

「頌儀也。从儿、白象面形」。段注、頁部曰、頌、皃也。此曰、皃、頌儀也。是為轉注、即古貌字。頌者今之容字。

古音第二蕭宵部。

𠑹

「廱蔽也。从儿、象左右皆蔽形、讀若瞽、王注、詩、「維塵雝兮」。雝、雝猶蔽也。又作擁。段注、此字經傳罕見、音與蠱同、亦蠱惑之意。

古音第五魚虞部。

詩、先迮、先爲

韵(爾雅)

古

先

「前進也，从儿从之」。王注，先後與前後同也。漢書百官表，太子屬官有先馬，如詩曰，「前驅也」，國語曰，「句踐親爲夫差先馬」，先或作洗也。

古音第十三諄文欣部。

音新

秃

「無髮也，从儿，象禾粟之形，王育說，蒼頡出，見禿人伏禾中，因以制字」。段注，按禾粟當作禾秀，以避光武諱，故改之。象禾秀之形者，謂禾秀時屈曲下垂。莖曲處圓轉光潤，禿者首光潤，其形似之。秀與禿古無二字，小篆始分之，如今人禿頂，亦曰秀頂是也。

古音第三尤幽部。

見

「視也，从目儿」，段謂从目儿者，用目之人也。王謂目儿，即看人也，用係動字。

古音第十四元寒部。

看 从手遮目 所以遮視也

从目从手

君子欠伸撰杖屨
则侍坐者出矣
（曲礼）

飲歙古今字

次||涎

覞

「竝視也」。从二見」。王註，蓋兼聽竝觀之意也。 古音古莧切，第十四元寒部。

欠

「張口气悟也。象气从儿上出之形」。王註、按鄭註曲相礼曰，志倦則欠，夫倦則气鬱，故張口相引而出。「欽」「歡」等字从之。 古音第八覃談部。

㱃

「歠也」、从欠酓」。王註、隷作飲，參合古篆，以成㱃字。釋名、飲奄也。以口奄而引咽之也。段註、水流入口為飲、 古音於錦切，第七侵塩部。

次

「慕欲口液也」，从欠水」。段註、有所慕欲而口生液也，故从欠水，王註、三蒼作涎、小兒嚵也。或作漾唌。見賈誼新書、及束晳餅

溢

旡 㱇。古音第十四元寒部。

「㱃食屰气，不得息，曰旡。从反欠」。王註，字通作㤅，詩桑柔篇「如彼遡風，亦孔之㤅」。傳曰，㤅，唈也。箋云，使人唈然。如鄉疾風不能息。隸作旡，居未切。古音第十五脂微部。

冷

冷 水清流貌

涼 如水之涼

冬

凋

說文部首第九篇解釋

頁  古

「頭也、从百从儿。古文䭫首如此」。王註、當云首也、𦣻下云、頁亦首也、此「乃以同字為解說之例」。頁本即首字、　古音康礼切、在第十五脂微部。

百 

「人頭也、象形」、段註、頭下曰、百也、此為轉注。自首行而百廢矣。引伸之為始也本也。　古音在第三尤幽部。

面 

「顏前也、从百、象人面形」。王註、百統全頭而言、以囗包百外、所以區別其前半以為面也。　古音在第十四元寒部。

丏 

「不見也、象壅蔽之形」。楷書作丏、彌兗切、王註、兆者、僅蔽其左右、丏則上下左右皆蔽矣。　古音在第十二真臻部。

首

「古文百也，巛象髮形」。王註，內則三月之末，擇日翦髮爲鬌，所謂胎髮也。巛之形蒙首上向，正小兒初生之形，小篆作百，人長則髮盤於項也。古音與百同。

懸

「到首也，賈侍中說，此斷首到縣県字」。謂縣首於木上竿頭，以肆其辜也。漢書曰，三族令，先黥劓，斬左右趾，県首，葅其骨，按今漢書刑法志，作梟首。梟與県義相通，故借梟以代県也。古音在第二蕭宵部。

須

「頤下毛也，从頁从彡」。段註，毛篆下云，眉髮之屬，故眉解目上毛。須解頤下毛。釋名亦曰口上曰髭，口下曰承漿，頤下曰鬚，在頰耳旁曰髯，與許說合。古音在第四侯部。讀若秀。

彡　彡

「毛飾畫文也、象形」。王注、文當作彣、毛飾者、須彡音標是也。畫彣者、形聿是也。「形」「㐱」「修」等字从之。古音所銜切在第七侵盐部。音山

彣　彣

「𢒒也、从彡文」。假註、有部曰、𢒒、有彣彰也。凡言文章、皆當作彣彰、作文章者省也。「彥」字从之。古音第十三諄文欣部。

文　文

「錯畫也。象交文」。易繫辭、物相雜曰文、錯斯雜矣。史記越世家、翦髮文身、錯臂左衽。註云、錯臂亦文身、以丹青錯畫其臂。古音同彣。

髟　髟

「長髮猋猋也、从長从彡、一曰黑白髮襍而髟」。馬融長笛賦、「特麐昏髟」。注、髟、長髦也。則不特人髮稱髟也。古音必由反。

前後り毎后

卮酒盃

后 后

在第三尤幽部。

「繼体君也。从口，易曰，后以施令告四方」。許言繼体之君者，后之言後也。開刱之君在先，繼体之君在后也。孟易經傳，多叚后為後，此謂后，即後之叚借。

古音第四侯部。

司 司

「臣司事於外者也，从反后」段注，外對君而言，君在内也。王注，后右嚮，司左嚮，因以為内外之分也。鄭風「邦之司直」。傳曰，司主也。司之引伸，為俗伺字。

古音在第一之咍部。

卮 卮

「圜器也，所以節飲食，象人，卪在其下也」。卮从反人，卪與卮略似，故曰象人，卪在人下，言人飲酒當有節也。

古音章移切

在第十六支佳部。

卪，卩古今字

卩

瑞，信也。守國者用玉卩，守都鄙者用角節，使山邦者用虎卩，士邦者用人卩，澤邦者用龍角，門關者用符卩，貨賄用璽卩，道路用旌卩，象相合之形。卩即節之古字，繫傳曰，象半分之形，守國者，其節半在內，半在外。　古音在第十二真臻部。子結切。　古音卽

印

執政所持信也，从爪从卩。段註：凡有官守者，其所持卩信曰印。王註，案印始于秦，周禮有璽節，為印之兆端，而不名曰印，執政所持者，執是政則持是印，故从爪。　古音第十三諄文欣部。

說文部首

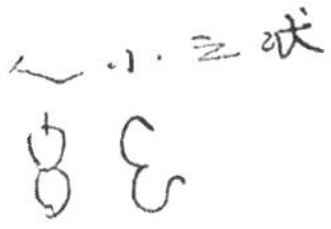

色

「顏气也，从人卪。」王註，「論語「正顏色」。是气之發於顏者曰色也。引伸之為凡有形可見之稱。 古音在第一之咍部。

卯

「事之制也，從卪𠂎。凡卯之屬皆從卯。闕」音。王註，謂與寅卯之卯同，或謂音卿，因卿字兩傍從之也。

辟

「法也，從卪從辛，節制其辠也。從口，用法者也」段註，小雅「辟言不信」。大雅「無自立辟」。傳皆曰，辟法也。王註，引釋詁，辟君也，君制法者也。 古音在第十六支佳部。

勹

「裹也，象人曲形，有所包裹。」今人借包為勹，包行而勹廢矣。王註，象人曲形，謂𠃌字曲而成勹也。「匍」「匐」等字从之。 古音第三尤幽部。

裹、懷

茍、亟

古

包 妊也。象人裹妊，巳在中，象子未成形也」。據玉篇，知包為古胞字。又引衆經音義，一曰兒生衣也，一曰兒生裹衣者，曰胞也。廣雅曰，四月而胞，七月而成。古音在第三尤幽部。音剖

茍 「自急敕也，從羊省，從勹口」。釋文云，亟字又作茍，同居力反。則此字當讀為亟，不可讀為從艸之苟矣。桂氏亦云茍亟声相近，廣雅，亟，敬也。方言，自關而西，秦晉之間，凡相敬愛謂之亟。古音第一之咍部。

鬼 「人所歸為鬼，从人，甶象鬼頭，从厶，鬼陰气賊害，故从厶」。釋言曰，鬼之為言歸也，尸子，古者死人為歸人。礼運曰，魂氣歸於天，形魄歸於地。厶即私之古字。古音第十五脂微部。

甶

「鬼頭也」、象形」「畏字禺字皆从之、勿認作田。 古音敷勿切。在第十五脂微部。

厶

「姦衺也」、韓非曰(五蠹篇)、蒼頡作字、自營為厶」段註、今字私行而厶廢、私者禾名也。王註、五蠹篇曰、自環者謂之私、背私者謂之公。案環營一義、皆繞帀之謂、私則傳寫之誤。無論自營自環、祇能為厶、不能為私也。「篡字從之、而例太少。 古音第十五脂微部。

嵬

「高而不平也」。从山、鬼声」此篆可入山部、而必立為部首者、巍從此也。 古音第十五脂微部。

臆刂肌」

山 山

「山」宣也，謂能宣散气，生萬物也。有石而高，象形」。無石曰丘，有石曰山，高則同也。

古音第十四元寒部。

屾 山山

「二山也，闕」。段注，此闕，謂闕其讀若也。今音所臻切，恐是肌說。

屵 屵

「岸高也。从山厂」。「岸字」「崖字」从之。

古音五葛切。在第十四十五部。音蘖

广 广

「因广為屋也，从广」。桂氏曰：广即庵字，隸嫌其空，故加奄。「庳」「庭」「府」等字從之。

古音儼，在第八覃談部。

厂 厂

「山石之厓巖，人可居，象形」。王注，左之陡絕者山也，上之横覆者厓也。土山不能横出，故曰山石之厓巖。「厓字」「厲字」等從之。

說文部首 二

丸　丸

古音呼旱切。第十四元寒部。

圜也、傾側而轉者、從反仄」王註、王叔和脉經中丸字、宋本多作圜。段註、商頌松柏丸丸。毛傳曰、丸丸易直也。大雅松柏斯兌、傳亦云易直也。兌與丸、古時相通。

古音第十四元寒部。

危　危

在高而懼也。從厃、人在厓上、自卪止之」王註、厃危蓋一字、分動靜耳。厃靜字、危動字。蓋自知人在厂上、定為可懼、故自卪之。是以經典中多用危字。

古音第十六支佳部。

石　石

山石也、在厂之下、口象形」段註、或借為碩大之碩字。或借為量數之石字、月令鈞衡石是也。

古音第五魚虞部。

長

「久遠也，從兀從匕，亾声，𠔿者倒亡也」王註、尚書咸建五長，周礼建其長，此借為官長也。書立敬惟長，此借為長幼也。今湘人讀長短之長為掌，知二字無大分別。

古音第十陽唐部。

物（勿）

「州里所建之旂也。象其柄及三游之形，所以趣民事，故悤遽者稱為勿勿」。段註、周礼司常大夫士建物，物即勿，故云九旂之一也。柄者，謂右筆也。三游謂彡也。王註、礼記祭儀，勿勿乎其欲其饗之也。勿勿猶勉勉也。

古音第十五脂微部。

髯（冄）

「毛冄冄也，象形」。王註、釋名在頰耳旁曰髯。隨口動搖，冄冄然也。知冄與髯通。段註，冄冄者柔弱下垂之皃（兒）。離騷老冄冄其將至，此借冄冄為冗冗。

古音第七侵盐部。

而 而

頰毛也，象毛之形。周礼曰，作其鱗之而。戴東原曰：鱗屬頰側

上出者曰之，下垂者曰而。此以人体之称施於物也。 古音第

一之咍部。

豕 豕

彘也。竭其尾，故謂之豕。象毛足而後有尾。段注，彑部，彘豕

也，是二篆為轉注。立部曰，竭者負舉也。豕怒而豎其尾，則謂

之豕。 古音第十五脂微部。

㣇 㣇

脩豪獸。一曰河内名豕也。從彑，下象毛足。讀若弟。釋獸，貄

脩毫，郭注，毫毛長。河内名豕者，謂河内呼豕曰為希也。河内，

漢郡名。 古音第十五脂微部。

庶有豸手 二 止

豸假借字原為

廌字解也

彑 夂

「彖之頭，象其銳而上見也。讀若罽。」王註、罽從𠕁、𠕁籀文銳也。銳

古音居例切，第十五脂微部。

「彘」字「彖」字從之。

豚

「小豕也，從彖省，象形。從又持肉，以給祠祀也。」王註，方言，豬，其子或謂之豚。汪本作從彖省、段云、𧰼為古文、豚為小篆。

古音第十三諄文欣部。

豸

「獸長脊，行豸豸然，欲有所司殺形。」段註、司，今之伺字，許書無伺，王註，貍之將攫也，必伏。既伏則脊加長，不敢疾行，故曰豸豸然也。

古音池尔切。第十六支佳部。

兕

「如野牛而青色，其皮堅厚，可以為鎧，象形。與禽离頭同。」段註、釋獸兕似牛，許云如野牛，野牛即今水牛。王註，吾謂𤉡當作

說文部首 二

五十六

彖、為與禽离頭同之故。 古音第十五脂微部。

易 易

「蜥易、蝘蜓、守宮也。象形」。段註、虫部蝘下曰、在壁曰蝘蜓、在艸曰蜥易。釋魚曰、蠑螈、蜥蜴。蜥蜴、蝘蜓。蝘蜓、守宮也。蓋一物而多名也。 古音第十六支佳部。

象 象

「南越大獸、長鼻牙、三年一乳。象耳牙四足之形」。王註、太康地記、秦滅六國、南開百越、置象郡。太平廣記引古訓云、象孕五歲始產。與此稍別。段註、古書多假象為像、許書曰、一曰指事、二曰象形、當作像形。 古音第十陽唐部。

宋華弱與樂轡少相狎長相優又相謗也子蕩怒以弓梏華弱于朝平公見之曰司武而梏于朝難以勝矣注司武司馬也

說文部首第十篇解釋

馬

「怒也、武也」、象馬頭髦尾四足之形。段注、以疊韵為訓。亦「門、聞也」「戶、護也」之例。左襄卅六年傳、宋呼司馬為司武。

古音第五魚虞部。

廌

「解廌、獸也、似牛一角、古者決訟、令觸不直者」、象形。段注、廌與豸同音、通用廌。能止不直、故古訓為解。左宣十七年傳、庶有廌乎。杜注、廌、解也。

古音第十六支佳部。

鹿

「鹿、獸也、象頭角四足之形。鳥鹿足相比、从比」。段注、鳥从比、比密也。古匕與比通用、故概之曰从比。王注、石鼓文鹿上象兩角兩耳、是也。今本蓋以隸書改之。

古音第三尤幽部。

釋文論語音義 莞爾而笑作萈爾

麤 行超遠也，從三鹿。段注，鹿善驚躍，故从三鹿。引伸之為鹵莽之稱。篇韵云，不精也。今人皆用粗，粗行而麤廢矣。 古音

㲋 第五魚虞部。

㲋 獸也，似兔，青色而大，象形，頭與兔同，足與鹿同。王注，㲋 篇犬部，㲋云，犬似兔，亦作㲋。 古音湯故切（丑略），在第五魚虞部。 音超

兔 兔 獸名，象踞後其尾形。兔頭與㲋頭同。王注，兔好蹲踞，與犬性同。兔尾短，故曰踞後其尾。 古音第五魚虞部。

萈 萈 山羊細角者，從兔足，寬字从此。論語夫子莞爾而笑，釋文莞作萈。易萈陸夬夬。虞翻曰，萈如夫子莞爾而笑之莞。 古音第十

狺‖犾‖[犭斤]

犬

四元寒部。

狗之有縣蹏者也，象形，孔子曰，視犬之字，如畫狗也。假藉，有懸蹏謂之犬，叩氣吠謂之狗。王註，宗周鐘，獻字所從之犬亦象形。　古音第十四元寒部。

犾

兩犬相齧也，從二犬。語斤切。字典犬部狺下，語斤切，犬爭也。楚詞九辯，猛犬狺狺以迎吠。狺與犾音義皆同。許書犬部[犭斤]下，王註，[犭斤]與狺同。知狺[犭斤]犾為通字。不過有早晚之分耳。　古音第十三諄文欣部。

鼠

穴虫之総名也，象形。王註，此言凡穴居者，皆通名鼠。貓今俗言貂鼠獾鼠也。上象齒，下象腹爪尾。鼠好齧物，故象齒，但字

禮記禮運，以耐

古代能字　古

耐以天下為一家

注耐能也

胡貊之人性能寒

楊粵之人性能暑

宜横看，始可象形，如𤆍字之宜横看然。

古音第五魚虞部。

能

熊屬，足似鹿，从肉，能獸堅中，故稱賢能，而強壯稱能傑也。「段註」：左傳國語，皆云晉侯夢黃能入于寢門，韋註曰：能似熊。

古音第一之咍部。奴宜切　泥

古　熊

獸，似豕，山居，冬蟄，从能，炎省声。「段註」：按炎省声，則當作古音。雒誥火始燄燄，漢書作庸庸。淮南書，東北曰炎風，一作融風，皆古音之証。

古音第八覃談部。炎

古　火

燬也。南方之行，炎而上，象形。「王註」：周南釋文曰：齊人謂火曰燬，字書作㷄，觀此則燬㷄非兩字矣。引周南汝墳曰：王室如㷄，而毛詩作燬者，此音以後改也。

古音第十五脂微部。

古

炎 炎

「火光上也」，從重火也。└段註，洪範曰，火曰炎上，本義也。王肅云，火之性，炎盛而升上，是也。

古音第八覃談部。

𪐗 黑

「火所熏之色也」，從炎上出囧。└囧古窗字。小篆窗作囱，見下文。

古音第一之咍部。

囱 囱

「在牆曰牖，在屋為囱」，象形。└段註，屋在上者也。王註，引三蒼曰，窗正牖也，牖旁窗也。

古音楚江切，在第九東冬部，宏

焱 焱

「火華也」，從三火。└王註，字林火光也，則與炎同意。文選七啟，風厲焱舉。楚詞九章，陽焱〻而復顧。以冉切。

古音第八覃談部。

（親炙）謂親自受業也

楷書赤字之上為土，在小篆則大也，與他字形同

大 籀文

大 甲文

太 王（大人也）

古

炙 炙

「炮肉也。從肉在火上。」王注、詩瓠葉三章、燔之炙之。傳曰、毛曰炮、加火曰燔、抗火曰炙。正義曰、炮是合毛而炮之。炮與炙則同也。 古音第五魚虞部。

赤 赤

「南方色也。從大火。」按火愈大、色愈赤。段注、謂赤色至明、引申之、凡洞然昭著皆曰赤。如赤體謂不衣、赤地謂不毛也。

古音第五魚虞部。

大 大

「天大地大人亦大、故大象人形。」段注、徒蓋切。 古音第十五脂微部 又曰 替

亦 亦

「人之臂亦也。從大、象兩亦之形。」王注、手部腋字、臂下也。即亦之孳育字。按說文、人之臂、亦也。即掖門也。蓋以八記兩臂

吳

夭　王

王（夭人次夭　迎

王（一）景王為　己

之下，謂亦任是耳。　古音第五魚虞部。

夨

「傾頭也，從大，象形」。王注玉篇，夨今或作側。蓋頭不正為側，非謂頭歆于左，頭歆於右也。故夨與夭，雖皆從大字而小變，而一側一歆，固有不同者。　阻力切。第十一庚耕部。

夭

「屈也，從大，象形」。論語子之燕居，申申夭夭，上句謂其申，申即伸長也。下句謂其屈，即頭向右歪也。人不見客時，往往以右手支頤，頭向右歪。子之燕居，其容貌舒緩如此。　第二宵蕭部。

交

「交脛也，從大，象交形」。段注，交脛謂之交，引伸之，凡交友亦謂之交。交者兩物相互之称，人間坐時，往往以左腿壓右腿，藉

大

跂尢古今字

以休息、謂之交脛。如以右手與左手相互、謂之叉手也。第二宵蕭部。

尢

「尳也、曲脛人也、從大、象偏曲之形。」段本作尣、王本作尳。與跛通。王注、「尣」「天」變大字之首、「交」「尢」變大字之尾、是也。烏光切、第十陽唐部。音亡

壺

「昆吾圜器也、象形、從大、象其蓋也。」王注、昆吾蓋壺之別名也。段注、缶部曰、古者昆吾作匋、壺者、昆吾始為之。以昆吾為作壺之人。較以昆吾為壺名者為可靠、例太少。古音第五魚虞部。

幸 王氏
卒 段氏

古

壹 壹

「嫥壹也，从壺，吉聲」。例大少。俗作壹。

第十二真臻部。

壹

㚔 㚔

「所以驚人也。从大从羊。凡㚔之屬皆从㚔。一曰俗語以盜不止為㚔。讀若籋」。「睪」字「報」字「圉」字从之。

第七侵盐部。尼輒切

奢 奢

「張也。从大，者聲」。王氏加反儉曰奢四字。籀文奢作奓。

古

音第五魚虞部。音潙

亢 亢

「人頸也。从大省，象頸脈形」。段注、漢書張耳列傳，乃仰絕亢而死。韋昭曰：亢，咽也。俗作肮或作吭。

（粟）

第十陽唐部。

夲 夲

「進趣也，从大十。大十者，猶兼十人也。讀若滔」。王注，柳宗元陸文通墓表，後之學者，窮老盡氣，左視右顧，莫得而夲人或讀為

說文部首 二

古

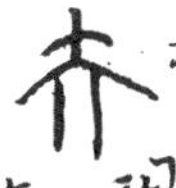 夰

本末之本，誤矣。「奔」字「奡」字從之　第二宵蕭部。

「放也，從大而八分也。凡夰之屬從夰。」王註，「玉篇」，放散也，案

夰與夲義近，故相聯。特夲者直言之，夰者橫言之，「奡盪舟」之奡

從之。　古老切　第二宵蕭部。

 大

籀文大，改古文，亦象人形。」王註，古文作大，籀文改為亣。段

註，大亣本是一字，許為字書，乃不得不析為二，猶人儿本一字，

必析為二部也。　與大同部。音替

 夫

「丈夫也。從大一。一以象簪也。周制以八寸為尺，十尺為丈，人長

八尺，故曰丈夫。」段註，從一大為天，從大一為夫，於此見人與

天同也。大戴禮本命篇，丈者長也，夫者扶也，言長扶萬物也，

併竝　太大　皆同

立

籒，段本作兊，　第五魚虞部。

立 「住也，從大在一之上。」段注：大，人也；一，地也。言人立於地上也。　第七侵覃部。

竝 竝 「併也，從二立。」段注：人部併下曰：竝也。二篆為轉注。鄭注古文竝，今文多作併，是二字音義皆同也。　第十一庚耕部。

囟 腦 「頭會腦蓋也，象形。」段注：內則正義引此云：囟字象小兒腦不合也。按人部兒下，亦云從儿，上象小兒頭腦未合也。而王本作囟，所謂象小兒腦不合者，不可見矣。　第十二真臻部。息進切

恖 思 「容也，從心，從囟。」王注引桂氏曰：春秋繁露：王者貌曰恭，言曰從，視曰明，聽曰聰，思曰容。容者，言無不容也。段本作「思」。

容也」桂氏以為㝐本作容、故曰寬大，曰包容，後人因尚書作㝐，疑容字誤，故作㝐，幸容字之形、未盡沒也。尚書大傳五事曰：心維思，思之不容、是謂不聖。鄭註云：容當為㝐。㝐，通也。

第一之咍部。

心 

人心，土藏。（藏即臟）在身之中、象形」王註、心在中央、為諸藏之主。故其形正，字亦象其正也。夏小正傳曰，大火者，心也，故以為不屬土而屬火。

第七侵盍部。

惢 

心疑也、从三心，讀若易」今人謂疑為多心，即此字也，按花蕊之惢，當作惢」

古音第十六支佳部。

說文部首第十一篇解釋

 水

「準也。象衆水並流、中有微陽之氣也」王注、白虎通云、水為言準也。尚書大傳、非水無以準萬里之平。準、古音追、故云水準疊韻。此字宜橫看、如益字之頭、象水流之貌。第十五脂微部。

 沝

「二水也」闕」段注、謂缺其声也、其讀若不傳、王注引集韻曰、閩人謂水曰沝、則水沝似為兩字。按鄭氏易、坎為水、水作沝。音義一而体別、則水沝又成一字、今之壘切。

 瀕

「水厓也、人所賓附、顰蹙不前而止也。從頁、從涉」大雅「池之竭矣。不云自頻」箋云、頻當作濱。釋文云、張揖字詁云、瀕、今

（釋文）存漢魏叢校

濵。則瀕是古濵字。禹貢海濵廣斥，泗濵浮磬。漢志作瀕。

第十二真臻部。

く 畎

水小流也。周礼，匠人為溝洫，耜廣五寸，二耜為耦，一耦之伐。廣尺深尺，謂之く。倍く曰遂，倍遂曰溝，倍溝曰洫，倍洫曰巜。王註，水小不能自通，濵人甽引之。則甽是壟中小水之名。篆接く字。省巛之外四筆，獨存中一筆。故云水小流。く即甽，甽即畎。甽畎古今字。

第十四元寒部。

巜 澮

水流澮澮也。方百里為巜，廣二尋，深二仞。讀若儈。王註，巜猶言く也，為流衍也。又曰，儈當作澮。猶恐人不知巜澮之為一字也。故指定之。古外切

第十五脂微部。

說文部首

古 川

貫穿通流水也。虞書曰：濬〈巜距巛，言深濬〈巜之水，會為巛也。今尚書作畎澮距川者，後人所改也。讀若舂。第十三諄文欣部。

泉

水原也。象水流出成川形也。段註，上半象泉，下半似川字。段註，同出而三岐路，似巛形也。第十四元寒部。

泉泉泉

三泉也。闕。段註，謂讀若未詳，闕其音也。今音詳遵切。例甚少。

古 永

水長也。象水巠理之長永也。詩曰：江之永矣。段註，巠者水脈，理者水文。羕字從之，漾同羕，皆訓為長。第十陽唐部。

文曰漾

𠂢〃衺

谷

冬

涼涼

清

𠂢（𠂢）

水之衺流、別也。從反永。段注：流別則其勢必衺行、故曰衺流。

𠂢字與水部派音義皆同。派蓋後出字耳。音疲。（第十六支）

谷（谷）

泉出通川為谷。從水半見出於口。王注：案當揔谷、半見者、謂仌也、仌者、𡿨省𡿨也、何為半見其水、因谷藏山中、為山所蔽也。（佳部。）（第三尤幽部。）

仌（冫）

凍也、象水凝之形。按仌即冫字、即古冰字、王注：冫屬水、凍屬地、初結之時、冫先而凍後。消釋之時、凍先而冫後。冬溫夏清、松柏後凋。春秋冬夏等從之。涼字從冫不從二、因涼不至于冫也。（第六蒸登部。）

雨

「水從雲下也、一象天、冂象雲、水霝其間也」。王註引桂氏曰：「米、水也」、石鼓文作雨。丨不出冂。霝即零、詩衛風「靈雨既零」是也。

第五魚虞部。

雲

「山川气也、從雨、云象雲回轉形也」。段註：古文止作云、小篆加雨于上、遂爲半會意半象形之字矣。云是古文雲字、所謂回轉者、蓋指此而言也。

第十三諄文欣部。

魚

「水虫也、象形、魚尾與燕尾相佀」。王註、恐人疑爲從犬也。角下云、角與刀魚相佀、則恐人疑爲從刀也。

古音在第五魚虞部。

爾，寬也

𩺰 二魚也。闕。或曰語居切，謂魚行必相隨之意

燕 元鳥也。籋口，布翄，枝尾。象形。按籋音攝，翄音翅。翼也。枝尾或枝尾。即岐尾也。言尾有兩叉也。與燕尾同。第十四元寒部。

龍 鱗虫之長。能幽能明，能細能巨，能短能長，春分而登天，秋分而潛淵。童省声。按今日博物書，無龍可考。許書所言，殆以龍為神矣。後世迷信神龍者，殆本乎此。第九東冬部。

飛 鳥翥也。象形。段注：古或借蜚為飛。段注引徐鍇曰：上旁飞者，象鳥頭頸長毛。飛部云：從飛而羽不見。則飛者，羽字兩向書

非 𦥔

之也。字象直刺上飛之形。 第十五脂微部。

「違也、從飛下兩翄，取其相背也。」王註、「非相違也。」而相從也、與此違字同意。又云、飛象之形。羽皆向上，非字則上二筆向上、下二筆向下，故曰下兩翄。 第十五脂微部。

卂 𠃑

「疾飛也，從飛而羽不見也。」段註、飛而羽不見者，疾之甚也。字與辵部迅下，息追切，疾也，可見卂與迅音訓皆同。 第十二真臻部。

古

說文部首解字第十二解釋

乙 乙

「燕、元鳥。」（許書前後謂燕為乙取其名自呼）字典音軋、陸机文賦、思乙乙其若抽、一本作軋軋。字彙、燕乙之乙、與甲乙之乙、字異音異、隸書既通作乙、而燕鳦又與甲乙同音、故兩字有時可通用。第十五脂微部。

不 不

「鳥飛上翔、不下來也。從一、一猶天也、象形」象形者、謂不也、象鳥飛去而見其翄尾形。古音第一之咍部。府宜切。非

至 至

「鳥飛從高、下至地也。從一、一猶地也。象形。不、上去、至、下來也」本註、「不」「至」二字之義、許氏時就字形說之、於經典無徵、故復合二字說之、言不至二字、正相顛倒、不字之形、向上而去、至字之形、向下而來。第十二真臻部。

西施公司

先施公司

西＝栖＝棲

洗馬＝先馬

古

㓁 西

鳥在巢上也、象形。日在西方而鳥㓁、故因㠯為東㓁之㓁。王註、弓象鳥形、囗象巢形、㓁即棲之正字也、本部棲下、俗㓁從木妻、鳥棲必待日西之時、故東西之西、亦借用之。然而非本義也。古音讀如仙、第十三部。諄文欣部

卤

西方鹹地也、從卤省、卤籀文西字、囗象鹹形。東方謂之㡿、西方謂之卤。禹貢青州、海濱廣斥。斥即㡿也、故以東方名之、第五魚虞部。

鹽

鹹也、從鹵監声。古者宿沙初作煮海為鹽。王引宋忠註、以為齊靈公臣、說苑、夙沙之民、自攻其主而歸神農。則知宿沙是國名究竟是人是地、未得碓據。

第八覃談部。

戶 戶

「護也、半門曰戶、象形。」按半門者、即今所謂單扇也、門者、即今所謂雙扇也。今人不論雙單扇、概呼為門、不呼為戶。稱謂之間、古今異矣。

第五魚虞部。

門 門

「聞也、從二戶、象形。」段注、戶與門均以疊韻為訓、所謂聞者、謂外可聞于內、內可聞于外也、按鐘鼎文戶字、作㫐、又不似戶、則以二戶訓門、又須費解矣。

第十三諄文欣部。

耳 耳

「主聽者也、象形。」段注、凡語云而已者、急言之曰耳、論語前言「戲之耳」之耳、訓作而已、其餘少見。

第一之咍部。

𦣝 頤

「顄也、象形。」段注、口下為車、口上為輔、合口車輔三者為頤。

第一之咍部。

序卦傳曰、頤者養也、𦣝即頤之古字也。

第一之咍部。

一手交叉 一跪形 女字

將仲子兮 毋踰我牆 毋折我樹桑

毋字象形

男曰鞠躬 女曰斂衽

手 乖 女 毋

「拳也。象形。」段注：今人舒之為手，卷之為拳，其實一也，故以手與拳二字互訓。愚以為拳可謂之手，手不宜謂之拳，蓋手與拳之名詞，有寬狹之分耳。

在第三尤幽部。

「背呂也。象脅肋形也。讀若乖。」段注：呂下曰，脊骨也，脊兼骨肉言之，呂則其骨析言之。段王皆曰𠦬俗作乖。

「婦人也。象形。王育說。」王註：大戴礼本命篇，女者如也，言如男子之教而長其義理者也。」段註：不知其居六書何等，而惟王育說，是象形也。蓋象其揜斂自守之狀也。

第五魚虞部。

「止之詞也。从女一，女有奸之者，一禁止之，令勿姦也。」段註：古通用無。古无無，今之毋也。論語「無友不如己者」是也。至漢始

民|萌|氓|甿

氓之蚩蚩 抱布貿絲

民

民

多周禮字。第五真臻部。

衆萌也。从古文之象。段注、萌方本皆不譌、毛本作氓、非古、謂民曰萌、漢人所用、不可枚數。淺人或改為氓、或改氓為甿、皆非矣。

第十二真臻部。

丿

右戾也。象左引之形。段注、右戾者、自右而曲于左也。匹蔑切

字典引集韻、匹蔑切。音瞥。

第十五脂微部。

厂

抴也。象抴引之形。王注、厂蓋抴之古文、故以抴説之。余制切

。字典、抴下、余制切、音裔、又曰引也。

第十六支佳部。

乀

流也、從反厂、讀若移。段注、乀與厂古音同。王注、通作移。

第十六支佳部。

阺｜坻｜氏
秦謂陵阪為阺，阺與氏音義相同，姓氏之氏即假借字。
山岸之自以地載之極堅固也
氐 从橫山从乀

說文部首 二十九

氏 氏
巴蜀名山岸脅之堆，旁箸欲落墮者，曰氏，氏崩，声聞數百里，象形。段注：謂氏象傍于山脅也。氏之附於姓者類此。王注：楊雄解嘲：響若阺隤。應劭曰：天水有大阪，名曰隴坻，其山堆旁箸，崩落作声，聞數百里，故曰阺隤。則阺與氏通也。第十六支佳部。

氐 氐
本也，至也，從氏下箸一，一，地也。釋訓：柢，本也。釋天：天根，氐也。詩節南山：維周之氐。可見氐與柢同。第十五脂微部。

戈 戈
平頭戟也，从弋一橫之，象形也。王注：鐘鼎文有作木者，其本形也。第十七歌戈部。

宮商角徵羽為五弦之音

二弦曰少宮少商

我

施身自謂也。從戈從𢦏。𢦏古文垂字，一曰古文殺字」王註、一曰下當有我字，非謂𢦏是古殺字。秦誓「我從用張」，孟子引作殺，

第十七歌戈部。

亅

鉤逆者謂之亅。象形，讀若橜」段註，司馬相如列傳「猶時有銜橜之變」。集解引徐廣云：鉤逆者謂之橜。則橜是為亅之段借字，

第十五脂微部。

珡（琴）

禁也，神農所作。洞越，練朱五弦，周時加二弦，象形」段註：白虎通曰：琴，禁也，以禁止淫邪正人之心也。廣雅則曰：神農氏琴，長三尺六寸六分，上有五弦，至文王武王，各加一弦。

第七侵鹽部。

乚隱古今字

亾亡

乚 隱 「匿也」，象迟曲隱蔽形，讀若隱。「王註」，乚隱為古今字也。「直」字「亡」字從之。

第十三諄文欣部。

亾 亾 「逃也」，從入乚。「段註」，亡之本義為逃，今人謂亡為死，非也。引申之謂失為亡，孝子不忍死其親，但疑親之出亡耳，故「喪」篆，從哭亡。

第十陽唐部。

匸 匸 「衺徯有所夾藏也」，從乚，上有一覆之，讀若徯。「王註」，乚者隱蔽之所也，再以一覆之，則藏矣。「區」「匿」等字從之。胡礼切。

第十六支佳部。

匚 匚 「受物之器」，象形。讀若方。「王註」，「廣韻」受一斗曰匚。「聘礼」，夫人使下大夫勞，以二竹簋方。「註云」，竹簋方者，器名也。以竹為之

郊劳篇

曲

第十陽唐部。

象器曲受物之形也。段注、匚、象方器受物之形、側視之。𠙹、象圜其中受物之形、正視之、引伸之凡不直曰曲。𠙹古文曲字。

甾

第三尤幽部。

東楚名缶曰甾、象形。王本甾作𠙹、側詞切。音緇。例亦少。

瓦

第一之咍部。

土器、已燒之總名。象形。段注、土部坏下曰、一曰瓦未燒、瓦謂已燒者也。古史攷曰、夏時昆吾氏作瓦、或曰神農作瓦器。

第十七歌戈部。

月令坏垣墉補城郭

孫卿即荀卿，因漢朝有皇帝名句、因被諱，故改荀卿之荀為孫。

繫系‖系

象絲垂下之形

弓 弓

「窮也，㠯近窮遠者，象形。古者揮作弓。」段註：以疊韻為訓。王註：唐書宰相世系表，少昊第五子揮，始制弓矢，賜姓張氏。宋衷以揮為黃帝臣。孫卿子云，倕作弓。墨子云，羿作弓。說各不同。 第六蒸登部。

弜 弜

「彊也，从二弓。」王註：謂弜彊一字也。弓本彊有力，二弓則尤彊矣。㢸从之。 音閧。 弜‖彊

弦 弦

「弓弦也，从弓，象絲軫之形。」段註：弓弦以絲為之，張于弓，因之張于琴瑟者亦曰弦，俗別作絃，非也。 第十二真臻部。

系 系

「繫也，从糸，丿聲。」王註：謂繫可借為系也，釋名，系，繫也，相連繫也。 第十六支佳部。

篆字既成，隸字因
秦時公文繁多，徒
隸寫出非常困難，
將篆字改爲隸字，
以便徒隸書寫也。

詩
鴛鴦于飛，畢之
羅之。

𢆶

說文部首

說文部首第十三解釋

糸 糸「細絲也、象束絲之形」段註：細絲曰糸。二糸爲絲。按所謂象束絲者，謂古文也。𢆶古文糸。 第十六支佳部。 音覓

素 素「白緻繒也，從糸𠂹，取其澤也」王註：光澤者必細致，細致者必柔弱，柔弱則下垂也。段註：素生帛也。本作𦃃，隸省作素。

絲 絲「蠶所吐也，從二糸」王註：蠶所作。一糸讀若覓，二糸讀若絲， 第五魚虞部。 是糸與絲有粗細之分。 第一之咍部。

率 率「捕鳥畢也、象絲罔，上下其竿柄也」王註：畢，田罔也，其小而健可捕鳥者謂之率，上其竿之露者，下其柄也。所律切。 第

䖵‖昆

十五脂微部。

虫 一名蝮，博三寸，首大如擘指。象其卧形。段注：虫篆象卧而曲尾形。許偉切。 第十五脂微部。

䖵 蟲之總名也。從二虫。讀若昆。段注：廣雅釋天曰，四月䖵蟲不育。夏小正：昆小蟲。傳曰：昆者衆也。經典言昆蟲，即䖵虫也。段注：二虫為䖵，三虫為蟲。古魂切。 第十三諄文欣部。

蟲 有足謂之蟲，無足謂之豸。從三虫。段注：人三為衆，虫三為蟲，蟲猶衆也。按蟲為本字，有時虫亦可代表蟲字，猶之屮亦可代艸字也。 第九東冬部。

大雅龜、能、時、茲為古韻

先鄭即鄭衆 多做司農之友

風 古 風

八風也、風動蟲生、故蟲八日而化、從虫、凡声。段註：凡古音扶音切、風古音孚音切。第七侵盬部。

它 古 它

虫也、從虫而長、象冤曲垂尾形、上古艸凥患它、故相問無它乎。王註：吳語、韋註、虺小蛇大也。按虺即虫、蛇即它也。第十七歌戈部。

龜 古 龜

舊也、外骨內肉者也、從它。龜頭與它頭同。象足甲尾之形。段註：龜古音姬、由、古音忌、亦叠訓為訓之例。第一之咍部。

黽 黽

黽黽也、從它、象形、黽頭與蛇頭同。秋官蟈氏、掌去鼃黽、先鄭曰、鼃黽蝦蟇屬。古音第十陽唐部。音芒。

鼃 音王 蛙也

卵　卵

「凡物無乳者卵生。象形」。王註：「呂覽本味篇、流沙之西、丹山之南、有鳳之丸、註、丸、古卵字也。謂二處有鳳皇之卵、今奐卵有象之者」。　第十四元寒部。

二　二

「地之數也、從偶」。王註：「天數五、一三五七九也、地數五、二四六八十也。許以地數專偶之二者。四六八十、皆由二積之。古文二作弍」。　第十五脂微部。

土　土

「地之吐生物者也、二象地之下、地之中、丨物出形也」。段註：「土二橫當齊長。士則上十下一、上橫直之長相等、而下橫可隨意。俗以下長為土字、下短為士字、絕無理」。　第五魚虞部。

陳成子弒其君
孔子請討之此又
見何書
田常弒其君田
即陳常即恒因
二字彼時通用也
一齊大夫名恒。

說文部首

垚 堯

「土高也，從三土」。王註：土垚積累而上，象高形。與堯音義皆同。不過垚凡常訓高，堯合為一，則弥高矣。

第二宵韵部。

堇 堇

「黏土也，從土，從黃省」。段註：内則塗之以謹塗。鄭曰，謹當為墐，墐塗，塗有穰草也。按鄭註墐當為堇，轉寫者誤加土耳。

第十三諄文欣部。

里 里

「凥也，从田从土」。凥古居字，鄭風，無踰我里。傳曰，里居也，从田土者，有田有土，則可居也。野字从之。

第一之咍部。

田 田

「敶也，樹穀曰田，象形，从口从十，阡陌之制也」。段註：田與敶古皆音陳，故以疊韵訓。陳敬仲之後為田氏，田即陳字，叚田為陳也。種菜曰圃，樹果為園，樹谷曰田。

第十二真臻部。

畕||疆

炗||光

畕 比田也，从二田，闕（王注：疑畕是古文，畺疆皆其絫增字，顔注急就篇，疆，比田之界也）。居良切。則與疆同音矣。

黃 地之色也，从田，炗声，炗古文光（王注：易文言，天玄而地黃，禹貢雍州，厥土惟黃壤）。故爲田之上上。

第十陽唐部。

男 丈夫也，从田力，言男子力於田也（段注：周制八寸爲尺，十尺爲丈，人長一丈，故曰丈夫。又白虎通曰，男，任也，任功業也）。農力於田，自王公以下，無非力於田者。

第七侵鹽部。

力 筋也，象人筋之形，治功曰力，能禦大災（段注：筋下曰，肉之力也）。二篆爲轉注。

第一之咍部。

ㄌㄧˋ

同力也、從三力。音戾，與協不同音。

第十五脂微部。

尻＝居

說文部首第十四解釋

金 金 五色金也、黃為之長。左右注、謂两八也。（从土今声）（不短也）第七侵盐部。

幵 幵 平也、象二干對構、上平也。段注：幵字古書罕見、禹貢道岍及岐、許書無岍、蓋古只名幵山、後人加以山旁、必岐頭平起之山也。第十四元寒部。

勺 勺 枓也。所以挹取也。象形、中有實、與包同意。段注：木部枓下云、勺也。此云勺枓也、是為轉注。枓之庾切、音主。第二宵蕭部。

（篆几）之几 半招半黑

孟子隱几而卧

書 憑玉几

古

小徐即徐鍇 大徐即徐鉉 南唐 宋初人 小徐著說文繫傳 大徐補注說文

古

說文部首

几（几）

凥几也。象形。周礼五几：玉几、彫几、彤几、髹几、素几。段註：凥几者，謂人所凥之几也。 第十五脂微部。

且（且）

所以薦也，從几，足有二横，一其地也。王註：且當是俎之古文。 古音第五魚虞部。 且亦是祖之古文

斤（斤）

斫木斧也，象形。段註：依小徐本，凡用斫物者皆曰斧，斫木之斧則謂之斤。横者象斧頭，直者象柄。 第十三諄文欣部。

斗（斗）

十升也，象形，有柄。段註：斗有柄者，蓋象北斗。王註：古斗有柄，茲特言之者，蓋今斗無柄，自漢已然矣。 第四侯部。

矛（矛）

酋矛也，建于兵車，長二丈，象形。段註：攷工記有酋矛、夷矛。許不言夷矛者，兵車所不建，不常用也。魯頌箋云：兵車之法，

二十六

𠂤 堆

古

車

左人持弓，右人持矛，中人御　第三尤幽部。　音茅 敔箋 音

「輿輪之總名也，夏后時奚仲所造」王注：象之中央，其輿也，兩一其輪也。|則屬乎輪之軸也。尸子、墨子、淮南、呂覽，皆云奚仲所造，然易大傳言，服牛乘馬，引重致遠，屬之黃帝堯舜。雖不言車，而言引重，即是車矣。

古音第五魚虞部。

𠂤

「小𠂤也，象形」王注：𠂤小於𨸏，故字形減於𨸏。俗作堆。加之以「師旅」之師，从𠂤，即眾意也。官字从𠂤，言群策群力，以治事也。

第十五脂微部。

𨸏

「大陸也，山無石者，象形」即古阜字。王注：釋名曰，土山曰阜，象形者，象土山高大而上平，可層累而上。「陵」「陸」「阿」「阪」皆從之。

会リ陰

𨺅 𨺅

第三尤幽部。

「兩𨸏之間也。從二𨸏。闕。」按闕者闕其音也。王註云依兩𨸏之間之義。則𨺅即「大風有隧」之隧。段註云似醉切。

厽 累

「絫坺土為牆壁。象形。」按絫即今累字。厽即絫字。

第十六支隹部。力詭切。

四 四

「四數也。象四分之形。」王註云口象四方。說苑「發於一。成于二。備於三。周於四。」是也。八以分之。古文四作𠃢。籀文四作亖。

第十五脂微部。

宁 貯

「辨積物也。象形。凡宁之屬皆從宁。」段註云宁與貯古今字。

第五魚虞部。

史記列傳篇末，綰孫他之以東胡降封為亞谷侯。註：徐廣曰亞一作惡。

盧綰列傳

漢書列傳篇末為景帝時綰孫他人以東胡降封為惡谷侯。

亞飯

亞元

亞聖

 叕

「綴聯也，象形」段註：以綴釋叕，猶以絫釋厽也。聯者連也。

第十五脂微部。陟劣切。

 亞

「醜也。象人局背之形。賈侍中說，以為次弟也」段註：此亞之本義。亞與惡音義皆同。史記盧綰孫他之封亞谷侯，漢書作惡谷。宋時玉印曰周惡夫印，劉原甫以為周亞父。

第五魚虞部。

 五

「五行也。從二，陰陽在天地間交午也」段註：鄭註大射儀云：一縱一橫曰午。然則交午，即交义之謂也。古文五字作乂。

第五魚虞部。

 六

「易之陰數，變于六，正於八。從入從八」甲骨文六作介。

第三尤幽部。

七甲骨文作十

列子、白虎通、廣雅皆云九者究也

禽 鳥獸總名

字典、畜之古文為嘼

嘼‖畜

嘼（王氏）

七 七

「昜之正也，從一，微侌從中衺出也」王注：一者昜也，昜中有侌，所謂從中衺出者，指乚而言。甲骨文七作十。

第十二真臻部。

九 九

「昜之變也，象其屈曲究盡之形」王注：漢書律歷志，九者，所以究極中和，為萬物元也。

第三尤幽部。

内 内

「獸足蹂地也，象形，九声，爾疋曰，狐貍貛貉醜，其足蹞，其跡厹」段注：足著地謂之厹，厹即内也，「禽」「离」「萬」「禹」等字從之。

第三九幽部。（人九反）

嘼

「犍牲也，象耳頭足厹地之形」段注：凡畜養古作嘼養。俗語多謂畜牲，古則用嘼牲。王注：釋畜，釋文，畜本又作嘼。

第三

「殼（𣪊）」苦角切一曰鳥卵也

「禮記內則：「脈去腦魚去乙」注：魚中有骨象篆乙之形。

郭沫若派法

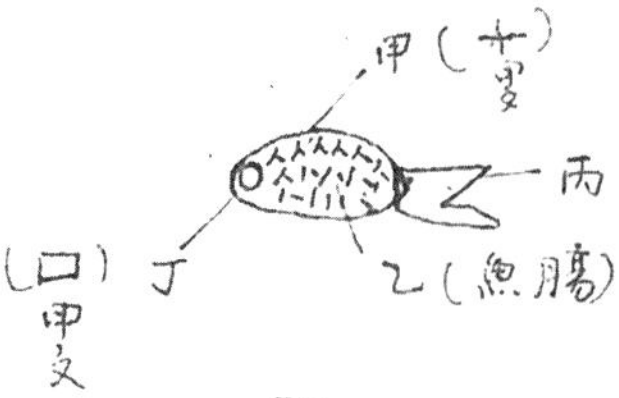

「古」

甲 甲　乙 乙　丙 丙

尤幽部。音仇

「東方之孟、昜氣萌動。从木戴孚甲之象」段注：孚者卵孚也，孚甲，猶今言殼也。凡草木初生，或戴穜于顛，或先見其葉，故其字象之，上象孚甲下覆也。

第八覃談部。

「象春艸木冤曲而出，侌氣尚彊，其出乙乙也」段注：史記律書曰：乙者言萬物生軋軋也。文賦曰：思軋軋其若抽。軋軋皆乙乙之段借。

第十二真臻部。

「位南方也，萬物成，炳然。从一入冂，一者昜也」王注：月令鄭注：丙之言炳也，萬物皆炳然，著見而強大。

古音第十陽唐部。兵永切。Beong.

戶有三丁出一

丁

甲 春　乙丙 夏　戊己 中央土 其日戊己 注其音宮　庚辛 秋　壬癸 冬

假借為殷

丁

夏時萬物，皆丁壯成實，象形。【王註：釋名丁，壯也。物体皆丁壯也。

第一庚耕部。

戊

中宮也。象六甲五龍相拘絞也。【王註：月令：中央土，其日戊己。惠氏棟曰：五六，天地之中，故云六甲五龍。

第三尻幽部

己

中宮也。象萬物辟藏，詘之形也。【王註：月令其日戊己。註：己之言起也。萬物生乎土，復歸乎土，其盤辟收斂，作詰詘之形。

第一之咍部。

巴

蟲也。或曰食象蛇，象形。【王註：海內南經（山海經中之）：巴蛇食象，三歲而出其骨。郭璞註引楚詞曰：有蛇吞象，其大何如。

第五魚虞部。伯加切。

（古音）

辛者新也　秋時萬物皆成　故曰新也

辭〻辡

古

庚

「位西方、象秋時萬物庚〻有實也」王註〻月令秋三月、皆曰其日庚辛、徵註〻庚庚成實皃。服虔漢書註、庚庚横皃也。

古音第十陽唐部。古行切。音剛」

辛

「秋時、萬物成而孰、金剛味辛、辛痛即泣出、從一辛、辛辠也」

接成而孰、即成而熟。王註〻一者陽也。陽入于辛、謂之彊陽。

第十三諄文欣部。

辡

辛痛泣出、辠人之象也。

「辠人相與訟也、從二辛」王註〻桂氏引礼三朝記、其中哀公曰辡、孔子曰辯、足徵是一字。故辡辯音同而義異。至辡與辯音義皆同。

第十二真臻部。

壬

「位北方也，侌極昜生，象人褢妊之形」。王註：月令冬三月，皆曰其日壬癸。註，壬之言任也。（史记律书：任养万物于下也）釋名，壬妊也。（二懷）金文壬字作王，是大腹形也。甲骨文作工，不見妊狀。

第七侵盐部。

癸

「冬時水土平，可揆度也，象水從四方流入地中之形」月令冬三月，皆曰其日壬癸，故曰冬時。段註：律書曰，癸之言揆也，言萬物可揆度也。甲骨文作[illegible]或作[illegible]。

第十五脂微部。

子

「十一月，昜氣動，萬物滋，人㠯為偁，象形」王註，子者滋也。（史记律书）言萬物滋于下也。又曰男子之美称也，子在襁緥，故足偁也。甲骨文作出。

第一之咍部。

了

「尦也，從子無臂，象形」。段注：「牛行腳相交為尦」。王注：「謂凡糾纏不順理者為了尦」。後世段借為憭悟字。經典無了字，至秦始有此字。第二宵蕭部。

孨

「謹也，從三子，讀若翦」。段注：「大戴禮曰：博學而孨守之，正謂謹也。冀州人謂懦弱為孨，其字多段孱為孨」。桂注：「謹也者，或通作孱。」第十四元寒部。

𠫓

「不順忽出也，從倒子。易曰突如其來如，不孝子突出，不容于內也。凡𠫓之屬皆從𠫓」。王注：「突𠫓同音，故用之。他骨切。」「育字」「毓字」等從之。第十五脂微部。

「紐也。十二月，萬物動，用事，象手之形。」王注：律書，丑者紐。段注：从又，而聯綴其三指，象欲爲而凓冽氣寒，未得爲也。

一部

演第三尤幽部。

「髕也。正月，陽气動，去黃泉，欲上出，陰尚强也。象宀不達，髕寅於下也。」段注：髕，字之誤也，當作演。甲骨文寅作𡗗。

第十二真臻部。

古

mō

「冒也。二月，萬物冒地而出，象開門之形。」段注：律書曰：卯之爲言茂也，言萬物茂也。王注：增韵，卯從兩戶相背，日出于卯，關戶之時也。甲骨文卯作𩇨。

古音第三尤幽部。

辰

「震也、三月、昜气動、靁電振、民農時也。物皆生、从乙、匕象芒達、厂声也。从二、古文上字。（王註：晉書樂志、三月為辰、辰、震也。月令二月、雷乃發生、始電、至三月而大振動也。甲骨文辰作𠨘。

弟十三諄文欣部。

巳

「巳也、四月、昜氣已出、侌氣已藏、萬物見、成文彰、故巳為蛇、象形。（王註：巳即部中巳字、漢書作巳、史記作已及巳、篆惟一形。段註：律書曰、巳者言萬物之已盡也。巳不可像、故以蛇像之。

弟一之咍部。

午

「啎也、五月、侌气啎屰、昜冒地而出也。此與矢同意。（王註：廣雅、啎、忤也、淮南天文訓、午者、忤也。忤件皆牾之俗体。鼜

電丩申

傳，人為昜，一為地，丨為侌气貫地，午逆陽也。釋名，午，仵也。侌气從下上，與昜相仵逆也。第五魚虞部。

未

味也，六月滋味也，五行木老於未，象木重枝葉也。段註：律書「未者言萬物皆成，有滋味也」，許君蓋用其文。第十五脂微部。

申

神也，七月，侌气成，從臼，自持也。吏臣餔時聽事，申旦政也。段註：謂訓申為神，不可通。按王菉友文字蒙求，謂申為電之古文。說文電下從申，虹下云，申，電也，古人迷信，以電發光為有神，故訓申為神。甲骨文申作乁。第十二真臻部。

酒＝酉

酎 酒 美酒也

酉 酉

就也，八月黍成，可為酎酒，象古文酉之形也。王註：酉乃古酒字也，許君不言，而独于酒篆下就也，同用一義。文字蒙求，亦謂酉為古酒字。象尊罍形，中有酒也。

第三尤幽部。

酋 八酉

繹酒也，從酉，水半見於上，礼有大酋，掌酒官也。段註：繹之言昔也，昔久也。繹酒者，即日久之酒也。從水半見，謂八也。酋上與谷上正同，皆曰水半見。

第三尤幽部。

戌 戌

滅也，九月，昜气微，萬物畢成，昜下入于地也。從戊合一。王註：史記律書，戌者，言萬物盡滅，故曰戌。段氏改為威，是也。

第十二真臻部。

荄

荄也。十月微昜起，接盛侌，從二。一人男，一人女也。從乚，

象褱子咳咳之形。段注：乚在二人之左，褱之之狀也。咳咳重言

之，似指胞中拳曲之狀。古文亥作𠁷，亥爲豕，與豕同意。呂氏

春秋曰，子夏之晉過衛，有讀史記者曰，晉師三豕涉河，子夏曰

非也，是己亥也。因己與三相近，亥與豕相近也。一部說文，始

一終亥，亥而生子，又反於一，循環無端矣。　第一之始部。

第十五篇　敘

說文部首解釋終

二二、四、十四、周幹庭

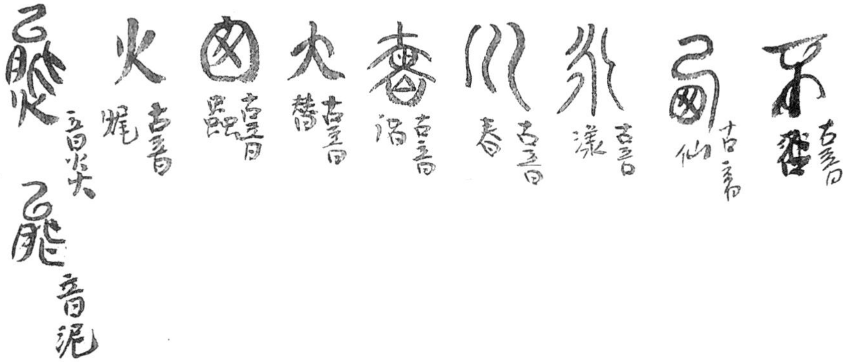

国立青岛大学一览

（文学院相关资料辑录，民国二十年）

國立青島大學一覽

中華民國二十年度

總理遺囑

余致力國民革命凡四十年其目的在求中國之自由平等積四十年之經驗深知欲達到此目的必須喚起民衆及聯合世界上以平等待我之民族共同奮鬥

現在革命尚未成功凡我同志務須依照余所著建國方略建國大綱三民主義及第一次全國代表大會宣言繼續努力以求貫徹最近主張開國民會議及廢除不平等條約尤須於最短期間促其實現是所至囑

二十年度國立青島大學一覽

總理遺囑

目錄　　頁數

目錄

瞰 俯 景 校 校 本

門　　　　　　校

大禮堂

館　　書　　圖

舍　校　一　第

舍　校　二　第

舍　校　四　第

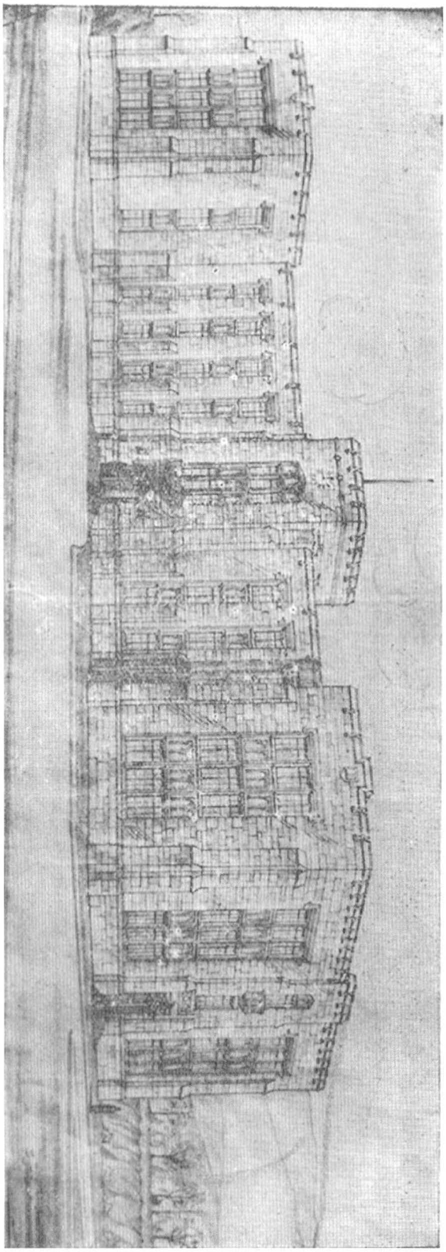

建築中之科學館

本校附設工廠之一部

本校農事試驗場之果樹園

民國二十年度校曆

凡紀念日除特定放假者外皆照常上課

民國二十年

八月二十日（星期六）先烈廖仲愷先生殉國紀念日

二十七日（星期六）孔子誕生紀念日　放假

三十一日（星期三）暑假終訖

九月一日至三日（星期二至星期四）註册選課

七日（星期一）第一學期始業

七日至二十一日（星期一至星期一）改課轉系及補考

九日（星期三）總理第一次起義紀念日

二十日（星期日）本校成立紀念日　放假

二十一日（星期一）朱執信先生殉國紀念日

十月十日（星期六）國慶紀念日　放假

十一日（星期日）總理倫敦蒙難紀念日

十一月十二日（星期四）總理誕辰紀念日　放假

校歷

十二月五日(星期六)肇和兵艦舉義紀念日
十日(星期四)青島接收紀念日　放假
二十五日(星期五)雲南起義紀念日

民國二十一年

一月一日(星期五)中華民國成立紀念日　放假
一日至三日(星期五至星期日)年假
十一日至十七日(星期一至星期日)學期考試
十八日至三十一日(星期一至星期日)寒假

二月一日至三日(星期一至星期三)註册選課
四日(星期四)第二學期始業
四日至十八日(星期四至星期五)改課及補考

三月十二日(星期六)總理逝世紀念日　放假
十八日(星期五)北平民衆革命紀念日
二十九日(星期二)革命先烈紀念日　放假

四月一日至七日(星期五至星期四)春假
十二日(星期二)清黨紀念日

五月三日(星期二)濟南慘案紀念日

五日(星期四)革命政府紀念日　放假

九日(星期一)國恥紀念日

十八日(星期三)先烈陳英士先生殉國紀念日

六月十五日至二十二日(星期三至星期三)學期考試

十六日(星期四)總理廣州蒙難紀念日

二十三日(星期四)暑假起始

七月九日(星期六)國民革命軍誓師紀念日　放假

校史概要

民國十五年夏山東省立農礦法商工醫六專門學校奉省令合併爲山東省立山東大學。

十七年五月，五三事變發生，山東大學停頓，旋經大學院令將省立山東大學改爲國立山東大學，並設籌備委員會，聘何思源等十一人爲籌備委員。當以濟案關係，一切籌備，未獲積極進行。

十八年五月濟案解決，國立山大籌委會奉教育部令改稱國立青島大學籌備委員會，除接收舊省立山東大學外，並將私立青島大學校產收用，籌設國立青島大學，另行函聘何思源，趙畸，王近信，彭百川，蔡元培，袁家普，楊振聲，杜光塤，傅斯年等九人爲委員，並推定何委員爲籌備主任。六月二十一日各委員在濟南宣誓就職，籌備進行，旋經第二次委員會會議議決，國立青島大學設於青島，並分設工廠農事試驗場於濟南，十月經委員會推定杜光塤委員爲駐青籌備委員，監理修繕青島校舍及購備圖書儀器並設文理兩科補習班。同月教育部添聘陳調元，于恩波，陳名豫三人爲籌備委員。

十九年五月國民政府任命楊振聲爲校長，六月補習班修業期滿，試驗及格者准其入本科一年級肄業，同月楊校長到校，籌備委員會會議議決第一年先設文理兩學院，文學院分中國文學系，外國文學系，教育學系。理學院分化學系，數學系，物理學系，生物學系。八月在青島，濟南，北平三處招攷一年級新生。九月二十一日校長宣誓就職

本大學正式成立，同日籌備委員會結束。

二十年二月校務會議議決自下學年起將教育學系擴充爲教育學院，五月校務會議議決教育學院先成立教育行政系及鄉村教育系。

校史概要

本大學二十年度學院學系列表如左：

國立青島大學
- 文學院
  - 中國文學系
  - 外國文學系
- 理學院
  - 化學系
  - 數學系
  - 物理學系
  - 生物學系
- 教育學院
  - 教育行政系
  - 鄉村教育系

國立青島大學組織規程(民國二十年七月)

第一章 總則

第一條 本大學設於青島定名爲國立青島大學但於必要時得設學院學系專科及工廠試驗場於濟南

第二條 本大學根據中華民國教育宗旨以提高民族文化研究高深學術養成健全品格及專門人才爲宗旨

第二章 學院

第三條 本大學設左列各學院

(一)文學院 內設中國文學系外國文學系歷史學系及其他學系

(二)理學院 內設數學系物理學系化學系生物學系及其他學系

(三)教育學院 內設教育心理系教育行政系鄉村教育系及其他學系

第四條 本大學得設工學院農學院及其他學院或試驗場其組織由校務會議議定之

第五條 本大學得設研究院與專修科

第三章 教員及職員

第六條 本大學設校長一人總理校務由國民政府任命之

第七條 本大學設秘書一人處理秘書室事宜由校長聘任之

第八條　本大學設教務長一人處理全校教務管轄註册部軍事訓練部體育部等機關由校長聘任之

第九條　本大學各學院各設院長一人由校長聘任之

第十條　各學系各設主任一人由院長商請校長聘任之

第十一條　各學系教授副教授講師助教由院長商請校長聘任之

第十二條　本大學設總務長一人商承校長處理全校事務管轄庶務課會計課校醫室等機關由校長聘任之

第十三條　本大學設圖書館館長一人由校長就教授中聘請兼任之

第十四條　本大學各機關得設主任事務員及助理員由校長聘任或委任之

第四章　學生

第十五條　本大學學生入學資格及畢業年限均依大學組織法及大學規程辦理

第十六條　本大學畢業學生由本大學給予畢業證書得稱某學士

第五章　會議及委員會

第十七條　本大學設校務會議以全體教授副教授選出之代表若干人及校長教務長總務長秘書圖書館館長各學院院長各學系主任組織之校長為主席秘書為紀錄

第十八條　校務會議審議左列事項

一　重要章制

二　本大學預算

三 學院及學系之設立與廢止
四 本大學課程
五 各種學則
六 關於學生試驗事項
七 關於學生訓育事項
八 校長交議事項
校務會議開會時得由校長依大學組織法之規定邀請專家列席

第十九條 本大學各學院設院務會議以院長系主任組織之院長爲主席
第二十條 院務會議審議左列事項
一 該學院之預算
二 該學院之課程
三 該學院學生試驗及成績
四 該學院學術設備及出版
五 校長或院長交議事項
第廿一條 本大學依校務上之需要得設各種委員會其委員由校長就教職員中聘任之於必要時得由校長邀請校外專家列席

第廿二條　以上各種會議及委員會其規則於集會之始由各該會議及委員會擬定提交校務會議核定之

第六章　附則

第廿三條　本規程自呈經教育部核准後公佈施行

第廿四條　本規程得由校務會議議決修改但須呈經教育部核准備案

國立青島大學組

組織系統表

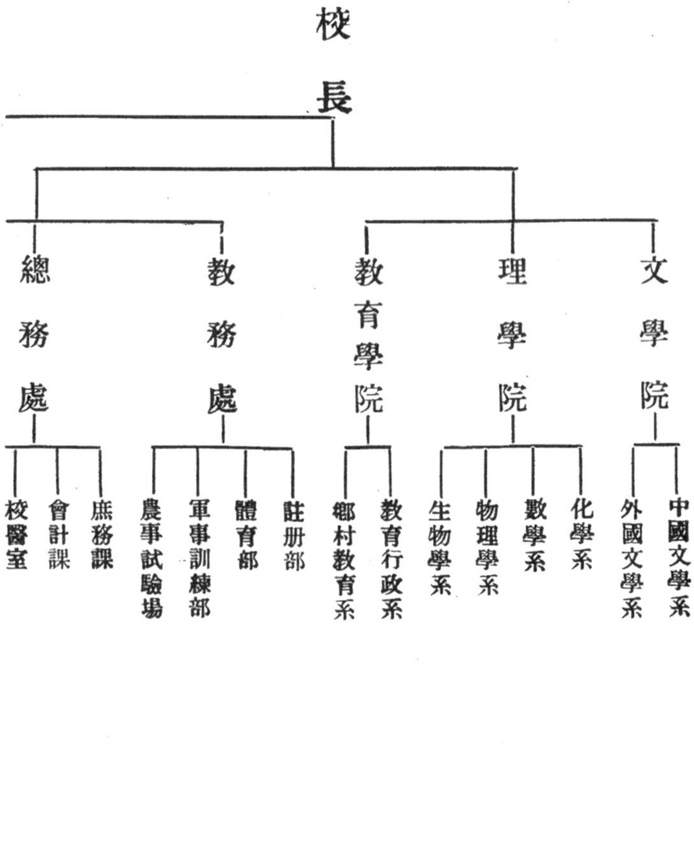

一一

織系統表

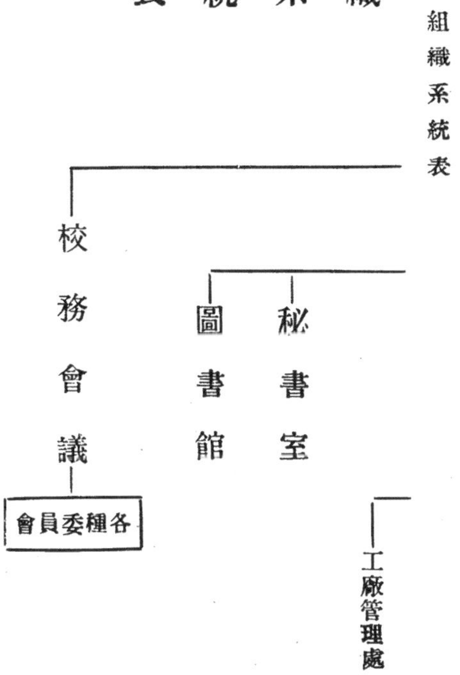

一二

國立靑島大學學則 民國廿一年四月第四十三次校務會議修正

第一章　入學

第一條　凡在公立或已立案之私立高級中學或同等學校畢業經本大學入學試驗及格者得入本大學本科一年級業

第二條　凡在公立或已立案之私立大學本科肄業一年以上成績及格經本大學轉學試驗及格者得轉入本大學相年級肄業

第三條　本大學入學試驗及轉學試驗於每學年始業前舉行一次其招生規則另定之

第四條　新生入校時須塡具入學志願書並由保證人二人塡具保證書

第五條　轉學生在原校所得學分須經本大學之核定

第六條　本大學得酌收旁聽生其規則另定之

第二章　繳費　註册　改課　轉系

第七條　學生每學期始業時應繳左列各費

(一)學費八元

(二)宿費五元

(三)雜費二元

(四)科學實驗費五元(無科學實驗者免繳)
(五)體育費二元
(六)預存賠償費五元(於學期終了時有餘退還不足補繳)
(七)制服費十五元(於第一年入學時繳納)

第八條　學生須依限期到校註册逾期每日罰金一元至開課後三日猶未註册者新生卽予除名舊生令休學一年

第九條　學生選課須依照各學院學程指導書之規定並經系主任之核准

第十條　改課(改選退選及加選學程)於每學期開課後二星期內行之須經各關係教員及所屬系主任核准

第十一條　轉院及轉系於學年始業後兩星期內行之須經各關係院長及系主任核准必要時並須經過試驗

第十二條　轉院或轉系以入本科一二年級爲限

第十三條　學生轉院或轉系後其所得學分須重經核定

第十四條　轉院及轉系概以一次爲限

第三章　學程及學分

第十五條　本大學各學院學生修業年限至少四年轉學生至少二年

第十六條　本大學各項學程均按學分計算每學期每週授課一小時爲一學分實驗及無須課外自習之學程以二小時至三小時爲一學分

第十七條　本大學各學院學生應修學分依各學院學則之規定但至少須修滿一百三十八學分方得畢業其有未滿四年

而已修足規定之學分者得選習特種學科畢業年限不得提前

第十八條　本大學各學院學生除第一年級外每學期所修學程不得超過二十一學分

第十九條　本大學各學系共同必修學程如左

(一)國文　四學分

(二)英文　十二學分

(三)第二外國語　十六學分

(四)自然科學　六學分

(五)社會科學　六學分

(六)黨義　四學分

(七)體育　八學分

(八)軍事訓練　六學分

(六)(七)(八)三項不在一百三十八學分之內不及格者仍不得畢業

第四章　試驗及成績

第二十條　本大學試驗分左列三種

(一)臨時試驗　由教員隨時舉行之

(二)學期試驗　於學期終舉行之

(三)畢業試驗　於修業期滿時舉行之

第二十一條　學生學業之成績列爲五等如左

甲等　九十分以上

乙等　八十分以上

丙等　七十分以上

丁等　六十分以上

戊等　不滿六十分

第二十二條　凡某學程成績列戊等者爲不及格不給學分如係必修科須重修之

第二十三條　各學程學期成績參酌平時成績與學期試驗成績計算之

第二十四條　各學程學年成績以該學程第一第二兩學期之成績依左列方法計算之

第一學期成績占學年成績三分之一

第二學期成績占學年成績三分之二

第二十五條　各學程成績總平均依左列方法計算之

(一)以學程之學分數乘該學程所得之成績分數爲積分

(二)所修各學程學分之總和爲學分總數

(三)各學程積分之總和爲積分總數

（四）以學分總數除績分總數爲成績總平均

（五）成績總平均之計算包括戊等在內戊等成績分數作爲零

第二十六條　學生學期成績平均列乙等以上者得請領本大學助學金其規則另定之

第二十七條　學生因親喪疾病請假不獲參與學期試驗者須預經教務長之核准方得補考

第二十八條　凡未經准假而不與學期試驗之學程以不及格論不給學分

第二十九條　補考限於每學期始業後兩星期內行之

第五章　缺課　休學　退學

第三十條　學生缺課無論曾否請假均由教員登記並報告註册部

第三十一條　學生因故不能上課者須先期向註册部請假

第三十二條　學生因病請假者須經校醫之證明

第三十三條　學生請假逾三日者須經教務長核准

第三十四條　凡未經准假或假期已滿而缺課者作曠課論

第三十五條　凡一學期中於某學程缺課逾三分之一或曠課滿五小時者不得參與該學程之學期試驗並不得補考

第三十六條　凡一學期中缺課逾所修各學程總時數三分之一或曠課滿二十小時者卽令休學一年

第三十七條　學生因病經醫生檢查有長期休養之必要者得令其休學

第三十八條　學生自請休學須向教務長陳明理由請求核准

第三十九條　學生入學之第一年內不得自請休學

第四十條　學生休學概以年計並不得連續休學兩年

第四十一條　學生休學期內如在他校得有學分不得作爲轉學學分

第四十二條　學生休學期滿延不到校者作爲退學

第四十三條　學生全年學程有三種不及格或必修學程二種不及格者令其退學

第四十四條　學生如有品行不端或違犯校章者分別記過或令退學記過滿三次者令其退學

第四十五條　凡自請退學之學生須在校肄業滿一學年始得請求發給修業證明書

第六章　畢業

第四十六條　學生肄業期滿合於左列各項之規定者經畢業試驗審查委員會審查通過後准予畢業

（一）修滿本大學規定學程及學分

（二）黨義體育軍事訓練及格

（三）畢業論文審查及格

第四十七條　本大學畢業學生依照所屬學院及學系給予畢業證書並得稱某學士

第七章　附則

第四十八條　本學則如有未盡事宜得由校務會議修正之

第四十九條　本學則自公布之日施行

文學院學則

一　本學院暫設左列二系：

(一)中國文學系，

(二)外國文學系。

二　本學院學生肄業滿四學年，合於左列各項之規定，方得畢業：

(一)除黨義，體育，軍事訓練外，依照規定學程，修滿至少一百三十八學分；

(二)黨義(四學分)，體育(八學分)，軍事訓練(六學分)，均及格；

(三)依照論文規則，提出畢業論文，經審查及格。

三　本學院各系共同必修學程，共五十學分，其分配如左：

國文	四學分
英文	十八學分
第二外國語	十六學分
自然科學	六學分
社會科學	六學分

四　第二外國語須連習二年，成績及格，方給予學分。

文學院學則

五　本學院各系必修學程，計中國文學系七十二學分，外國文學系七十四學分，其學程分配，於本學院學程一覽，及學程分配表內規定之。

六　中國文學系學生，至少須修習外國文學系學程二門。（第一二年級英文及第一二年級第二外國語不在內）外國文學系學生，至少須修習中國文學系學程二門。（國文不在內）

七　本學院學生除第一年級外，每學期所修學程，不得超過二十一學分。

八　本學院學生註冊選課，須受系主任之指導。

學程編號說明

個位奇數表示第一學期偶數第二學期

十位奇數表示必修偶數選修

百位數表示應修年級

文學院各系學程一覽

(甲)中國文學系學程

學程號數	學程	每週時數 講演	每週時數 習作	每週時數 討論	教學時限	學分	必修或選修	應修年級	預修學程
中一一一—一一二A	國文A	二	※		一年	四	文學院必修	一	
中一一一—一一二B	國文B	二	※		一年	四	理學院必修	一	
中一一一—一一二C	國文C	二	※		一年	四	教育學院必修	一	
中一一三—一一四	名著選讀	三			一年	六	本系必修	一	
中一一五—一一六	文字學	三			一年	六	本系必修	一	
中二一一—二一二	中國文學史	三			一年	六	本系及外國文學系必修	二	
中二一三—二一四	唐詩	二			一年	四	本系必修	二	
中二一五—二一六	音韻學	三			一年	六	本系必修	二	
中三一一—三一二	中國小說史	二			一年	四	本系必修	三	

文學院學程一覽表

中三一三—三一四	近代散文	三			一年	六	本系必修	三	
中三一五—三一六	詞學概論	三			一年	六	本系必修	三	
中三一七—三一八	目錄學	二			一年	四	本系必修	三	
中四一一—四一二	中國文學批評史	三			一年	六	本系必修	四	
中四一三—四一四	戲曲概論	三			一年	六	本系必修	四	
中四一五—四一六	駢體文	二			一年	四	本系必修	四	
中四一七—四一八	畢業論文指導			※	一年	二	本系必修	四	
中二二一—二二二	中國學術史概要	二			一年	四	選修	三二	
中二二三—二二四	毛詩學	二			一年	四	選修	三二	
中二二五—二二六	楚辭學	二			一年	四	選修	三二	
中二二七—二二八	文選學	三			一年	六	選修	三二	
中二四一—二四二	樂府詩研究	二			一年	四	選修	三二	
中三二一—三二二	高級作文(詩)			※	一年	一	選修	二·三·四	
中三二三—三二四	高級作文(小說)			※	一年	一	選修	二·三·四	

二二

中三二五—三二六	高級作文(戲劇)			※	一年	一	選修		二·三·四
中三二七—三二八	高級作文(散文)			※	一年	一	選修		二·三·四
中三四一—三四二	音韻學史	三			一年	六	選修		三
中三四三—三四四	經部專書研究	二			一年	四	選修		三四
中三四五—三四六	史部專書研究	二			一年	四	選修		三四
中三四七—三四八	子部專書研究	二			一年	四	選修		三四
中三六一—三六二	中國古代神話	二			一年	四	選修		三四
中四二一—四二二	古文字學	三			一年	六	選修		四
中四二三—四二四	宋詩	三			一年	六	選修		四
中四二五—四二六	詩家專集	三			一年	六	選修		四
中四二七—四二八	詞家專集	三			一年	六	選修		三四

※每二星期一次

(乙)外國文學系學程

文學院學程一覽表

學程號數	學程	每週時數：講演	每週時數：習作	每週時數：討論	教學時限	學分	必修或選修	應修年級	預修學程
外一一一—一一二A	一年級英文A	六			一年	一二	本系必修	一	
外一一一—一一二B	一年級英文B	五	一		一年	一二	中國文學系必修	一	
外一一一—一一二C	一年級英文C	三			一年	六	理學院必修	一	
外一一一—一一二D	一年級英文D	五	一		一年	一二	教育學院必修	一	
外一一三—一一四A	一年級法文A	四			一年	八	第二外國語各系任選一種必修但外國文學系學生不得選修日文	一	
外一一三—一一四B	一年級法文B	四			一年	八		一	
外一一五—一一六A	一年級德文A	四			一年	八		一	
外一一五—一一六B	一年級德文B	四			一年	八		一	
外一一七—一一八	一年級日文	四			一年	八		一	
外一三一—一三二	一年級英文作文	一	一		一年	四	本系必修	一	
外一三三—一三四	小說入門	三			一年	六	本系必修	一	
外二一一—二一二A	二年級英文A	三			一年	六	本系必修	二	

外二一一—二一二B	二年級英文B	三			一年	六	中國文學系必修 教育學院選修	二	
外二一一—二一二C	二年級英文C	三			一年	六	理學院必修	二	
外二一三—二一四	二年級法文	四			一年	八	各系必修	二	
外二一五—二一六	二年級德文	四			一年	八		二	
外二一七—二一八	二年級日文	四			一年	八	繼續一年級	二	
外二三一—二三二	二年級英文作文	一	一		一年	四	本系必修	二	
外二三三—二三四	英詩入門	二			一年	四	本系必修	二	
外二三五—二三六	戲劇入門	三			一年	六	本系必修	二	
外三一一—三一二	英國文學史	三			一年	六	本系必修	三	
外三一三—三一四	三年級法文	三			一年	六	繼續二年級	三	
外三一五—三一六	三年級德文	三			一年	六	理學院必修	三	
外三一七—三一八	三年級日文	三			一年	六	他系選修	三	
外三三一—三三二	莎士比亞	三			一年	六	本系必修	三	
外三三三—三三四	浪漫詩人	三			一年	六	本系必修	三	

外三三五	英文聖經	三			半年	三	本系必修	三	
外三三八	古典神話	三			半年	三	本系必修	三	
外四一一—四一二	西洋文學批評史	三			一年	六	本系必修	四	
外四一三	維多利亞期散文	三			半年	三	本系必修	四	
外四一六	維多利亞期詩	三			半年	三	本系必修	四	
外四一七—四一八	畢業論文指導			一	一年	二	本系必修	四	
外三二一—三二二	英文演說		二		一年	四	選修	三四	
外三二三—三二四	英國戲劇研究	三			一年	六	選修	三四	戲劇入門
外三二五—三二六	傳記文學研究	三			一年	六	選修	三四	
外三四一—三四二	法國文學概論	三			一年	六	選修	三四	二年級法文
外三四三—三四四	德國文學概論	三			一年	六	選修	三四	二年級德文
外三四五—三四六	日本文學概論	二			一年	四	選修	三四	二年級日文
外三四七—三四八	俄國文學概論	二			一年	四	選修	三四	
外四二一	希臘悲劇	三			半年	二	選修	四	

外四二四	現代英國文學	三			半年	三	選修	四	
外四二五—四二六	專家研究			一	一年	三	選修	四	

(丙)共修學程

不屬於本院各系之學程而爲本院學生分別必修或選修者

學程號數	學程	每週時數 講演	每週時數 實驗	每週時數 討論	教學時限	學分	必修或選修	應修年級	所屬院系
文一一一—一一二	中國通史	三			一年	六	中國文學系必修	一	文學院
文一一三—一一四	英國史	三			一年	六	外國文學系必修	一	文學院
數一一三—一一四	高等混合數學	三			一年	六	(自然科學)各系任選一種必修	二一	數學系
物一一一—一一二	普通物理	三			一年	六		二一	物理學系
化一一一—一一二	普通化學	三			一年	六		二一	化學系
生一一一—一一二	普通生物學	二	三		一年	六		二一	生物學系
文一三一—一三二	歐洲通史	三			一年	六	(社會科學)各系任選	二一	文學院
文一三三—一三四	經濟學	三			一年	六		二一	文學院
文一三五—一三六	社會學	三			一年	六		二一	文學院

文學院學程一覽表

文一三七—一三八	政治學	三			一年	六	一種必修	二一	文學院
文三二一—三二二	中國文化史	三			一年	六	選修	四三	文學院
文三二三—三二四	中國哲學史	三			一年	六	選修	四三	文學院
文三二五—三二六	中國美術史	三			一年	六	選修	四三	文學院
文三四一—三四二	哲學概論	三			一年	六	選修	四三	文學院
文三四三—三四四	西洋哲學史	三			一年	六	選修	四三	文學院
文三四五—三四六	文藝復興史	三			一年	六	選修	四三	文學院

文學院各系學程四年分配表

中國文學系

第一學年

學程號數	學程	學分 第一學期	學分 第二學期
中一一一—一一二A	國文A	二	二
外一一一—一一二B	一年級英文B	六	六
	一年級第二外國語	四	四
	自然科學或社會科學	三	三
文一一一—一一二	中國通史	三	三
中一一三—一一四	名著選讀	三	三
中一一五—一一六	文字學	三	三
合計		二四	二四

第二學年

學程號數	學程	學分 第一學期	學分 第二學期
外二一一—二一二B	二年級英文B	三	三
	二年級第二外國語	四	四
	自然科學或社會科學	三	三
中二一一—二一二	中國文學史	三	三
中二一三—二一四	唐詩	二	二
中二一五—二一六	音韻學	三	三
	選修	三	三
合計		二一	二一

第三學年

學程號數	學程	學分 第一學期	學分 第二學期
中三一一—三一二	中國小說史	二	二
中三一三—三一四	近代散文	三	三
中三一五—三一六	詞學概論	三	三
中三一七—三一八	目錄學	二	二
	選修	三—六	三—六
合計		一三—一六	一三—一六

第四學年

學程號數	學程	學分 第一學期	學分 第二學期
中四一一—四一二	中國文學批評史	三	三
中四一三—四一四	戲曲概論	三	三
中四一五—四一六	駢體學	二	二
中四一七—四一八	畢業論文指導	一	一
	選修	三—六	三—六
合計		一二—一五	一二—一五

外國文學系

第一學年

學程號數	學程	學分 第一學期	學分 第二學期
中一一一—一一二A	國文A	二	二
外一二一—一二二A	一年級英文A	六	六
	一年級第二外國語	四	四
	自然科學或社會科學	三	三
外一三一—一三二	一年級英文作文	二	二
外一三三—一三四	小說入門	三	三
文一一三—一一四	英國史	三	三
合計		二三	二三

文學院學程分配表 三三

第二學年

學程號數	學程	學分 第一學期	學分 第二學期
中二一一—二一二	中國文學史	三	三
外二一一—二一二A	二年級英文A	三	三
	二年級第二外國語	四	四
	自然科學或社會科學	三	三
外二三一—二三二	二年級英文作文	二	二
外二三三—二三四	英詩入門	二	二
外二三五—二三六	戲劇入門	三	三
合計		二〇	二〇

第三學年

學程號數	學程	學分 第一學期	學分 第二學期
外三一一—三一二	英國文學史	三	三
外三三一—三三二	莎士比亞	三	三
外三三三—三三四	浪漫詩人	三	三
外三三五	英文聖經	三	
外三三八	古典神話		三
	選修	四—六	四—六
合計		一六—一八	一六—一八

第四學年

學程號數	學程	學分 第一學期	學分 第二學期
外四一一—四一二	西洋文學批評史	三	三
外四一三	維多利亞期散文	三	
外四一六	維多利亞期詩		三
外四一七—四一八	畢業論文指導	一	一
	選修	三—六	三—六
合計		一〇—一三	一〇—一三

文學院學程綱要

中一一一—一一二　國文

每月作文二次。

中一一三—一一四　名著選讀

此實中國文學史之預修學程。取歷代文學名著，依時代之次序，詳細講授之，務使學者對於我國文學之本身，得一較透澈較完整之概念，庶將來習文學史時，不致蹈扣盤捫燭之病。

講授者自編講義，並附有校勘異文，訓釋詞義之『校釋』一種。

中一一五—一一六　文字學

本學程取古器物刻文，與許氏說文五百四十部首，參合研究之，意在使學者認識我國文字之構成與其演變之迹

講授者自編講義。

中二一一—二一二　中國文學史

本學程內容注重各時代之社會背景及作家生活，以期闡明我國歷代文藝思潮及其術所以形成演變之因。

每月繳驗筆記一次。

教授者自編講義。

中二一三—二一四　唐詩

本學程依時次爲先後，取唐代之主要詩作，參以時代背景及作家生活，詳加疏解，以期說明唐詩之特標的風格，並其間所呈現之唐代文化。

講授者自編講義。

中二一五—二一六　音韻學

本學程內容分三部分：(一)發音之練習，(二)主要韻書組織之研究，(三)古韻分部之研究。

講授者自編講義。

中三一一—三一二　中國小說史

本學程講述我國小說發展與嬗變之過程，並推溯其原因，兼提出各時期之代表作家及代表作品，分別研究之。

中三一三—三一四　近代散文

本學程範圍，起自唐宋，迄於季清，凡此時期中各體各派之散文，其作風之特徵及演變之痕跡，並加討究，而尤側重於清代桐城派之古文運動及其反響。

中三一五—三一六　詞學概論

本學程講述詞的起源發展與演變之歷程，並剌取歷代著名作家數人，比較研究，以覩其作風之特徵。

中三一七—三一八　目錄學

本學程以使學者能實際應用爲主旨，講述目錄學家對於我國圖書分類之意見與方法，並隨時講授歷代學者關於討論斯學之專著，以略窺其分合之原委及其理論。

中四一一—四一二　中國文學批評史

本學程依時代之先後，講述我國歷代學者對於文藝之意見，並就其討論文藝之篇章擇要講授之。

中四一三—四一四　戲曲概論

本學程講述我國宋元以來戲曲之內容，並說明其發展之步驟及其原因。

中四一五—四一六　駢體文

本學程遴選歷代駢文之名著講授之，隨時測驗其文藝的價值，並揭示漢魏以來此種文體成立演進之迹，及其與他種文體之關係。

中四一七—四一八　畢業論文指導

本系學生於畢業時，須提出論文一篇。學生進行此項工作時，每星期須向指定之教員報告一次，以資指導。

中二二一—二二二　中國學術史概要

本學程依據舊日四部所分之性質，對於我國學術之原委，作鳥瞰式的觀察，其目的在使本系學生於專攻文學外，對於其他我國固有之學術，亦能得一系統的知識。

中二二三—二二四　毛詩學

本學程以研究三百篇之文學，及產生此種文學之社會背景爲主體，並提示歷代攻究毛詩學之名著，說明其中各種重要問題。

中二二五—二二六　楚辭學

本學程研究之範圍，以屈宋作品及相傳爲屈宋之作品爲限。上學期講解作品，下學期討論關於楚辭之各種問題。

中二二七—二二八　文選學

本學程取昭明文選一書，擇要講授，隨時別識其文章之體例，並商榷其文藝之得失，兼述隋唐以來文選學之成立與發展，及歷代治選學者之成績與方法。

中二四一—二四二　樂府詩研究

本學程講述漢魏以還樂府詩歌之原流變遷及其影響，並就民間及文人仿作之篇什，作比較的研究，藉以權量其文學的價值。

中三二一—三二二　高級作文

本學程爲各體文藝之習作，分詩戲劇小說散文四組，由教員數人分別担任指導。每組每二星期上課一小時。凡文學院各系二三四年級學生皆得於此學程中擇習一組，或二組。其他各院二三四年級學生，須得本學程各該組担任教員之允許，方得選習之。

中三四一—三四二　音韻學史

本學程目標在闡述我國古今語言文字聲韻之演變，其所依據之資料，爲先秦有韻之文字，及隋唐以來歷代存傳之韻書。

中三四三—三四四　經部專書研究

本學程以文學爲立場，研究羣經之一種或數種。(如尙書，春秋左傳，禮記等)

中三四五—三四六　史部專書研究

本學程以文學爲立場，研究史籍之一種或數種。(如戰國策、史記，漢書，水經注等)

中三四七—三四八　子部專書研究

本學程以文學爲立場，研究諸子書一種或數種。(如莊子，荀子，韓非子，淮南子等)

中三六一—三六二　中國古代神話

本學程取秦漢以前記載中之神話及傳說，分類講述之，以明其發生及衍變之統系，使學者釋然於後世一部分詞章之母題及藻翰所自出

中四二一—四二二　古文字學

本學程以金文及甲骨文爲基本材料，佐以古籍記載中有關古文字學之材料，參驗比勘，以闚探我國古文字之梗概，並其間所浮映之初民社會。

中四二三—四二四　宋詩

本學程講述宋詩之淵源流變及其背景，並取重要作家數人，比較研究之。

中四二五—四二六　詩家專集

本學程取魏晉以降著名詩家專集一種或數種，爲研究之對象。除講解作品外，對於作家之時代，其生活及其思

想等方面，並當詳細討論之。

中四二七—四二八　詞家專集

本學程取著名詞家專集一種或數種，爲研究之對象，其研究方法，與詩家專集略同。

外一一一—一一二　一年級英文

本學程分ABCD四組。　A組爲本系必修學程，其內容注重讀本，目的在使學生能增加誦習英文書籍之速率。BD兩組乃爲中國文學系及教育學院各系學生而設，其內容之分配，爲讀本每週四小時，文法及作文各一小時。C組爲理學院各系學生而設。

教科書

Ruskin: Sesame and Lilies

Irving: Sketch Book

Stevenson: Treasure Island

外一一三—一一四　一年級法文

本學程分AB兩組爲各系共同必修第二外國語之一，講授較淺易之文法及讀本，注重基本發音及練習造句。

外一一五—一一六　一年級德文

本學程分ＡＢ兩組，爲各系共同必修第二外國語之一，講授較簡易之文法及讀本，並練習發音及造句。

教科書：

Practich Anleitung Composition

外一一七—一一八　一年級日文

本學程爲各系共同必修第二外國語之一，講授文語文典及作品。

外一三一—一三二　一年級英文作文

本學程乃輔佐Ａ組英文而設，其目的在使學者能運用通順妥帖之英文。每週習作一次，並講授修辭學及作文之初步原理，以示寫作之準繩。

外一三三—一三四　小說入門

本學程取英文小說名著兩部，詳細講解，以增進學者對於英國文學之瞭解，並養成其欣賞文藝之興趣。

教科書：

Eliot: Silas Marner

Dickens: David copperfield

外二一一—二一二　二年級英文

本學程分ＡＢＣ三組。　Ａ組繼續一年級英文Ａ，本學系學生必修。　Ｂ組繼續一年級學生ＢＤ兩組，中國文學系學生必修，教育學院學生選修。　Ｃ組繼續一年級英文Ｃ，理學院各系學生必修。

外二一三—二一四　二年級法文

本學程繼續一年級法文，講授較深之文法，及簡易之文學作品，並練習作文及翻譯。

外二一五—二一六　二年級德文

本學程繼續一年級德文，除講授較高深之文法外，依各系學生之需要，分別講授文藝及科學讀品，並注重作文及翻譯之練習。

外二一七—二一八　二年級日文

本學程繼續一年級日文，加授口語文典，及口語作品。

外二三一—二三二　二年級英文作文

本學程繼續一年級英文作文，講授較高深之修辭學原理及文章之結構法，關於寫作，則扼重成語之應用及文格之修鍊。

外二三三—二三四　英詩入門

本學程選著名英文詩篇若干，詳釋其詞義，並隨時說明詩的藝術，以培植學者了悟英詩及賞鑑詩藝之能力。

外三三五—三三六　戲劇入門

本學程以全部西洋戲劇爲研究之對象，上自希臘劇作，下迄易卜生，依時代次序，擇取其主要作品講授之。同時並略述西洋戲劇原理之大凡。

外三一一—三一二　英國文學史

本學程講述英國文學之歷史的展進，尤注意於各時代之風尙，及各主要作家之特性。（學者須於課外閱讀指定之讀物若干種。）

教科書：

Greenlaw: A Syllabus of English Literature

參考書舉要：

Cambridge History of English Literature

外三一三—三一四　三年級法文

本學程繼續二年級法文，講授高深文法，選讀名家作品，增進學生閱讀及寫作之能力。

外三一五—三一六　三年級德文

本學程繼續二年級德文，選讀名家作品，純用德語講授，期能促進學生領會及寫讀之效率。

外三一七—三一八　三年級日文

本學程繼續二年級日文，選讀名著及雜誌，並指導閱覽各學程需要之日文參考書。

外三三一—三三二　莎士比亞

本學程講述莎士比亞之生平，其時代，及當時之劇場。選讀劇本六種(Hamlet, Macbeth, Henry IV (two parts) As you Like It, Tempest, Othello, King Lear, Merchant of Venice, A Midsummer Night's Dream, Julius Caesar, Coriolanus 以上十二種，每年講授六種，輪流開班，故學生得連習兩年）注重其特殊之詞義及文法。

參考書：

Alden: A Shakespeare Handbook

Thorndike: Facts adout Shakespeare

外三三三—三三四 浪漫詩八

本學程依次講授Wordsworth, Colerldge, Scott, Byron, Shelley, Keats等家之代表作品，並說明各家在英國浪漫運動中之地位，及其個別之貢獻。

外三三五 英文聖經

本學程之內容有二要點：(一)講述習見於英國文學中之舊約故事，以爲攻習英國文學之助；(二)研究舊約之文章，使學者曉然於一部分英國散文風格之淵源。

教科書：

Moulton: Modern Readers Bible

外三三八 古典神話

本學程講述希臘羅馬之神祇及英雄故事，使學者得認識西洋文學之一部分重要的原料。

教科書：

Gayley: Classic Myth

外四一一—四一二 西洋文學批評史

本學程研究之範圍，起自亞里士多德，迄於現代，特別注意於批評史中各時期之嬗變，及其思潮之起伏，以蘄說明一整個的西洋文藝思想。

教科書：

Saintsbury： Loci Critici

Saintsbury： History of Critisism

Gayley and Scott： Meterial and Method of Literary Criticism

外四一三 維多利亞期散文

本學程以Carlyle, Arnold, Ruskin, Pater諸家爲研究之對象，特別注意於諸家散文之藝術及其思想，並略述此時期社會經濟科學哲學宗教之情形，以爲瞭解諸家之津梁。

外四一六 維多利亞期詩

本學程講解Browning, Tennyson, Mrs. E. B. Browning, Arnold及Pre-Raphaelites諸家之詩作，並說明其與當時學術思想及藝術之關係。

外四一七—四一八 畢業論文指導

本系學生於畢業時，須提出論文一篇，或翻譯英國文學書籍一種以代之，學生進行此項工作時，每星期須向指定之教員報告一次，以資指導。

外三二一—三二二 英文演說

本學程選英文演說名著若干篇誦習之，練習發音及姿勢，並擬作演說詞，實地演習之。兼以一部分時間研究並實習辯論的藝術。

外三二三—三二四　英國戲劇研究

本學程講述英國戲劇發達之經過，並選讀主要之代表作品若干種，以資印證。

教科書：

Brawley: A Short History of English Drama

Taylock: Representative English Plays

外三二五—三二六　傳記文學研究

本學程選讀著名傳記若干種，如Plutarch's Lives, Boswell's Life of Johnson, Rousseau's Confessions, Autobiography of Benvenuto Cellini等。並講述傳記作品在文學中之地位。

外三四一—三四二　法國文學概論

本學程講解法國文學之概況，注重其古典戲劇，浪漫運動，及近代批評等方面，並說明法國文學與英國文學相互的影響。

外三四一—三四二　德國文學概論

本學程講述德國文學之興起，其浪漫時期之思潮及其主要作家，並說明其與英國文學之姻緣。

外三四三—三四四　日本文學概論

本學程用中文講述日本文學發展之過程，及其現代文壇之狀況，注意其間所受西洋文學之影響，及日本文學與我國文學之關係。

外三四五—三四六　俄國文學概論

本學程講述俄國寫實小說之發展及其主要作家之生平，隨時兼述俄國文學發展之概況，注意其物質的背影及其特殊的民族性。

外四二一　希臘悲劇

本學程講述希臘悲劇之起源及其背影，並選 Aeschylus, Sophocles, Euripides 三大家之代表作品各一二種，詳細疏解之。

外四二四　現代英國文學

本學程範圍包括自一八九〇年至現今之英國文學。擇其主要作家，依次講述，並選其代表作品，令學者於課外閱讀之。

外四二五—四二六　專家研究

學生得商承教員，選定英國文學作家一人，就其全集作精細之研究，其工作進行之狀況，須每週向教員報告一次，研究之總成績則於學期終繕呈教員審核之。其研究不能於學期終了時完畢者，得續加一學期。

文一一一—一一二　中國通史

本課程依時代先後略述中國歷代政治史之大綱，由史前文化直到現代文化爲止。凡關於民族之分合，文化之昇降，外交之糾紛，制度之興革，皆撮要說明之，以期闡明歷代政治變遷之因果。

文一一三—一一四　英國史

本學程講述英國歷代學術思想之變遷，社會政治之發達，以爲學生研究英國文學史之準備。

教科書：

Cheyney: A Short History of England

參考書：

Cross: History of England and Greater Britain

文一三一—一三二　歐洲通史

本學程自希臘時代起，至巴黎和會止，略述歐洲學術思想之變遷，及經濟政治制度之發達，俾學生得一有系統的歐洲通史知識。

教科書：

J. H. Robinson: Medieval and Modern Times

參考書：

Breasted: Ancient Times

Hayes: Social and Political History of Modern Europe

文一三三—一三四　經濟學

本學程前半講述現代經濟組織及經濟學基本原理，後半講述重要經濟問題，俾學生得一有系統的經濟學知識。

教科書：

Ely: Outlines of Economics

參考書：

marshall: Our Economic Organization

Hamilton: Current Economic Problems

文一三五—一三六　社會學

本學程前半講述社會學之基本原理，如（一）社會學之目的，方法，範圍，（二）社會學之性質，（三）社會起源，（四）社會進化，（五）社會歷程，（六）社會制裁。後半講述現代社會問題，如（一）現代社會問題之背景，（二）勞工問題，（三）政治問題，（四）私有財產制度問題，（五）家庭制度問題，（六）社會主義。

教科書：

Ross: Elements of Sociology

參考書：

Case: Introductory Sociology

Park, Burgess: Introduction to the Science of Sociology

文一三七—一三八　政治學

本學程前半講述政治學的基本原理，如(一)政治學的目的，方法，範圍，(二)國家之性質，起源，演進，主權，與職掌問題。後半講述(一)政治制度問題，如立法，行政，司法機關之組織與職權，地方政府之地位，(二)國際問題，如國際聯盟，國際法庭，非戰公約，軍縮，戰債與賠款問題。

教科書：

Garner: Political Science and Government

參考書：

Laski: Grammar of Politics

Buell: International Relations

文三二一—三二二　中國文化史

本課程用縱剖法，約分為社會，經濟，法制，教育，學術，宗教，禮俗，華化等類，各依年代之次序，分別講述之，並說明其間互相影響之處，使學者對於我國文化之統系得一整個的認識。

文三二三—三二四　中國哲學史

本學程就我國歷代重要思想家之意見，抉剔而理董之，以觀其系統之龍脈，並隨時說明其孳息之原因及其所發生之影響。

文三二五—三二六　中國美術史

本學程講述我國繪圖書法雕塑建築及其他藝術發展之郵程，其特殊的情形，及其與我國文學之姻緣，並略述歷代學者關於美術之理論及批評。

文三四一—三四二　哲學概論

本學程首述哲學之起源範圍及其意義，然後就關於形上學中之本體論宇宙論，及關於認識論價值論之各派學說，逐一講述之、並隨時加以批評，俾學者得知哲學中之重要概念，並對於各派學說，能略辨其得失之所在。

文三四三—三四四　西洋哲學史

本學程分希臘中世近世及現代四期，講述西洋哲學思想之源流及其變遷。

文三四五—三四六　歐洲文藝復興史

本學程講述中世與近世間過渡時期之文學美術與學術思想。及其社會政治組織，意在使學者得窺見歐洲近代文明之淵源。

職員

姓名	別號	籍貫	履歷	職務	到校年月
楊振聲	金甫	山東蓬萊	北京大學廣州中山大學燕京大學武昌大學教授清華大學文學院院長	校長	十九年六月
趙畸	太侔	山東	北平國立藝專教授北大講師	教務長	十九年八月
聞一多		湖北蘄水	國立中央大學外國文學系主任武漢大學文學院院長	文學院院長	十九年八月
黃際遇	任初	廣東澄海	日本東京高師畢業美國芝加哥大學碩士歷任天津高等工業學校武昌師範大學教務長廣州中山大學教授河南中山大學校長河南教育廳廳長	理學院院長	十八年十二月
黃敬思	仲誠	安徽蕪湖	美國哥倫比亞大學哲學博士曾任大夏大學高師科主任兼教育行政系主任	教育學院院長	二十年八月
梁實秋		北平	國立東南大學教授暨南大學外國語文系主任	圖書館館長	十九年七月
劉本釗	康甫	山東	朝陽大學法律科畢業第一屆高等文官考試及格外交部主事國立清華大學會計主任	總務長兼會計課主任	二十年五月
陳命凡	季超	山東蓬萊	國立北京師範大學畢業山東省立第一女子師範教務長山東省視學膠澳商埠教育局局長	秘書	十九年六月
鄧初	仲純	安徽	日本千葉醫科大學醫學士	校醫	十九年八月

黄金鰲		安徽合肥	國立北平師範大學體育系畢業國立北京大學體育講師北平輔仁大學衛生教育講師國立北平大學體育指導	體育部主任	二十年九月
皮高品		湖北嘉魚	武昌文華大學文學士武昌文華圖書專科畢業天津南開中學圖書館主任濟南齊魯大學圖書館主任北平燕京大學圖書館中日文編目部主任	圖書館主任	十九年十一月
潘垂統		浙江餘姚	東南大學教務處註册股主任浙江教育廳科員光華大學註册主任暨南大學註册課課長	註册部主任	二十年五月
孟禮先		山東安邱	山東高等工業應用化學科畢業遣派北洋各工廠實習山東高等工業化學工廠主任山東工商廳一等科員國立青島大學籌委會事務主任	工廠管理處主任	十八年六月
任德寬	濟民	山東菏澤	山東農業專門學校及東南大學畢業山東棉業試驗場及棉業講習所主任綏遠農業專門學校校長山東曹縣縣長山東農礦廳合作社指導員養成所副所長	農事試驗場主任	十九年九月
王志軒		山東益都	山東商業專門學校教員私立青島大學庶務主任	庶務課事務員兼代主任	十八年六月
鄭普一		浙江嘉善	杭州蠶學館畢業江蘇女子蠶業學校主任上海靈生工廠製絲部主任兼技師山東農業專門學校蠶絲部主任山東大學農科教授兼蠶學系主任	農事試驗場蠶絲部技師	十九年九月
沈澍仁	靜涵	安徽蕪湖	皖江法政學校畢業安徽省立第七中學訓育主任第五中學舍務主任第二女子中學事務主任	教育學院事務員	二十年九月
吴伯簫		山東萊蕪	國立北平師範大學畢業	教務處事務員	二十年九月

陳世芳	蘭村	山東聊城	山東省立自治研究所畢業清平單縣曹縣館陶章邱臨清縣政府第一科科長東臨道立模範高等小學校國文教員	註册部事務員	十八年十一月
王壽之		山　東	山東一師本科畢業國立交大肄業山東第四中學教員膠濟鉄路坊子育才小學校長第一中學教務員	註册部事務員	二十年三月
郭宣霖	雨林	福建福安	曾任北平孔德學院英語教員	註册部事務員	二十年七月
丁伯弢		山東日照	中央黨務學校文書科幹事中央特種刑事法庭紀錄書記員山東合作社指導員養成所教員	圖書館事務員	二十年三月
陳　頌		湖南長沙	武昌華中大學文學士武昌文華圖書館學專科學校畢業北平國立北平圖書館西文編目	圖書館事務員	二十年九月
林斯德	頌齊	湖北蘄水	武昌文華圖書館學專科學校畢業國立武漢大學圖書館館員	圖書館事務員	二十年八月
舒紀維	揚仁	安　徽	武昌文華圖書館學專科學校畢業南京衛生部圖書館主任上海國立交通大學圖書館西文編目	圖書館事務員	二十一年四月
陳雲章		山東菏澤	山東高等學堂畢業上海大東製帽公司經理淞滬督辦公署財政處徵收科科員	會計課事務員	十八年十月
劉芳椿	壽玄	山　東	北京大學預科畢業膠澳商埠警察廳秘書山東省立第八中學教務主任國立清華大學會計課助理	會計課事務員	二十年十月
宋士斌	申廷	山　東	國立北平大學法律系畢業	會計課事務員	二十年九月
李韻濤		山東泰安	山東省立一師專科畢業山東省立第六中學教員	庶務課事務員	十九年四月

職教員錄

宋錫波	榮甫	山東城武	曾充本縣高小校長圖書館館長通俗講演所主任國民政府軍事委員會政治訓練部特務員	庶務課事務員	十八年十月
程友珣		山東臨朐	國立武昌商科大學畢業山東省立第一中學事務主任兼會計第八中學教員	庶務課事務員	十九年十一月
鄧以從		安徽懷甯	北平中國大學畢業曾任安徽大學助教	庶務課事務員	二十年五月
劉志岑		山東聊城	前清優廩生山東省立法政學校畢業山東高等農業學堂監學文案山東優級師範學校會計山東教養總局文牘	秘書室事務員	十八年十一月
朱仁山	仁山	山東	曾充山東省立第二甲種農業學校教員兼訓育主任山東省立第八中學事務主任兼教員	秘書室事務員	二十年八月
崔景祺	仰山	山東臨淄	山東公立農業專門學校農科畢業山東省立棉業試驗場山東省立棉作育種場山東省立農事試驗場青島農林事務所技術員山東農業專門學校助教	農事試驗場技術員	十九年九月
王廣譽	永周	山東壽光	山東省立棉業講習所畢業	農事試驗場技術員	十九年九月
華　瑾	幼琳	江　蘇		校醫室助理員兼管女生齋務	二十年九月
曲繼皋		山東蓬萊	北京通才商業專門學校畢業國立北京大學研究所國學門研究生蓬萊縣立職業學校校長山東省立第八中學教員青島市立女子中學教員	圖書館助理員	十九年五月
魏文荃		江蘇吳縣	蘇州英華女子中學畢業	圖書館助理員	十九年九月

羅鳳翔		廣　東	廣州公益女子中學畢業	圖書館助理員	十九年三月
李友松		廣西桂林	雲南省立第一女子師範學校畢業	圖書館助理員	十九年三月
邵磊厂	仲韜	山　東	山東省立第一中學及省銀行講習所畢業濟南美術專門學校文牘員山東省銀行行員	會計課助理員	十九年九月
杜原田	每坡	山東廣饒	山東省立第十中學畢業歷充山東工專私立青大國立青大籌委會書記	庶務課助理員	十七年六月
徐濟光		浙江鄞縣	上海中西女學聖瑪利亞女校肄業上海金城公司西文書記	庶務課助理員	二十年五月
李慶三		山東堂邑	山東省立實驗劇院文書員	秘書室助理員	十九年九月
廖雪琴		廣東番禺	上海嶺南中學及上海因宜打字學校畢業青島商品檢驗局秘書室事務助理員	生物學系繪圖兼繕寫助理員	二十一年四月
趙和生		山東益都	山東省立實驗劇院庶務員	工廠管理處助理員	二十年三月
鮑東生		安徽桐城	山東東魯中學畢業歷城第三小學教員山東省立實驗劇院庶務員	體育部管理員	十九年十月

教員

文學院

姓名	別號	籍貫	履歷	職務	到校年月
聞一多			見前	教授兼中國文學系主任	
梁實秋			見前	教授兼外國文學系主任	
趙畸			見前	教授	
杜光塤	毅伯	山東聊城	國立北京大學美國芝加哥大學哥侖比亞大學學士碩士	教授	十九年九月
譚葆慎		廣東	武漢大學教授	教授	十九年九月
郭斌龢	洽周	江蘇江陰	香港大學文學學士美國哈佛大學文學碩士曾任國立東北大學北平大學北平師範大學教授	教授	二十一年二月
趙少侯		杭縣	北平大學法國文學系講師北京中法大學教授兼文預科主任國立勞動大學教授	講師	二十年八月
游國恩	澤承	江西臨川	國立北京大學中國文學系畢業國立武漢大學專任講師	講師	二十年九月
楊筠如	德昭	湖南常德	曾任廈門大學史學系講師國立中山大學預科教授國立暨南大學歷史系教授	講師	二十年八月

黃淬伯		江蘇南通	北平清華研究院畢業國立中央研究院歷史語言研究所研究中國音韻學	講師	十八年十月
梁啓勳	仲策	廣東新會		講師	二十年十一月
沈從文	從文	湖南鳳凰	吳淞中國公學文學系講師	講師	二十年八月
王士瑨	崐玉	山東萊陽	曾充山東省立第六中學省立第一女子師範省立第八中學山東大學高中部省立第三師範國文教員	講師	十九年十月
費鑑照		江蘇	國立中央大學文學士國立武漢大學教員	講師	二十年九月
孫承謨	爾嘉	山東濟甯	北京清華學校畢業美國歐海歐大學化學科學士及碩士國立北平大學第一師範學院及第一工學院化學講師膠濟鐵路四方機廠幫工程司	兼任講師	二十年十月
蘇保志		德國	德國柏林大學肄業漢寶大學哲學博士	兼任講師	二十年九月
羅寶善		德國	德國習崖那大學愛爾郎根大學肄業柏林大學畢業	兼任講師	二十一年三月
孫方錫	卓泉	青島市	德國習崖那大學理科博士	兼任講師	二十年九月
張金梁	紫宇	山東平度	德國 Halle 大學理科博士	兼任講師	二十年九月
劉崇璣	伊莘	福建閩侯	日本東京高工機械科卒業實業部登記工業技師青島市政府社會局第一科科長青島市度量衡檢定所所長	兼任講師	二十年九月
鄧初			見前	兼任講師	

叢汝珠	翼之	山東文登	日本早稻田大學商科大學部畢業山東公立法政專門學校教務主任兼教員山東大學政治經濟學系主任兼法科教授	兼任講師	二十一年四月
譚紉就		廣東新會	燕京大學畢業	教員	二十年八月

理學院

姓名	別號	籍貫	履歷	職務	到校年月
黃際遇			見前	教授兼數學系主任	
蔣德壽	迦安	江蘇江都	英國孟乞斯德大學理學士曾任南通學院物理教授四年東北大學物理專任教授三年	教授兼物理學系主任	二十年九月
湯騰漢		福建	德國柏林大學理學博士德國國試政府特許優等藥化學師	教授兼化學系主任	十九年八月
曾省	省之	浙江瑞安	法國里昂大學理學博士瑞士暖狹登大學寄生物研究院研究一年	教授	二十年九月
傅鷹	肖鴻	北平	美國米西干大學理學士及理學博士曾任米西干大學無機化學助教二年物理化學助教二年膠體化學助教二年研究員(Fellow)一年北平協和醫學校生理化學系助教一年東北大學化學教授一年	教授。	二十年九月

中國文學系

一年級

學號	姓名	性別	籍貫	通訊處	備註
二三一七二	李長翼	男	湖南岳陽	湖南岳州觀音閣街李萬興號轉	因上年度休學本年度入一年級
二三二一六	帥鴻勳	男	江西臨川	江號臨川羅針墟衛生堂	因上年度休學本年度入一年級
二四〇一六	舒連景	男	山東聊城	聊城西北閣覺寺轉張舒莊	
二四〇一八	弓英德	男	山東觀城	山東觀城弓家莊	
二四〇一九	徐連彭	男	山東濰縣	山東濰縣寒亭鎮	
二四〇二二	張以智	男	山西榆次	山東臨清下堡李	
二四〇三二	張　森	男	山東泰安	山東泰安城東山口鎮	
二四〇三五	姜化邦	男	山東昌邑	山東昌邑柳疃街泰和號	
二四〇五五	李蔭苓	男	江蘇碭山	江蘇豐縣楊恆記收轉	
二四〇七二	馮闓圻	男	山東安邱	青島定陶路三號	
二四〇七七	王學易	男	山東菏澤	曹州城內廣生街二十三號	
二四〇七九	曹嵩齡	男	浙江嘉興	浙江嘉興芝橋街	

學生姓名錄 一七〇

二四	〇八〇	鍾朗華	男	四川富順	北平宣內什家戶六號	
二四	〇八二	楊雲青	男	山東泰安	山東泰安靈芝街	
二四	〇八九	魏興南	男	山東禹城	山東禹城縣西南辛寨街轉魏家寨	
二四	〇九三	張震澤	男	山東長清	山東長清城南黑峪街	
二四	〇九八	張兆鳳	男	山東恩縣	山東省泰安縣南關茂盛棧房	
二四	一〇八	韓連琪	男	山東安邱	山東安邱韓家後	
二四	一一〇	黃殿棟	男	山東青城	青城城內裕昌合轉	
二四	一一八	譚慶傳	男	山東博山	博山縣城東西石門莊	
二四	一三三	繆芸萃	女	山東歷城	濟南南關順城街三號	
二四	一三七	湯汝媛	女	雲南昆陽	雲南昆明四吉堆豆腐巷五號	

二年級

學號		姓名	性別	籍貫	通訊處	備註
二三	一三七	傅繼英	男	江蘇睢甯	江蘇省睢甯縣高作鎮北門內張鳳翔轉	
二三	一四七	徐蘭田	男	山東泗水	泗水縣南苗館	
二三	一四九	許星園	男	山東蒲台	廣饒史家口轉許家莊	
二三	一五一	薛傳泗	男	山東東阿	東阿縣西南西汪村福盛全號轉蔡家窩莊	

二三	一五九	冉昭德	男	山東曹縣	山東曹縣後街冉寓	
二三	一六七	耿錫典	男	山東濰縣	濰縣壩崖北頭公興祥號	由教育行政系二年級轉入
二三	一七六	李繁闓	男	江蘇蕭縣	江蘇徐州隴海路黃口站信昌永轉	
二三	一七七	李符中	男	山東諸城	諸城西南門裏司馬坊西敦樸堂	
二三	一七九	李桂生	男	山東萊蕪	萊蕪縣東關鼎新書社	
二三	一八八	羅秀荷	女	廣東中山	青島市大沽路十五號	
二三	一九八	劉位鈞	男	山東滕縣	滕縣杏花村	休學
二三	一九九	劉裕坤	男	山東昌樂	濰縣大柳樹鎮轉四泉莊	
二三	二〇六	馬維新	男	山東歷城	濟南西關石棚街二十二號	
二三	二一二	白贊元	男	陝西榆林	陝西陝北榆林縣常官下巷張宅轉	由外國文學系二年級轉入
二三	二一三	彭麗天	男	廣東興寧	汕頭興甯羅岡新興展	
二三	二二八	田玉美	男	山東壽光	壽光縣北鄉田柳莊郵局	
二三	二三〇	丁觀海	男	山東日照	日照縣濤雒鎮前欲仁堂	
二三	二三五	臧瑷望	男	山東諸城	諸城南關義成號轉臧家莊南凝翠軒	
二三	二四四	崔連才	男	山東泰安	泰安城內福盛永布莊	
二三	二六四	魏景泰	男	山東高密	高密西關天增泰轉	

二三二六五	魏少釗	男	四川樂山	四川樂山洙泗塘謝公館內魏宅	由外國文學系二年級轉入
二三二六八	吳繼舜	男	山東惠民	惠民城東南文家寨	
二三二六九	吳　珂	男	山東霑化	霑化縣城西里于家河	
二三二八〇	劉景源	男	四川成都	四川成都西馬棚街三號	
二三二八一	楊繼璠	男	四川樂山	四川樂山土橋街正味齋	
二三二八五	王德箴	女	江蘇沛縣	江蘇沛縣隆泉烟莊轉	

外國文學系

一年級

學號	姓名	性別	籍貫	通訊處	備註
二四〇〇四	潘允文	男	河南郾城	河南郾城西南楊店四知堂藥舖轉	
二四〇〇七	趙寶珠	女	雲南昆明	雲南省迎恩街雙龍巷二號	
二四〇〇八	趙寶玉	女	雲南昆明	雲南府東門迎恩街雙龍巷二號	
二四〇二一	李子駿	男	山東臨清	山東臨清武訓小學轉	
二四〇二八	呂少恆	男	山東平原	平原縣城內十字街北許宅轉	
二四〇三〇	李世昌	男	山東泰安	泰安城南滿莊轉水泉莊	
二四〇三一	李　林	男	山東齊東	長山城北陶唐口德源堂轉曾家坡	

二四〇四四	陳菱君	男	河北故城	河北故城鄭家口德源恆轉
二四〇四五	王澤同	男	山東膠縣	膠縣靈山衛謙益和號
二四〇四六	周文正	男	山東菏澤	菏澤閻什口
二四〇四八	張梅溪	男	浙江溫嶺	浙江溫嶺東澼塘下張
二四〇五六	趙宗漢	男	山東昌邑	昌邑南營莊
二四〇五七	賈性甫	男	山西右玉	北平宣外上斜街十七號
二四〇六六	呂家隆	男	山東莒縣	莒縣城內呂宅
二四〇六八	李繼昶	男	山東泰安	泰安縣西南鄉滿莊
二四〇七一	徐學鎧	男	浙江鄞縣	浙江鄞縣段塘鎮
二四〇七三	王允沛	男	山東膠縣	膠縣河頭源寶善堂郭松岩轉
二四〇七八	鄭祖和	男	河北遷安	河北省遷安縣信源永
二四〇八四	嚴懋垣	男	山東歷城	濟南盛唐巷三十四號
二四〇八五	孫德芳	男	山東濟陽	山東臨邑縣夏口街轉耀德莊
二四〇八六	田玉山	男	山東歷城	濟南城西南西鄉八里窪莊
二四〇八七	魏振德	男	山東壽光	青州西皇城六號
二四〇八八	李愷中	男	山東恩縣	恩縣城內義和堂藥店轉見馬莊

學生姓名錄

二四〇九一	李瑚	男	山東利津	濟南蕃安巷六號	
二四〇九二	紀澤長	男	山東利津	濟南城內按察司街三十八號	
二四一〇六	楊文衡	男	山東蓬萊	青島黃縣路四號	
二四一〇九	梁興義	男	山東嘉祥	嘉祥縣城南梁家山	
二四一一一	郭良才	男	山西定襄	北平南城京報館轉	
二四一一二	馬連均	男	山東益都	青州白衣庵街馬寓	
二四一一五	韓朋	男	山東泰安	泰安城內關帝廟街十九號	
二四一二〇	齊東野	男	安徽桐城	安慶孔城	
二四一二一	杜傑英	男	山東濰縣	濰縣城內南門裏水巷十五號	
二四一二五	朱漢章	男	山東蓬萊	烟台西八角海口天生成轉老溝村	
二四一二七	宋默庵	男	山東臨清	山東臨清會通街裕品齋轉	
二四一三五	唐月萱	女	安徽涇縣	安慶蓄水池二十七號	
二四一四一	張鴻儀	男	山東霑化	霑化城東南堤圈莊	
二四一四六	黃冠羣	男	江蘇南通	江蘇南通小海鎮南	由物理學系一年級轉入

二年級

學號	姓名	性別	籍貫	通訊處	備註

二三	一三〇	鄒積德	女	山東蓬萊	煙台二馬路二七號	休學
二三	一三五	馮冷光	男	吉林濱江	吉林哈爾濱道外中五道街二五號	
二三	一三九	韓國棟	男	江西臨川	江西臨川展屏圩如蘭生雜貨號	
二三	一五二	薛德昌	男	山東聊城	東昌城西南曲莊	
二三	一五六	黄庭谷	男	四川永川	上海法租界金神父路三二六號	
二三	一六二	任寶奩	男	浙江吳興	江蘇揚州徐凝門任宅	
二三	一六四	任於錫	男	山東歷城	濟南緯一路北首路東三九〇號	
二三	一七八	李香亭	男	山東高唐	高唐城西李奇莊	
二三	一八一	李實諤	男	山東淸平	臨淸后舖葉宅轉	
二三	一八九	劉飭浦	男	山東平度	平度西南鄉周戈莊轉劉家小莊	
二三	二二九	丁金相	女	山東日照	日照縣濤雒鎮敬修堂	
二三	二三二	蔡同舉	男	吉林長春	長春南關聚興棧	
二三	二三三	蔡文顯	男	江西金谿	江西滸灣茂積米莊	
二三	二四〇	戚榮晉	男	湖北沔陽	青島平原路新一號	
二三	二五八	王弢	男	河北衡水	河北省深縣磨頭鎮轉大栁林村	
二三	二七九	梁繡琴	女	浙江杭縣	北平東城大取燈胡同一號	

二四〇七六	郭慕雍	男	山東鄆城	鄆城縣西二十里樊大樓
二四〇八三	霍水昌	男	河南汝南	河南汝南縣城內二龍里路東本宅
二四一〇四	薛純	男	山東濱縣	蒲台北鎮西楊莊
二四一四二	丁需詳	男	山東日照	日照濤雒燕貽堂

補習班

學號	姓名	性別	籍貫	通訊處	備註
P一	張康賢	男	山東牟平	山東海陽縣夏村轉黃村	
P二	孟範祿	男	山東淄川	淄川城裏精忠街	
P三	趙宗禹	男	山東濱縣	濱縣城北馬刀趙莊	
P四	宋漢傑	男	山東曹縣	曹縣教育局	
P五	于啓民	男	山東昌邑	昌邑于家部	
P六	林占鰲	男	山東濱縣	濱縣城南林莊	
P七	王鴻俊	男	山東文登	文登縣葛呂集轉	
P九	王慶樂	男	山東章邱	濟南布政司大街文元堂	
P一〇	石佩英	女	山東歷城	濟南城內二賢街十號	
P一一	劉芳	女	山東臨沂	臨沂城裏立法街三十號	

P一二	梁章蓉	女	山東濰縣	濰縣東關金牛巷	
P一三	孫鑑秋	女	山東東平	東平新建街一號	
P一四	劉智白	女	山東高苑	高苑城北武劉莊	
P一五	楊有馨	女	湖北漢陽	濟南新東門外七家村十三號	
P一六	張秀蘭	女	山東高苑	濟南商埠三大馬路緯一路濟安里二號	
P一七	朱渥丹	男	山東金鄉	金鄉城內郵局轉	
P一八	王遵海	男	山東臨淄	臨淄西鄉小張王莊	
P一九	崔友文	男	山東臨淄	臨淄縣東北鄉北羊店子	
P二〇	張鳴林	男	山東昌邑	昌邑夏店天盛增	
P二一	葛勤修	男	山東萊陽	即墨店埠郵局轉南葛村	

旁聽生

學號	姓名	性別	籍貫	通訊處	備註
A一	李雲鶴	女	山東諸城	濟南按察司街七十五號	
A二	沈岳萌	女	湖南鳳凰	湖南鳳凰縣西門上	
A三	陳培昭	男	山東昌邑	青島膠州路榮盛茂	
A四	孫志籌	男	山東即墨	青島陽信路三十六號	

學生姓名錄

A五	甯修恩	男	山東掖縣	青島保定路十八號
A六	吳素芳	女	山東泰安	泰安南關
A七	何文樂	男	廣　東	青島曲阜路十七號
A八	朱致遠	男	河北永清	河北永清縣西門內
A一〇	李其琮	男	山東日照	日照李土山水竹居
A一一	魏元恆	男	河北景縣	河北省連鎮冷莊
A一二	劉振漢	男	山東安邱	安邱南關北益興號轉麻埠莊
A一三	古賀亨	男	日　本	青島黃台路新十三號古賀醫院內
A一六	陳宏	女	福建福安	福州城內得貴巷一號
A一八	鄭幼生	男	廣東中山	青島陽信路三十七號
A一九	華顯庭	男	廣東番禺	青島甘肅路六十三號
A二〇	蘇譽東	男	廣東南海	青島館陶路二十八號太古洋行
A二二	李倜	男	山東萊陽	青島臨清路九號
A二三	徐景奐	女	山東臨沂	臨沂城內鮮魚市
A二四	李杏如	女	雲南晉甯	雲南晉甯縣城內青蓮居
A二六	劉國芳	男	山東濰縣	濰縣城內海島寺巷

一九〇

A	二七	國培之	男	山東壽光	昌樂佚鎮致和祥
A	三〇	李粹儀	女	山東萊陽	萊陽楊格莊
A	三二	郝復儉	男	山東膠縣	濟南中大槐樹三十二號
A	三三	丁昌奇	男	安徽合肥	青島甘肅路十七號
A	三四	成鴻先	男	山東黃縣	青島吳淞路義泰鴻記
A	三五	臧運新	女	山東諸城	諸城城史巷謙益堂
A	三九	趙　偉	男	浙江分水	浙江分水致善昌號轉交
A	四一	馮家安	男	湖北夏口	本市廣西路二十六號
A	四二	李岱年	男	山東諸城	諸城西門裏得書堂
A	四三	萬學文	男	雲南普洱	雲南普洱縣南城外雲盛號
A	四四	蔣寶祥	男	雲南曲溪	雲南省城荃蔴巷卅六號
A	四五	劉靜芳	女	雲　南	雲南昆明市文廟東巷十二號
A	四六	陸璞珍	女	山東安邱	山東青州站工務處
A	四七	丁原郝	男	山東日照	日照濤雒公祥福號
A	四八	王雋英	女	山東青島	青島私立崇德中學
A	五〇	王　珏	男	山東高密	高密城裏城皇廟街八號

學生姓名錄

A五一	趙連璧	男	山東膠縣	青島費縣路德記煤廠
A五二	王啓銓	男	安徽青陽	本市西藏路同興里廿二號
A五三	張若鼎	男	山東桓台	桓台縣城東聶家橋
A五四	王鳳亭	男		
A五五	孫樾棻	男	山東廣饒	青島城武路二十號孫宅
A五六	邵乃賢	女	浙江	北平南城京報館

国立山东大学一览

（文学院相关资料辑录，民国二十二年）

民國二十二年度校歷

（凡紀念日除特定放假者外皆照常上課）

第一學期

民國二十二年八月二十日（星期日）先烈廖仲愷先生殉國紀念日

二十七日（星期日）孔子誕生紀念日　放假

九月九日（星期六）總理第一次起義紀念日

十四日（星期四）暑假終

十五日（星期五）至十八日（星期一）選課註册

二十日（星期三）本校成立紀念日　放假

二十一日（星期四）上課　朱執信先生殉國紀念日

二十一日（星期四）至十月四日（星期六）改課轉系及補考

十月十日（星期二）國慶紀念日　放假

十一日（星期三）總理倫敦蒙難紀念日

十一月十二日（星期日）總理誕辰紀念日　放假

十二月五日（星期二）肇和兵艦舉義紀念日

校歷

十日(星期日)青島接收紀念日　放假
二十五日(星期一)雲南起義紀念日
民國二十三年一月一日(星期一)中華民國成立紀念日　放假
一日(星期一)至三日(星期三)年假
二十四日(星期三)至三十一日(星期三)學期攷試

第二學期

二月一日(星期四)至十四日(星期三)寒假
二月十五日(星期四)至十七日(星期六　註册
二十日(星期二)上課
二十日(星期二)至三月三日(星期六)改課及補攷
三月十二日(星期一)總理逝世紀念日　放假
十八日(星期日)北平民衆革命紀念日
二十九日(星期四)革命先烈紀念日　放假
四月十二日(星期四)清黨紀念日
十六日(星期一)至二十二日(星期日)　春假
五月三日(星期四)濟南慘案紀念日

二

五日(星期六)革命政府紀念日　放假
九日(星期三)國恥紀念日
十八日(星期五)先烈陳英士先生殉國紀念日
六月十六日(星期六)總理廣州蒙難紀念日
七月二日(星期一)至七日(星期六)學期考試
八日(星期日)暑假起始
九日(星期一)國民革命軍誓師紀念日　放假

校歷　三

校

歷

四

校史概要

民國十五年夏，山東省立農礦法商工醫六專門學校奉省令合併爲山東省立山東大學。

十七年五月，五三事變發生，山東大學停頓，旋經大學院令將省立山東大學改爲國立山東大學，並設籌備委員會，聘何思源等十一人爲籌備委員。當以濟案關係，一切籌備，未獲積極進行。

十八年五月，濟案解決，國立山大籌委會奉敎育部令改稱國立青島大學籌備委員會，除接收舊省立山東大學外，並將私立青島大學校產收用，籌設國立青島大學，另行函聘何思源，趙畸，王近信，彭百川，蔡元培，袁家普，楊振聲，杜光塤，傅斯年等九人爲委員，並推定何委員爲籌備主任。六月二十一日各委員在濟南宣誓就職，籌備進行，旋經第二次委員會會議議決，國立青島大學設於青島，並分設工廠農事試驗場於濟南，十月經委員會推定杜光塤委員爲駐青籌備委員，監理修繕青島校舍及購備圖書儀器並設文理兩科補習班。同月敎育部添聘陳調元，于恩波，陳名豫三人爲籌備委員。

十九年五月，國民政府任命楊振聲爲校長，六月補習班修業期滿，試驗及格者准其入本科一年級肄業，同月楊校長到校，籌備委員會會議議決第一年先設文理兩學院，文學院分中國文學系，外國文學系，敎育學系。理學院分數學系，物理學系，化學系，生物學系。八月在青島，濟南，北平三處招考一年級新生。九月二十一日，校長宣誓就職，本大學正式成立，同日籌備委員會結束。

二十年二月，校務會議議決，自下學年起，將敎育學系擴充爲敎育學院；五月校務會議議決，敎育學院先成立敎育行政系及鄉村敎育系。

二十一年七月，奉敎育部令，成立國立青島大學整理委員會，經議決敎育學院停辦；文，理兩學院合併爲文理學院；設農，工兩學院於濟南。農學院設研究，推廣兩部，暫不收本科生。九月奉教育部令，國立青島大學，改名爲國立山東大學；校長楊振聲辭職照准，並經國民政府任命趙畸爲國立山東大學校長，十月一日趙校長到校就職。

本大學二十一年度學院學系列表如左：

國立山東大學

- 文理學院
  - 中國文學系
  - 外國文學系
  - 數學系
  - 物理學系
  - 化學系
  - 生物學系
- 農學院
  - 研究部
  - 推廣部
- 工學院
  - 土木工程系
  - 機械工程系

國立山東大學組織規程

第一章 總則

第一條 本大學設於青島定名爲國立山東大學但於必要時得設學院學系專科及工廠試驗場於濟南

第二條 本大學根據中華民國教育宗旨以提高民族文化研究高深學術養成健全品格及專門人才爲宗旨

第二章 學院

第三條 本大學設左列各學院

(一)文理學院 內設中國文學系外國文學系數學系物理學系化學系生物學系及其他學系

(二)工學院 內設土木工程系機械工程系及其他學系

(三)農學院 暫設研究部及推廣部

第四條 本大學得設研究院與專修科

第三章 教員及職員

第五條 本大學設校長一人總理校務由國民政府任命之

第六條 本大學設祕書長一人處理祕書處事宜管轄文牘課事務課會計課出版課校醫室等由校長聘任之

第七條 本大學設教務長一人處理教務處事宜管轄教務處圖書館軍事訓練部體育部等由校長聘任之

第八條 本大學各學院各設院長一人由校長聘任之

第九條　各學系各設主任一人由院長商請校長聘任之

第十條　各學系教授副教授講師助教由院長商請校長聘任之

第十一條　本大學各部課等得設主任事務員及助理員由校長聘任或委任之

第四章　學生

第十二條　本大學學生入學資格及畢業年限均依大學組織法及大學規程辦理

第十三條　本大學畢業學生由本大學給予畢業證書得稱某學士

第五章　會議及委員會

第十四條　本大學設校務會議以全體教授副教授選出之代表若干人及校長教務長祕書長各學院院長各學系主任組織之校長爲主席

第十五條　校務會議審議左列事項

一　重要章制

二　本大學預算

三　學院及學系之設立與廢止

四　本大學課程

五　各種學則

六　關於學生試驗事項

七　關於學生訓育事項

八　校長交議事項

校務會議開會時得由校長依大學組織法之規定邀請專家列席

第十六條　本大學各學院設院務會議以院長系主任組織之院長爲主席

第十七條　院務會議審議左列事項

一　該學院之預算

二　該學院之課程

三　該學院學生試驗及成績

四　該學院學術設備及出版

五　校長或院長交議事項

第十八條　本大學依校務上之需要得設各種委員會其委員由校長就教職員中聘任之於必要時得由校長邀請校外專家列席

第十九條　以上各種會議及委員會其規則於集會之始由各該會議及委員會擬定提交校務會議核定之

第六章　附則

第二十條　本規程自呈經教育部核准後公佈施行

第廿一條　本規程得由校務會議議決修改但須呈經教育部核准備案

國立山東大學組織系統表

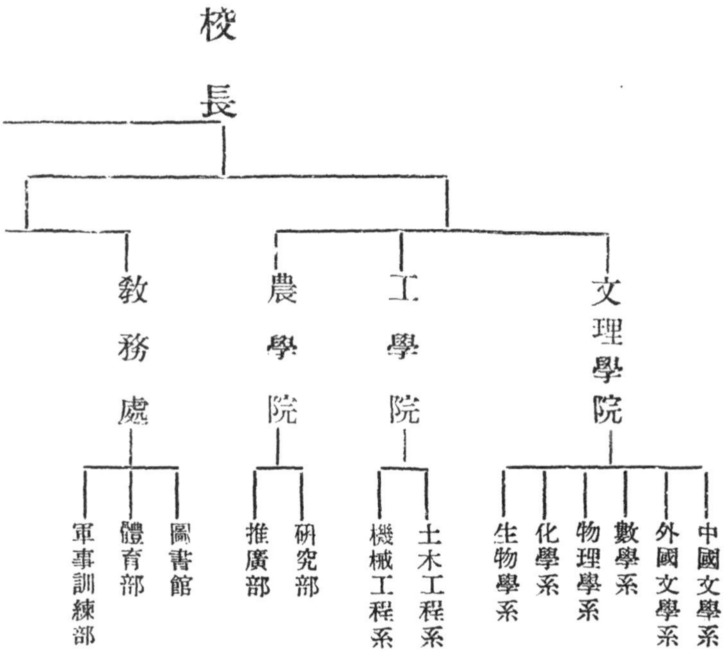

一〇

組織系統表

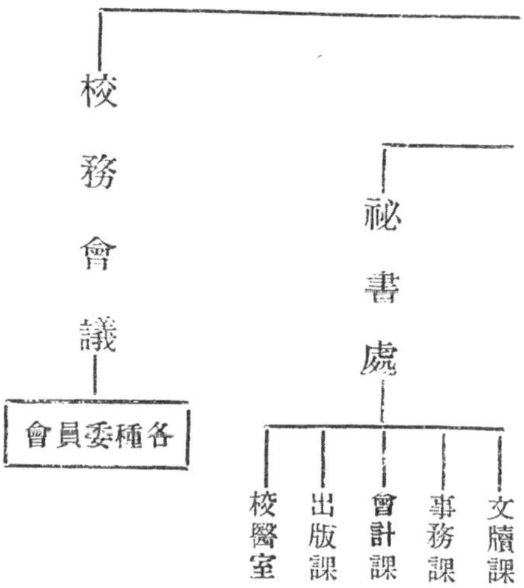

組織系統表

一二

國立山東大學學則

第一章 入學

第一條 凡在公立或已立案之私立高級中學或同等學校畢業經本大學入學試驗及格者得入本大學本科一年級肄業

第二條 凡在公立或已立案之私立大學本科肄業一年以上成績及格經本大學轉學試驗及格者得轉入本大學相當年級肄業

第三條 本大學入學試驗及轉學試驗於每學年始業前舉行一次其招生規則另定之

第四條 新生入校時須塡具入學志願書並由保證人二人塡具保證書

第五條 轉學生在原校所得學分須經本大學之核定

第六條 本大學得酌收旁聽生其規則另定之

第二章 繳費 註册 改課 轉系

第七條 學生每學期始業時應繳左列各費

(一)學費八元

(二)宿費五元

(三)雜費二元

(四)科學實驗費五元(無科學實驗者免繳)

（五）體育費二元

（六）預存賠償費五元（於學期終了時有餘退還不足補繳）

（七）制服費十五元（於第一年入學時繳納）

第八條　學生須依限期到校註冊逾期每日罰金一元至開課後三日猶未註冊者新生即予除名舊生令休學一年

第九條　學生選課須依照各學院學程指導書之規定並經系主任之核准

第十條　改課（改選退選及加選學程）於每學期開課後二星期內行之須經各關係教員及所屬系主任核准

第十一條　轉院及轉系於學年始業後兩星期內行之須經各關係院長及系主任核准必要時並須經過試驗

第十二條　轉院或轉系以入本科一二年級爲限

第十三條　學生轉院或轉系後其所得學分須重經核定

第十四條　轉院及轉系概以一次爲限

第三章　學程及學分

第十五條　本大學各學院學生修業年限至少四年轉學生至少二年

第十六條　本大學各項學程均按學分計算每學期每週授課一小時爲一學分實驗及無須課外自習之學程以二小時至三小時爲一學分

第十七條　本大學各學院學生應修學分依各學院學則之規定但至少須修滿一百三十八學分方得畢業其有未滿四年而已修足規定之學分者得選習特種學科畢業年限不得提前

第十八條　本大學各學院學生除第一年級外每學期所修學程不得超過二十一學分

第十九條　本大學各學系共同必修學程如左

(一)國文　四學分
(二)英文　十二學分
(三)第二外國語　十六學分
(四)自然科學　六學分
(五)社會科學　六學分
(六)黨義　四學分
(七)體育　八學分
(八)軍事訓練　六學分

(六)(七)(八)三項不在一百三十八學分之內不及格者仍不得畢業
(三)項規定工學院除外

第四章　試驗及成績

第二十條　本大學試驗分左列三種

(一)臨時試驗　由敎員隨時舉行之
(二)學期試驗　於學期終舉行之
(三)畢業試驗　於修業期滿時舉行之

第二十一條 學生學業之成績列爲五等如左

甲等 九十分以上

乙等 八十分以上

丙等 七十分以上

丁等 六十分以上

戊等 不滿六十分

第二十二條 凡某學程成績列戊等者爲不及格不給學分如係必修科須重修之

第二十三條 各學程學期成績參酌平時成績與學期試驗成績計算之

第二十四條 各學程學年成績以該學程第一第二兩學期之成績依左列方法計算之

第一學期成績占學年成績三分之一

第二學期成績占學年成績三分之二

第二十五條 各學程成績總平均依左列方法計算之

(一)以學程之學分數乘該學程所得之成績分數爲績分

(二)所修各學程學分之總和爲學分總數

(三)各學程績分之總和爲績分總數

(四)以學分總數除績分總數爲成績總平均

（五）成績總平均之計算包括戊等在內戊等成績分數作爲零

第二十六條　學生學期成績平均列乙等以上者得請領本大學助學金其規則另定之

第二十七條　學生因親喪疾病請假不獲參與學期試驗者須預經教務長之核准方得補考

第二十八條　凡未經准假而不與學期試驗之學程以不及格論不給學分

第二十九條　補考限於每學期始業後兩星期內行之

第五章　缺課　休學　退學

第三十條　學生缺課無論曾否請假均由教員登記並報告教務處

第三十一條　學生因故不能上課者須先期向教務處請假

第三十二條　學生因病請假者須經校醫之證明

第三十三條　學生請假逾三日者須經教務長核准

第三十四條　凡未經准假或假期已滿而缺課者作曠課論

第三十五條　凡一學期中於某學程缺課逾三分之一或曠課滿五小時者不得參與該學程之學期試驗並不得補考

第三十六條　凡一學期中缺課逾所修各學程總時數三分之一或曠課滿二十小時者卽令休學一年

第三十七條　學生因病經醫生檢查有長期休養之必要者得令其休學

第三十八條　學生自請休學須向教務長陳明理由請求核准

第三十九條　學生入學之第一年內不得自請休學

第四十條　學生休學概以年計並不得連續休學兩年

第四十一條　學生休學期內如在他校得有學分不得作爲轉學學分

第四十二條　學生休學期滿延不到校者作爲退學

第四十三條　學生全年所修學程有二分之一或三種不及格者令其退學學生全年所修學程有三分之一或二種不及格者留級一年但不得留級二次(半年學程以每兩種作一種計)

第四十四條　學生如有品行不端或違犯校章者分別記過或令退學記過滿三次者令其退學

第四十五條　凡自請退學之學生須在校肄業滿一學年始得請求發給修業證明書

第六章　畢業

第四十六條　學生肄業期滿合於左列各項之規定者經畢業試驗審查委員會審查通過後准予畢業

(一)修滿本大學規定學程及學分

(二)黨義體育軍事訓練及格

(三)畢業論文審查及格

第四十七條　本大學畢業學生依照所屬學院及學系給予畢業證書並得稱某學士

第七章　附則

第四十八條　本學則如有未盡事宜得由校務會議修正之

第四十九條　本學則自公布之日施行

文理學院學則

一 本學院暫設左列六系

(一)中國文學系

(二)外國文學系

(三)數學系

(四)物理學系

(五)化學系

(六)生物學系

二 本學院學生肄業滿四學年,合於左列各項之規定,方得畢業:

(一)除黨義,體育,軍事訓練外,依照規定學程,中國文學系,外國文學系兩系學生,須修滿至少一百三十八學分:數學系,物理學系,化學系,生物學系四系學生,須修滿至少一百五十六學分;

(二)黨義(四學分),體育(八學分)軍事訓練(六學分)均及格;

(三)依照論文規則,提出畢業論文,經審查及格。

三 本學院各系共同必修學程,其學分分配如左:

國文……………………………………四學分

文理學院學則

英文｛中外文學兩系……十八學分
　　　其他各學系……十二學分

第二外國語｛中外文學兩系……十六學分
　　　　　　其他各學系……至少二十學分

自然科學（中外文學兩系）……六學分

社會科學……六學分

四　第二外國語，中外文學兩系須連習二年，其他各學系須連習二年或三年（德文二年，法文，日文須修習三年，始給學分），成績及格，方給予學分。

五　本學院各學系必修學程，計中國文學系七十二學分，外國文學系七十四學分，數學系八十一學分，物理學系一百零三學分，化學系一百學分，生物學系八十四學分。其學程分配，於本學院學程一覽，及學程分配表內規定之。

六　中國文學系學生，至少須修習外國文學系學程二門。（第一二年級英文及第二外國語不在內）外國文學系學生，至少須修習中國文學系學程二門。（國文不在內）

（半學年學程以二門當作一門計）

七　本學院學生除第一年級外，每學期所修學程，不得超過二十一學分。

八　本學院學生註冊選課，須受系主任之指導。

學程編號說明

個位奇數表示第一學期偶數第二學期

十位奇數表示必修偶數選修

百位數表示應修年級

文理學院學則

文理學院各系學程一覽

(甲)中國文學系學程

學程號數	學程	每週時數 講演	每週時數 習驗討論	教學時限	學分	必修或選修	應修年級	預修學程
中一一一—一一二A	國文A	二		一年	四	必修	一	
中一一一—一一二B	國文B	二		一年	四	必修	一	
中一一一—一一二C	國文C	二		一年	四	必修	一	
中一一三—一一四	名著選讀	三		一年	六	本系必修	一	
中一一五—一一六	文字學	三		一年	六	本系必修	一	
中二一一—二一二	中國文學史	三		一年	六	本系及外國文學系必修	二	
中二一三—二一四	先秦文	二		一年	四	本系必修	二	
中二一五—二一六	音韻學	三		一年	六	本系必修	二	
中二一七—二一八	詩學概論	二		一年	四	本系必修	二	
中三一一—三一二	中國小說史	二		一年	四	本系必修	三	

中三一三—三一四	漢魏六朝文	三			一年	六	本系必修	三
中三一五—三一六	詞學概論	三			一年	六	本系必修	三
中三一七—三一八	目錄學	二			一年	四	本系必修	三
中四一一—四一二	中國文學批評史	三			一年	六	本系必修	四
中四一三—四一四	戲曲概論	三			一年	六	本系必修	四
中四一五—四一六	唐宋以降文	二			一年	四	本系必修	四
中四一七—四一八	畢業論文指導	*			一年	二	本系必修	四
中二三一—二三二	中國學術史概要	二			一年	四	選修	二三
中二三三—二三四	毛詩學	二			一年	四	選修	二三
中二三五—二三六	楚辭學	二			一年	四	選修	二三
中二三七—二三八	賦學	二			一年	四	選修	二三
中二四一—二四二	樂府詩研究	二			一年	四	選修	二三
中二四三—二四四	說文研究	三			一年	六	選修	二三
中二四五—二四六	古器物學	一			一年	二	選修	二三

中三二一—三三二A	高級國文(詩)	*		一年	一	選修	三·四
中三二一—三三二B	高級國文(小說)	*		一年	一	選修	三·四
中三二一—三三二C	高級國文(戲劇)	*		一年	一	選修	三·四
中三二一—三三二D	高級國文(散文)	*		一年	一	選修	三·四
中三三三—三三四	音韻學史	三		一年	六	選修	三
中三三五—三三六	經部專書研究	二		一年	四	選修	四三
中三三七—三三八	史部專書研究	二		一年	四	選修	四三
中三四一—三四二	子部專書研究	二		一年	四	選修	四三
中三四三—三四四	中國古代神話	二		一年	四	選修	四三
中四二一—四二二	古文學	三		一年	六	選修	四
中四二三—四二四	唐宋詩	三		一年	六	選修	四三
中四二五—四二六	詩家專集	三		一年	六	選修	四
中四二七—四二八	詞家專集	三		一年	六	選修	四三
中四四一—四四二	漢魏六朝詩	三		一年	六	選修	四三

中四四三—四四四	文家專集	三			一年	六	選修	三四	

(附註)*每二星期開班討論一次。

(乙)外國文學系學程

學程號數	學程	每週時數 講演	每週時數 習驗	每週時數 討論	教學時限	學分	必修或選修	應修年級	預修學程
外一一一—一一二A	一年級英文A	六			一年	一二	文理學院必修	一	
外一一一—一一二B	一年級英文B	三			一年	六	工學院必修	一	
外一一三—一一四A	一年法文A	四			一年	八	第一年第二外國語，中外文學兩系學生由第一學年起選修，數理，化學生物三系學生由第二學年起選修，外國文學系不得選修日文。	一	
外一一三—一一四B	一年法文B	四			一年	八		一	
外一一五—一一六A	一年德文A	六			一年	一二		一	
外一一五—一一六B	一年德文B	六			一年	一二		一	
外一一七—一一八	一年日文	四			一年	八		一	
外一三一—一三二	一年級英文作文		一		一年	二	本系必修	一	
外一三三—一三四	小說入門	三			一年	六	本系必修	一	

外一三五—一三六	英語練習		一		一年	二	本系必修	一	
外二一一—二一二A	二年級英文A	三			一年	六	本系必修	二	
外二一一—二一二B	二年級英文B	三			一年	六	中國文學系必修	二	
外二一一—二一二C	二年級英文C	三			一年	六	工學院必修	二	
外二一三—二一四	二年法文	四			一年	八	繼續第一年第二外國語	二	
外二一五—二一六	二年德文	四			一年	八		二	
外二一七—二一八	二年日文	四			一年	八		二	
外二三一—二三二	二年級英文作文	一	一		一年	四	本系必修	二	
外二三三—二三四	英詩入門	二			一年	四	本系必修	二	
外二三五—二三六	戲劇入門	三			一年	六	本系必修	二	
外三一一—三一二	英國文學史	三			一年	六	本系必修	三	
外三一三—三一四	三年法文	三			一年	六	繼續第二年	三	
外三一五—三一六	三年日文	三			一年	六	繼續第二年	三	
外三一七—三一八	涉士比亞	三			一年	六	本系必修	三	

外三二一—三二二	浪漫詩	三			一年	六	本系必修	三	
外三三三或三三四	英文聖經	三			半年	三	本系必修	三	
外三三五或三三六	[illegible]神話	三			半年	三	本系必修	三	
外四一一—四一二	西洋文學批評史	三			一年	六	本系必修	四	
外四一三或四一四	維多利亞朝散文	三			半年	三	本系必修	四	
外四一五或四一六	維多利亞朝詩	三			半年	三	本系必修	四	
外四一七—四一八	畢業論文指導			一	一年	二	本系必修	四	
外三三一—三三二	英國戲劇研究	三			一年	六	選修	四三	
外三三三—三三四	傳記文學研究	三			一年	六	選修	四三	
外三二五—三二六	法國文學概論	三			一年	六	選修	四三	
外三二七—三二八	德國文學概論	三			一年	六	選修	四三	
外三四一—三四二	日本文學概論	二			一年	四	選修	四三	
外三四三—三四四	俄國文學概論	二			一年	四	選修	四三	
外四二一或四二二	希臘悲劇	二			半年	二	選修	四	

學程號數	學程	每週時數 講演	每週時數 實驗習	每週時數 討論	教學時限	學分	必修或選修	應修年級	預修學程
外四二三或四二四	現代英文文學	三			半年	三	選修	四	
外四二五或四二六	專家研究			三	半年	三	選修	三四	

(丙)數學系學程

學程號數	學程	每週時數 講演	每週時數 實驗習	每週時數 討論	教學時限	學分	必修或選修	應修年級	預修學程
數一一一—一一二	數學演習	二			一年	四	本系必修	一	中等數學
數一一三—一一四	微積分	三			一年	六	本系必修化學系必修	一	平面解析幾何大代數
數一一五—一一六	代數解析	二			一年	四	本系必修	一	大代數
數一三一或一三二	立體解析幾何	三			一年	三	本系必修	一	平面解析幾何
數一三三—一三四	高等混合數學	三			一年	六	化物學系必修他系選修	一	
數二一一—二一二	演習及初等論文選讀	二			一年	四	本系必修	二	數二一一—一一三
數二一三—二一四	高等微積分	三			一年	六	本系及物理學系必修	二	數一一三—一一四
數二一五—二一六	近世代數學	二			一年	四	本系必修	二	數一一五—一一六
數二一七—二一八	微分方程式	二			一年	四	本系及物理學系必修	二	數一一三—一一四

學程號數	學程	每週時數 講演	每週時數 習驗	每週時數 討論	教學時限	學分	必修或選修	應修年級	預修學程
生二二一—二二二	普通植物學	二	三		一年	六	選修	二	
生三二一或三二二	細胞學	二	三		半年	三	選修	三	
生三二三或三二四	經濟植物學	二	六		半年	四	選修	三	
生三二五或三二六	藻學	一	六		半年	三	選修	三	
生三二七—三二八	動植物技術學	一	三		一年	四	選修	三	
生四二一或四二二	植物生態學	二	三		半年	三	選修	四	
生四二三—四二四	微生物學	二	三		一年	六	選修	四	
生四二五或四二六	進化論	二			半年	二	選修	四	
生四二七或四二八	海洋學	二			半年	二	選修	四	
生四四一或四四二	生物學史	一			半年	一	選修	四	
生四四三或四四四	民族學	三			半年	三	選修	四	

(庚)共修學程

不屬於本學院之學程為本院學生分別必修或選修者

史一一一—一一二	中國通史	三			一年	六	中國文學系必修	一
史一一三—一一四	英國史	三			一年	六	外國文學系必修	一
社一三一—一三二	歐洲通史	三			一年	六	(社學科學)各系任選一門必修	一二
社一一三—一一四	經濟學	三			一年	六		一二
社一三五—一三六	社會學	三			一年	六		一二
社一三七—一三八	政治學	三			一年	六		一二
史三二一—三二二	中國文化史	三			一年	六	選修	三四
史三二三—三二四	中國哲學史	三			一年	六	選修	三四
史三二五—三二六	中國美術史	三			一年	六	選修	三四
史三四一—三四二	西洋哲學史	三			一年	六	選修	三四
史三四三—三四四	文藝復興史	三			一年	六	選修	三四

文理學院各系學程四年分配表

中國文學系

第一學年

學程號數	學程	學分 第一學期	學分 第二學期
中一一一—一一二A	國文A	二	二
外一一一—一一二B	一年級英文B	六	六
	第一年第二外國語	六—四	六—四
	自然科學或社會科學	三	三
史一一一—一一二	中國通史	三	三
中一一三—一一四	名著選讀	三	三
中一一五—一一六	文字學	三	三
合計		二六—二四	二六—二四

第二學年

學程號數	學程	學分 第一學期	學分 第二學期
外二一一—二一二B	二年級英文B	三	三
	二年級第二外國語	四	四
	自然科學或社會科學	三	三
中二一一—二一二	中國文學史	三	三
中二一三—二一四	先秦文	二	二
中二一五—二一六	音韻學	三	三
中二一七—二一八	詩學概論	二	二
	選修	三	三
合計		二三	二三

第三學年

學程號數	學程	學分 第一學期	學分 第二學期
中三一一—三一二	中國小說史	二	二
中三一三—三一四	漢魏六朝文	三	三
中三一五—三一六	詞學概論	三	三
中三一七—三一八	目錄學	二	二
	選修	三—六	三—六
合計		一三—一六	一三—一六

文理學院學程分配表

第四學年

學程號數	學程	學分 第一學期	學分 第二學期
中四一一—四一二	中國文學批評史	三	三
中四一三—四一四	戲曲概論	三	三
中四一五—四一六	唐宋以降文	二	二
中四一七—四一八	畢業論文指導	一	一
	選修	三—六	三—六
合計		三—一五	三—一五

四四

外國文學系

第一學年

學程號數	學程	學分 第一學期	學分 第二學期
中一一一—一一二A	國文A	二	二
外一一一—一一二A	一年級英文A	六	六
	第一年第二外國語	六—四	六—四
	自然科學或社會科學	三	三
外一三一—一三二	一年級英文作文	一	一
外一三三—一三四	小說入門	三	三
外一三五—一三六	英語練習	一	一
史一一三—一一四	英國史	三	三
合計		二五—二三	二五—二三

第二學年

學程號數	學程	學分 第一學期	學分 第二學期
中二一一—二一二	中國文學史	三	三
外二一一—二一二A	二年級英文A	三	三
	第二年第二外國語	四	四
	自然科學或社會科學	三	三
外二三一—二三二	二年級英文作文	二	二
外二三三—二三四	英詩入門	二	二
外二三五—二三六	戲劇入門	三	三
合計		二〇	二〇

第三學年

學程號數	學程	學分 第一學期	學分 第二學期
外三一一—三一二	英國文學史	三	三
外三一七—三一八	莎士比亞	三	三
外三三一—三三二	浪漫詩人	三	三
外三三三	英文聖經	三	
外三三六	古典神話		三
	選修	四—六	四—六
合計		一六—一八	一六—一八

第四學年

學程號數	學程	學分 第一學期	學分 第二學分
外四一一—四一二	西洋文學批評史	三	三
外四一三	維多利亞期散文	三	
外四一六	維多利亞期詩		三
外四一七—四一八	畢業論文指導	一	一
	選修	三—六	三—六
合計		一〇—一三	一〇—一三

文理學院各系學程說明

甲 中國文學系

中一一一—一一二 國文

每月作文二次。

中一一三—一一四 名著選讀

本學程取歷代文學名著，依時代之次序，詳細講授之，務使學者對於我國文學之本身，得一較透澈較完整之概念。

中一一五—一一六 文字學

本學程內容在講明文字義形聲三者概要，意在使學者認識我國文字之構成與其演變之迹。

中二一一—二一二 中國文學史

本學程內容注重各時代之社會背景及作家生活。以期闡明我國歷代文藝思潮及其藝術所以形成演變之因。

每月繳驗筆記一次。

中二一三—二一四 先秦文

本學程擇要講授先秦時代之文學，注重其思想，以明瞭其特徵。

中二一五—二一六 音韻學

本學程內容分三部分:(一)發音之練習,(二)主要部算組織之研究,(三)古韻分部之研究。

中二一七—二一八　詩學概論

本學程講述歷來詩家之源流,派別,及其作風之特徵。

中三一一—三一二　中國小說史

本學程講述我國小說發展與嬗變之過程,並推溯其原因,兼提出各時期之代表作家及代表作品,分別研究之。

中三一三—三一四　漢魏六朝文

本學程取漢魏六朝文,擇要講授,隨時別識其文章之體例,并商榷其文藝之得失。

中三一五—三一六　詞學概論

本學程講述詞的起源發展與演變之歷程,並刺取歷代著名作家數人,比較研究,以觀其作風之特徵。

中三一七—三一八　目錄學

本學程以使學者能實際應用爲主旨,講述目錄學家對於我國圖書分類之意見與方法,並隨時講授歷代學者關於討論斯學之專著,以見其分合之原委及其理論。

中四一一—四一二　中國文學批評史

本學程依時代之先後,講述我國歷代學者對於文藝之意見,並就其討論文藝之篇章擇要講授之。

中四一三—四一四　戲曲概論

本學程講述我國宋元以來戲曲之內容，並說明其發展之步驟及其原因。

中四一五—四一六　唐宋以降文

本學程範圍，起自唐宋，迄於清季，凡此時期中各體各派之散文，其作風之特徵及演變之痕跡，並加討究。

中四一七—四一八　畢業論文指導

本系學生於畢業時，須提出論文一篇。學生進行此項工作時，每星期須向指定之教員報告一次，以資指導。

中二二一—二二二　中國學術史概要

本學程講述我國學術之原委，其目的在使學者專攻文學外，對於我國其他固有之學術，亦能得一系統的知識。

中二二三—二二四　毛詩學

本學程以研究三百篇之文學，及產生此種文學之社會背景爲主體，並提示歷代攻究毛詩學之名著，說明其中各種重要問題。

中二二五　二二六　楚辭學

本學程研究之範圍，以屈宋作品及相傳爲屈宋之作品爲限。上學期講解作品，下學期討論關於楚辭之各種問題。

中二二七—二二八　賦學

本學程以古賦爲主，兼及律賦，擇要講授，以明抒情類物闡理各體之演變。

中二四一—二四二　樂府詩研究

本學程講述漢魏以還樂府詩歌之原流變遷及其影響，並就民間及文人仿作之篇什，作比較的研究，藉以權量其文學的價值。

中二四三—二四四　說文研究

本學程以說文爲研究之對象，依六書以闡發文字形體之構成。

中二四五·二四六　古器物學

本學程取舊日金石等類之信而有徵者，及晚近出土之器物，排比而闡發之。

中三二一—三二二　高級作文（A）（B）（C）（D）

本學程爲各體文藝之習作，分詩戲劇小說散文四組，由教員數人分別担任指導。每組每二星期上課一小時。凡文學院各系二三四年級學生皆得於此學程中擇習一組，或二組。其他各院二三四年級學生，須得本學程各該組担任教員之允許，方得選習之。

中三二三—三二四　音韻學史

本學程目標在闡述我國古今語言文字聲韻之演變，其所依據之資料，爲六朝以前之文字，及隋唐以來歷代存傳之韻書。

中三二五—三二六　經部專書研究

本學程以文學爲立場，研究羣經之一種或數種。（如尙書，春秋左傳，禮記等）

中三二七—三二八　史部專書研究

本學程以文學爲立場，研究史籍之一種或數種。（如戰國策，史記，漢書，水經注等）

中三四一—三四二　子部專書研究

本學程以文學爲立場，研究諸子書一種或數種。（如莊子，荀子，韓非子，淮南子等）

中三四三—三四四　中國古代神話

本學程取秦漢以前記載中之神話及傳說，分類講述之，以明其發生及衍變之統系。

中四二一—四二二　古文字學

本學程以金文及甲骨文爲基本材料，佐以古籍記載中有關古文字學之材料，參驗比勘，以闚探我國古文字之梗概。

中四二三—四二四　唐宋詩

本學程講述唐宋詩之淵源流變及其背景，並取重要作家數人，比較研究之。

中四二五—四二六　詩家專集

本學程取魏晉以降著名詩家專集一種或數種，爲研究之對象。其研究方法，與文家專集略同。

中四二七—四二八　詞家專集

本學程取重要詞家專集一種或數種，爲研究之對象，其研究方法，與文家專集略同。

中四四一—四四二　漢魏六朝詩

本學程講述漢魏六朝詩之源流及其背景，並取重要作家數人比較研究之。

中四四三—四四四　文家專集

本學程取漢魏以來重要文家專集一種或數種，爲研究之對象，除講解作品外，關於作家之時代，生活，及其思想等方面，並當詳細討論之。

乙　外國文學系

外一一一—一一二　一年級英文

本學程分AB兩組，A組爲文理學院各學系必修學程，遇必要時得再行分組，其內容注重讀本，目的在使學生能增加講習英文之速率。內容之分配，爲讀本每週五小時，文法一小時。B組爲工學院各系而設，每週三小時。

教科書：

Irving: Sketch Book

Stevenson: 'Treasure Island 及其他．

外一一三—一一四　一年法文

本學程分AB兩組，爲各系共同必修第二外國語之一，講授較淺易之文法及讀本，注重基本發音及練習造句。

外一一五—一一六　一年德文

本學程分AB兩組，爲各系共同必修第二外國語之一，講授較淺易之文法及讀本，並練習發音及造句。

教科書：

Practich Anlcitung Composition

外一一七—一一八　一年日文

本學程爲各系共同必修第二外國語之一，講授文語文典及作品。

外一三一—一三二　一年級英文作文

本學程乃輔佐A組英文而設，其目的在使學者能運用通順妥帖之英文。每週習作一次，並講授修辭學及作文之初步原理，以示寫作之準繩。

外一三三—一三四　小說入門

本學程取英文小說名著兩三部，詳細講解，以增進學者對於英國文學之瞭解，並養成其欣賞文藝之興趣。

教科書：

Eliot: Silas Marner

Thackeray: Vanity Fair

Dickens: David Gopperfield

外一三五—一三六　英語練習

本系一年級生必修，訓練其發音。

外二一一—二一二　二年級英文

繼續一年級英文，爲更進一步之基本訓練。

外二一三—二一四　二年法文

本學程繼續一年級法文，講授較深之文法，及簡易之文學作品，並練習作文及翻譯。

外二一五—二一六　二年德文

本學程繼續一年級德文，除講授較高深之文法外，依各系學生之需要，分別講授文藝及科學讀品，並注重作文及翻譯之練習。

外二一七—二一八　二年日文

本學程繼續一年級日文，加授口語文典，及口語作品。

外二三一—二三二　二年級英文作文

本學程繼續一年級英文作文，講授較高深之修辭學原理及文章之結構法。關於寫作，則扼重成語之應用及文格之修鍊。

外二三三—二三四　英詩入門

本學程選著名英文詩篇若干，詳釋其詞義，並隨時說明詩的藝術，以培植學者了悟英詩及賞鑑詩藝之能力。

教科書：

Palgrave: Golden Treasury

外三三五—三三六　戲劇入門

本學程以全部西洋戲劇爲研究之對象，上自希臘劇作，下迄易卜生，依時代次序，擇取其主要作品講授之。同時並畧述西洋戲劇原理之大凡。

教科書：

Hubbell & Beaty: Introduction to Drama

外三一一—三一二　英國文學史

本學程講述英國文學之歷史的展進，尤注意於各時代之風尚，及各主要作家之特性。（學者須於課外閱讀指定之讀物若干種。）

參考書舉要：

Cambridge History of English Literature 及其他

外三一三—三一四　三年法文

本學程繼續二年級法文，講授高深文法，選讀名家作品，增進學生閱讀及寫作之能力。

外三一五—三一六　三年日文

本學程繼續二年級日文，選讀名著及雜誌，並指導閱覽各學程需要之日文參考書。

外三一七—三一八　莎士比亞

本學程講述莎士比亞之生平，其時代，及當時之劇場。選讀劇本六種，(Hamlet, Macbeth, Henry IV (two Parts) As you Like It, Tempest, Othelo, King Lear, Merchant of Venice, A Midsummer Night's Dream, Julius Caesar, Coriolanus以上十二種，每年講授六種，輪流開班，故學生得連習兩年)注重其特殊之詞義及文法。

教科書：

Works of Shakespeare (Craig ed.)

參攷書：

Alden: A Shakespeare Handbook

Thorndike: Facts about Shakespeare

Furness: Variorum edition of Shakespeare

外三三一—三三二　浪漫詩人

本學程依次講授 Burns, Wordsworth, Coleridge, Byron, Shelley, Keats等家之代表作品，並說明各家在英國浪漫運動中之地位，及其個別之貢獻。

外三三三　英文聖經

本學程之內容有二要點：(一)講述習見於英國文學中之舊約故事，以爲攻習英國文學之助；(二)研究舊約之文章，使學者曉然於一部分英國散文風格之淵源。

教科書：

Moulton: Modern Readers Bible

外三三六　古典神話

本學程講述希臘羅馬之神祇及英雄故事，使學者得認識西洋文學之一部分重要的原料。

教科書：

Gayley: Classic Myth

外四一一—四一二　西洋文學批評史

本學程研究之範圍，起自亞里士多德，迄於現代，特別注意於批評史中各時期之嬗變，及其思潮之起伏，以晰說明一整個的西洋文藝思想。

教科書：

Saintsbury: Loci Critici

Saintsbury: History of Critisism

Gayley and Scott: Material and Method of Literary Criticism

外四一三　維多利亞期散文

本學程以Carlyle,Arnold,Ruskin,Pater諸家爲研究之對象，特別注意於諸家散文之藝術及其思想，並畧述此時期社會經濟科學哲學宗教之情形，以爲瞭解諸家之津梁。

外四一六　維多利亞期詩

本學程講解Browning, Tennyson, Mrs. E. B. Browning, Arnold及Pre-Raphaelites諸家之詩作，並說明其與當時學術思想及藝術之關係。

外四一七—四一八　畢業論文指導

本系學生於畢業時，須提出論文一篇，或翻譯英國文學書籍一種以代之，學生進行此項工作時，每星期須向指定之教員報告一次，以資指導。

外三二一—三二二　英國戲劇研究

本學程講述英國戲劇發達之經過，並選讀主要之代表作品若干種，以資印證。

教科書：

Brawley: A Short History of English Drama

Taylock: Representative English Plays

外三二三—三二四　傳記文學研究

本學程選讀著名傳記若干種，如Plutarch's Lives, Boswell's Life of Johnson, Rousseau's Confessions, Autobiography of Benvenuto Cellini等。並講述傳記作品在文學中之地位。

外三二五—三二六　法國文學概論

本學程講解法國文學之概況，注重其古典戲劇，浪漫運動，及近代批評等方面，並說明法國文學與英國文學相互的影響。

外三二七—三二八　德國文學概論

本學程講述德國文學之興起，其浪漫時期之思潮及其主要作家，並說明其與英國文學之姻緣。

外三四一—三四二　日本文學概論

本學程用中文講述日本文學發展之過程，及其現代文壇之狀況，注意其間所受西洋文學之影響，及日本文學與我國文學之關係。

外三四三—三四四　俄國文學概論

本學程講述俄國寫實小說之發展及其主要作家之生平，隨時兼述俄國文學發展之概況，注意其物質的背景及其特殊的民族性。

外四二一　希臘悲劇

本學程講述希臘悲劇之起源及其背景，並選 Aeschylus, Sophocles, Euripide三大家之代表作品各一二種，詳細疏解之。

外四二四　現代英文文學

本學程範圍包括自一八九〇年至現今之英文文學，擇其主要作家，依次講述，並選其代表作品，令學者於課外閱讀之。

外四二五　專家研究　（一）（二）（三）等

本學程選定英國文學作家一人或二人，就其全集或主要作品作精細之研究，一學期不能完畢者，得續加一學期。此項學程，每一學期得開設數種，視本系教授人選臨時酌定之，依開設之先後，排列為（一）（二）（三）等。

丙　數學系

數一一一—一一二　數學演習

為鞏固數學基礎，馴熟計算技能，及富於應用已有之能力起見，特設演習一科，取材於初等數學（算術，代數，幾何，三角），及本年級所習各科，廣設演題，而特注重討論，以養成緻密之推理。

數一一三—一一四　微積分

本學科在熟習微分積分計算法，及對於各科之普通應用，以為進攻高等微積分及函數論之基礎。

教科書：

Granville: Differential and Integral Calculus

數一一五—一一六　代數解析

校務會議議事章程

第一條　本會議依據本大學組織規程第十四條之規定組織之。

第二條　本會議每兩星期開常會一次，由主席召集之，遇必要時，得由主席或本會全體會員三分一以上之聯署召集臨時會議。

第三條　本會議主席，如因故不能出席會議，得委託本會其他會員代理。

第四條　本會議審議事項，依本大學組織規程第十五條之規定。

第五條　本會議議事日程，須於開會前送達各會員。

第六條　本會議須有過半數會員出席，方得開會；須有出席會員過半數通過，方得決議。

第七條　本會議決議案，送由校長分別執行之；如有窒礙，得由校長提交本會覆議。

第八條　本規程如有未盡事宜，由本會議議決修改之。

第九條　本規程經本會議通過後施行。

出版委員會規程

第一條　本委員會設委員五人，由校長聘請組織之。

第二條　本委員會職責如左：

一　計劃本大學關於學術刊物出版事宜；

二　審定本大學關於學術之刊物。

第三條　本委員會得請校內外專家參加審定事宜。

第四條　關於各項刊物之印刷發行等事宜，由出版課辦理之。

第五條　本委員會月開常會一次，必要時得召集臨時會議。

第六條　開會以過半數爲法定人數；决議以多數爲通過。

第七條　本規程由校務會議審定通過後施行之。

古物徵集委員會規程

一　本委員會設委員若干人，由校長聘任之。

二　本委員會之工作，分下列各項：

(1)調查；(2)收存；(3)整理；(4)出版。

三　本委員會得派員赴各地調查並採集古物。

四　本委員會設書記一人，於必需時，得僱用技工若干人。

五　本委員會於每學年終了時，須編製工作報告刊行之。

六　本委員會每月開常會一次，於必要時，得開臨時會，以委員過半數之出席爲法定人數。

七　本規則由校務會議通過後公佈施行之。

教職員待遇規則

第一條　本大學教員薪俸規定如左：

1教授　月薪三百元至五百元。

2講師　月薪一百五十元至三百元。

3助教　月薪六十元至一百五十元。

第二條　本大學兼任講師薪俸，依授課時數計算。(實驗鐘點，每二小時作一小時計算。)

第三條　教授每週授課時間，以九小時至十二時爲度；(有實驗鐘點者，不在此限。)但兼任院長系主任或其他行政職務者，其授課時間得酌減之。

第四條　本大學職員薪俸規定如左：

1教務長祕書長　月薪三百元至五百元。

2主任及校醫　月薪一百五十元至三百元。

3事務員　月薪六十元至一百五十元。

4助理員　月薪四十元至八十元。

5書記及助手　月薪二十五元至五十元。事務員，助理員，書記及助手服務滿二年著有成績，由主管人員呈請，經校長核准，得予加薪，其辦法如左：

一　事務員以十元進，助理員書記助手以五元進；

二　進至規定之最高薪額爲止。

第五條　本校教職員，除兼任講師外，一律不得在外兼職。

第六條　教職員薪俸，除兼任講師外，每年以十二個月計算。

第七條　教職員無故曠職二星期以上者，得酌量減薪或解約。

第八條　教員請假須酌量補課，其請假逾一星期者，須自行請人代課；但須得院長或系主任之同意。（教員請假至一個月或一個月以上者，其請假期內薪金，得由代課人直接向本校領取。）

第九條　職員請假須得各該機關主管人員許可，其逾一星期者，並須轉請校長核准，方得離職。

第十條　職員在請假期中，須經各該機關主管人員同意請人代理；但代理人以本校職員為限。

第十一條　職員請假期限不得逾一個月。（但有特別情形，經校長核准者，不在此限。）

第十二條　教授按照契約，在本大學繼續服務滿五年經繼續聘任者，得休假一年。

第十三條　凡連續任職二年以上十之專任教員年逾六十而退職者，得以其退職時所領薪俸之三分之一月給養老金；但以不任其他職務者為限。

第十四條　在職教員有左列情形之一者，得由本大學給予一次撫恤金：

1連續服務五年以上死亡者，支其最後年俸之四分之一；

2連續服務十年以上死亡者，支其最後年俸之二分之一。

第十五條　第十三條至第十五條規定之施行細則另定之。

第十六條　本規則如有未盡事宜，由校務會議修改之。

第十七條　本規則自公布之日施行。

助學金規則

第一條　本大學爲補助學行優良家境貧寒之學生起見，設助學金。

第二條　每學期助學金定爲每名五十元，其名額由校務會議先期决定之。

第三條　本大學本科正式學生，肄業滿一學期，家境確係貧寒，各科成績平均爲乙等，或乙等以上，體育軍事訓練及格，品行優良者，得給予助學金。

第四條　學生請求助學金，須於本學期內，以書面述明經濟困難之確實狀况，附具本籍最高教育機關之證明文件，向本校呈請之。

第五條　學生續請助學金時。得免繳證明文件。

第六條　學生依第四條之規定請求助學金者，經本校調查屬實，提交校務會議審定後，於下學期開學四星期後公佈之；但於公佈時，不在本校繼續肄業者，不得領受助學金。

第七條　凡經准給助學金之學金，須於一切校費繳清後，方得具領。

第八條　學生所領助學金，及校內外他項奬金或津貼，每學期總額不得過一百五十元，其超過之數，應於發款時扣除。

第九條　本規則自公佈之日起施行。

旁聽生規則

一　本大學爲推廣求學機會起見，各項學科得酌收旁聽生。

二　旁聽生以品行端正，有志向學，而聽講無困難者：爲合格。

三　旁聽生須塡具請求書及保證書，持向所選學科之系主任，請求簽准，經教務處審查允許後，始得繳費註册。

四　旁聽生繳費辦法如左：

1 一年級外國語文每一課目，每學期繳費十五元；

2 其餘課目，每學期每學分繳費二元；

3 實驗或實習課目，經系主任特許選學者：每課目每學期繳實驗或實習費五元，保證金二十元；但化學系須另繳消耗費十元。

五　旁聽生不得寄宿。

六　旁聽生於所選學科修業期滿，並曾參與臨時及學期考試成績及格者：本大學給與該學科之成績證明書，但不發給其他證書。

七　旁聽生不得改爲正式生。

八　旁聽生除選課旁聽外，不得享受正式生一切權利，亦不得用本大學正式生名義，在外行動。

九　旁聽生須恪守本大學一切規則。

十　旁聽生如有違犯校規，或經所選學科之系主任認爲不適宜聽講時，得隨時取消其旁聽資格。

十一 旁聽生中途退學，或被取消旁聽資格時，所繳各費，除保證金外，概不發還。
十二 本規則經校務會議通過施行。

圖書館組織規程

民國二十二年二月
第五次校務會議修正

一 本館設主任一人，秉承校長教務長，綜理館內一切事宜。
二 本館設總務，編目兩股，每股得設股長一人，事務員及助理員若干人，分任該股一切事宜。
1 總務股：辦理文牘，庶務，出納，閱覽，採購，裝訂，典藏，及其他不屬於他股事宜。
2 編目股：辦理圖書雜誌之登記，分類，編目，及繕製卡片，排架等事宜。
三 本規程經校務會議通過後，公佈施行。

圖書館借閱圖書規則

第一章 總則

第一條 本館圖書除供本校教職員及學生參考外，其他經介紹手續，得本館主任同意者，亦得借閱。
第二條 借閱圖書，須先向本館領取借書證及閱覽證，學生憑上課證領取借書證及閱覽證；新到校之教職員，以祕書處或教務處之介紹書，塡發借書證。
第三條 本館備有中西文目錄，借書時，須先查明目錄書號，抄下交出納員查取登記後，方准携出館外：如未經正式手續而擅自携書出館者，一經查出，卽由本館陳明校長，停止其借閱權利。

第四條　本館書庫，除本校教職員外，他人一概不得擅入。書庫規則另有規定。

第五條　館內不准吸煙，並拋擲燃燒物，以免危險。

第六條　館內不得高聲重步，致妨他人閱覽。

第七條　閱覽圖書者，須注意館內清潔及衛生事項。

第二章　借書規則

第八條　本館借書時間，規定如左：

星期一至星期六，每日上午八時半至十二時，下午一時半至五時；星期日及例假，停止出借。

第九條　左列圖書，不得借出館外：

1 善本書

2 各閱覽室陳列之字典辭典及雜誌報章

3 舊報及雜誌

4 教員指定之參考書

上列第四項，於晚九時半後，可以外借；但須於次日上午八時半前交還；星期六則可於下午五時借出館外，至星期日下午二時以前交還。過時不還，每一小時，每本罰大洋一角。

第十條　學生借書，每次以四本爲限。線裝書以函爲單位，每次限期二星期，逾期不還，每日每本罰洋五分。

第十一條　教職員每次借書以兩月爲限，如欲展期，須得本館同意。

第十二條　借出圖書，如本館認爲有特別需要，或經教員指定作爲參考書者，本館得隨時收回。

第十三條　借出圖書，如有污毁遺失等情，須照時價賠償，如係整套中之一册，而無從補充者，須照該整套時價賠償。

第十四條　本館圖書不得任意圈點評註，如有錯誤或疑問，可另紙寫明，附於書中。

第十五條　借書證如有遺失，須立卽到館聲明，於聲明以前，凡用該借書證借出一切書籍，概由原領證人負責；借書證遺失後，請求補領借書證，每張須繳洋二角。

第十六條　借出圖書，限於每學期放假前一星期內，一律交還。

第三章　閱覽規則

第十七條　本館閱覽室開放時間，規定如左：

星期一至星期五，每日上午八時至十二時，下午一時半至五時半，晚六時半至九時半，爲開放時間。

其餘星期六晚間，星期日上午及例假日，均停止閱覽。

第十八條　閱覽室所陳列之圖書雜誌等，閱畢卽須歸還原處。

第四章　各系借書規則

第十九條　各系因研究上之便利，得將館藏圖書借出，存放各該系研究室內。

第二十條　各系借書，由系主任負責辦理借書手續。

第二十一條　各系借書，只限各系圖書範圍以內。

第二十二條　各系借書時，須按章履行借書手續，還書時，亦須妥交本館點收。

第二十三條　各系借書不限冊數及日期，惟於學期結束期間，一律歸還；如因特別原因，不能歸還時，得由本館派員點查。

第二十四條　各系借書，由各系負保管全責。

第二十五條　倘遇必要時，各系所借圖書，本館得通知取回。

第五章　校外借書規則

第二十六條　校外借書，分個人，團體，機關三項：

第二十七條　校外借書，須經本校教職員介紹，填具請求書；個人及團體所填具之請求書，由其覓妥之保證人蓋章簽字，機關由其主管人蓋章簽字。

第二十八條　校外借書分臨時及長期二種：臨時借書，以一次為限；(不另發給借書證)個人及團體由保證人代辦借書手續，機關由其主管人辦理手續。長期借書者，團體及機關發給借書證五張至十張，個人發給四張。(每張每次以一冊或一函為限。)

第二十九條　校外借書，其餘一切手續，俱照本館各項規則辦理。

第三十條　校外借書遇必要時，本館得通知隨時收回，及取消借書證，停止借閱。

第六章　附則

第三十一條　本規則如有未盡事宜，得隨時修改之。

第三十二條　本規則經校務會議通過後，公佈施行。

圖書館訂購圖書辦法

民國二十二年二月第五次校務會議修正

一　本校各院系各處部課及圖書館訂購圖書，(包括報章雜誌等)須將書名，著者姓名，出版商號地址，書價，開列清單，送請教務長交由圖書館查核是否重複。計算書價，辦理購書函件，塡就購書通知書，送呈祕書長核准後，交由事務課訂購。

二　凡關於訂購圖書用欵，郵遞，報關，提貨，轉運，以及與書局交涉往來函件等手續，均由事務課負責辦理之。

三　凡購到圖書，即由事務課連同商號發票，以及實支或外幣折合價目附加用費等項，開一淸單，送交圖書館主任點收，並於原發票上簽字或蓋章，交由事務課通知會計課出賬。

四　事務課自收到核准之訂購圖書通知單之日起，須於一星期內，發出訂購函件。

五　訂購圖書通知單，由事務課依照年月日順序，裝訂成册，以備查考。

六　在訂購圖書上如遇發生特殊事項，應由圖書館與事務課商同辦理。

七　訂購期刊及報紙，須註明寄交圖書館。

八　本辦法經校務會議通過後，公佈施行。

學生宿舍規則

民國二十一年三月第四十二次校務會議修正

第一條　凡學生欲在校寄宿者，須先到會計課照章繳納宿費，憑證向事務課齋務股簽名，按照編定號數居住。

第二條　各宿舍人數榻位，均經預爲編定，不得自行變更。

第三條　宿舍牆壁，不可任意汚損。所有一切用具，均須加意愛護，如有損毀者，應由事務課通知會計課，在預存賠償費內照價扣抵，以重公物。

第四條　寄宿生所帶行李，除書籍及應用物品外，均送交校中儲藏室代爲保管。

第五條　寄宿生不得在宿舍內用膳，或煮飯烹茶。

第六條　凡設有盥漱室之宿舍，寄宿生不得在寢室內盥漱。

第七條　寄宿生每晨起床後，應將床舖等重新整理，以壯觀瞻。

第八條　宿舍內外，每晨由工友洒掃一次，寄宿生亦應隨時注意清潔，以重衛生。

第九條　浴室開閉時間，每晚自五時起至十時止。

第十條　寄宿生如有疾病，經校醫認爲必須靜養及隔離者，應即遵照搬入調養室。

第十一條　宿舍工友不得差遣外出，如有向校外購物送信，應託由事務課按照所定工友外出辦事時間辦理。

第十二條　凡學生之來賓，應在招待室接待，如有欲參觀宿舍者，經齋務股允許後，得陪同入內參觀，(惟在每日下午七時以後不得參觀)幷嚴禁來賓留宿。

第十三條　宿舍每晚十一時一律息燈就寢，不得繼燃燈燭。其因事外出者，應先時回校，息燈後即將大門鎖閉，不再開啓。

第十四條　本規則自公布日施行。

職員

姓名	別號	籍貫	履歷	職務	任職年月
趙畸	太侔	山東	北平國立藝專教授北大講師國立青島大學教授教務長	校長	二十一年十月
吳之椿		湖北	國立清華大學教授	祕書長	二十一年八月
杜光塤	毅伯	山東聊城	美國哥倫比亞大學碩士	教務長	二十一年十月
黃際遇	任初	廣東澄海	日本高師畢業美國芝加哥大學碩士天津高工武昌師大廣州中大教授河南中山大學校長河南教育廳廳長	文理學院院長	二十一年九月
郝更生		江蘇淮安	美國麻省春田大學體育學士武昌中大蘇州東大北平清大師大體育教授瀋陽東大體育系主任教授兼體育主任	體育部主任兼訓育主任	二十一年八月
黃星輝		湖南湘潭	武昌文華大學文學士圖書館專科卒業東吳大學圖書館副主任主任	圖書館主任	二十一年八月
鄧初	仲純	安徽懷寧	日本千葉醫科大學醫學士	校醫	十九年八月
劉康甫		山東蓬萊	國立清華大學會計主任	會計課主任兼出版課主任	二十年五月
莊仲舒		山東莒縣	日本東京中央大學畢業江西教育廳山東農鑛廳安徽教育廳秘書	文牘課主任	二十一年九月
王志軒		山東益都	私立青大庶務主任	事務課事務員代理主任	十八年六月

職教員錄

任德寬	濟民	山東菏澤	山東農專東南大學畢業山東棉業試驗場棉業講習所主任綏遠農專校長山東曹縣縣長	農事試驗場主任	十九年九月
孟禮先		山東安邱	山東高工應用化學科畢業山東高工化學工廠主任山東工商廳科員國立青大籌委員會事務主任	工廠管理處主任	十八年六月
吳伯簫		山東萊蕪	國立北平師大畢業山東省立三中教務主任青島市立女中訓育主任青島民國日報館總編輯	校長室事務員	二十年九月
郭宣霖	雨林	福建福安	北平孔德學院英語教員	教務處事務員	二十年七月
王壽之		山東濱縣	山東一師本科畢業國立交大肄業山東四中教員膠濟路坊子育才小學校長第一中學教務員	教務處事務員	二十年三月
王經綸	子綍	山東廣饒	南京河海工科大學畢業博山中學南京五卅中學教員廣饒中學教務主任兼代校長青島市立民衆教育館科學部兼講演部主任青島市立女中文德女中教務主任兼數理化教員	教務處事務員	二十二年二月
陳頌		湖南長沙	武昌華大文學士文華圖書館學專科學校畢業國立北平圖書館西文編目	圖書館事務員	二十年九月
丁伯弢		山東日照	中央黨務學校文書科幹事中央特種刑事法庭紀錄書記員山東合作社指導員養成所教員	圖書館事務員	二十年三月
舒紀維	揚仁	安徽懷甯	武昌文華圖書館學校專畢業南京衛生部圖書館主任上海國立交大圖書館西文編目	圖書館事務員	二十一年四月
曲繼皋		山東蓬萊	北平通才商專畢業北大研究所研究生蓬萊縣立職業學校校長山東省立八中青島市立女中教員	圖書館事務員	十九年五月

劉芳椿	壽玄	山東蓬萊	北大預科畢業膠澳商埠警察廳秘書山東省立八中教務主任國立清華大學會計課助理	會計課事務員	二十年十月
鄧以從		安徽懷寧	北平中國大學畢業安徽大學助教	出版課事務員	二十年五月
李韻濤		山東泰安	山東省立一師專科畢業山東省立六中教員	事務課事務員	十九年四月
宋錫波	榮甫	山東城武	城武高小校長圖書館館長通俗講演所主任國民政府軍事委員會政治訓練部特務員	事務課事務員	十八年十月
鄭曾一		浙江嘉善	杭州蠶學館畢業江蘇女子蠶業學校主任山東農專蠶絲部主任省立山大農科教授兼蠶學系主任	農事試驗場蠶絲部技師	十九年九月
崔景祺	仰山	山東臨淄	山東農專農科畢業山東省立棉業試驗場棉作育種場農事試驗場青島農林事務所技術員山東農專助教	農事試驗場技術員	十九年九月
祝漢一	鎮五	山東鄆城	鄆城縣實業局局長	農事試驗場技術員	二十二年一月
華　瑾	幼琳	江蘇江都		校醫室助理員	二十年九月
羅鳳翔		廣東新會	廣州公益女子中學畢業	圖書館助理員	十九年三月
張兆利		安徽合肥	上海吳淞中國公學畢業	圖書館助理員	二十二年二月
邵森厂		山東歷城	山東省立一中及銀行講習所畢業山東工專肄業濟南美專文牘員山東省銀行行員	會計課助理員	十九年九月
張振楷		江蘇崇明	上海中華職業學校高級商科畢業	會計課助理員	十九年九月
杜原田	每坡	山東廣饒	山東省立十中畢業山東工專私立青大國立青大籌委會書記	出版課助理員	十七年六月

職教員錄

吳同倫	河北大興	燕京大學書記	事務課助理員	十九年十月
李慶三	山東堂邑	山東省立實驗劇院文書	文牘課助理員	十九年九月
廖雪琴	廣東番禺	上海嶺南中學及因宜打字學校畢業青島商品檢驗局祕書室事務助理員	生物學系繪圖兼繕寫助理員	二十一年四月
趙和生	山東益都	山東省立實驗劇院庶務員	工廠管理處助理員	二十年三月
鮑東生	安徽桐城	山東東魯中學畢業歷城第三小學教員山東省立實驗劇院庶務員	體育部管理員	十九年十月

一七二

教員

姓名	別號	籍貫	履歷	職務	任職年月
張煦	怡蓀	四川遂安	國立女子師範大學清華大學北京大學教授	教授兼中國文學系主任	二十一年九月
梁實秋		北平	國立東南大學教授國立暨南大學外國語文系主任	教授兼外國文學系主任	十九年七月
黃際遇			見前	教授兼數學系主任	十八年十二月
湯騰漢		福建	德國柏林大學理學博士德國國試政府特許優等藥化學師	教授兼化學系主任	十九年八月
曾省	省之	浙江瑞安	法國理昂大學理學博士瑞士暖狹登大學寄生物研究院研究一年	教授兼生物學系主任	二十年九月
聞宥	在宥	江蘇松江	國立中山大學文學院教授	中國文學系教授	二十一年八月
姜忠奎	叔明	山東榮城	北大文學士國史館協修河南中大教授東方文化會研究員山西文化委員北大講師	中國文學系教授	二十一年八月
陳逵	弼猷	湖南攸縣	美國尼卜拉思克大學學士維思大學畢業平大女子學院教授北大師大講師南大英文系主任兼文學院院長	外國文學系教授	二十二年二月
孫大雨		江蘇上海	美國大姆斯專科學校學士耶魯大學卒業國立武大國立北大教授	外國文學系教授	二十二年二月
趙少侯		浙江杭縣	平大法文講師中法大學教授兼文預科主任國立勞動大學教授	外國文學系教授	二十年八月

職教員錄

曾炯	炯之	江西	德國高廷根大學	數學系教授	
李珩		四川	法國里昂大學碩士	數學系教授	
王恒守	詠聲	浙江海寧	美國哈佛大學理學碩士	物理學系教授	二十一年八月
任之恭		山西	美國哈佛大學物理學博士曾任哈佛大學教員兩年	物理學系教授	
傅鷹	肖鴻	北平	美國米西干大學理學士及理學博士米西干大學助教研究員北平協和醫學校生理化學系助教東北大學化學系教授	化學系教授	二十年九月
劉咸	仲熙	江西都昌	國立東南大學畢業英國牛津大學科學研究學士清華大學教員江西中山大學講師	生物學系教授	二十一年八月
張璽	爾玉	河北平鄉	法國里昂大學農學院畢業法國國家理學博士	生物學系教授	二十一年四月
趙銘新	滌之	河北定縣	香港大學土木工科學士呼海路工程司全國水利局技正參謀部測量專校繙繹國立工大講師	工學院教授	二十一年八月
杜光塤			見前	社會科學教授	十九年九月
宋君復		浙江紹興	美國可培大學理科學士及春田大學體專畢業滬大體育主任東北大學教授北平師大講師	體育授教	二十一年九月
高梓	仰喬	安徽貴池	美國威斯康辛大學體育科畢業北平女高師上海女體師教授北平女大及女子文理學院體育系主任	體育教授	二十一年八月
游國恩	澤承	江西臨川	國立北大文學系畢業國立武大專任講師	中國文學系講師	二十年九月

沈從文		湖南鳳凰	上海吳淞中國公學文學系講師	中國文學系講師	二十年八月
袁振英	振瀛	廣東東莞	香港皇仁大書院北大文科畢業法國里昂大學研究院畢業廣大教授中大教授社會學系主任暨大教授	外國文學系講師	二十一年九月
宋鴻哲	智齋	河南杞縣	河南大學數學副教授	數學系講師	二十年六月
李先正	保衡	湖北鍾祥	國立武昌師大畢業日本文理科大學留學	數學系講師	二十一年八月
王　普	貫三	山東沂水	北京大學理學士北京大學物理系助教中央研究院物理研究所助理研究員北平研究院助理研究員	物理學系講師	十九年九月
郭貽誠	式穀	河北武清	國立北大理學士北平中法大學物理講師	物理學系講師	二十年八月
王祖蔭	竹村	河北高陽	日本高工應用化學科卒業英國伯瑞斯特大學理學碩士	化學系講師	廿一年十二月
秦素美		山東安邱	國立中大理學士國立清華大學生物學系助教	生物學系講師	十九年八月
沙鳳護		江蘇宜興	南京金大農學士金大植物學系助教	生物學系講師	二十年九月
鄧　初			見前	外國文學系兼任講師	二十年九月
孫方錫	卓泉	青島	德國習崖那大學理科博士	外國文學系兼任講師	二十年九月
張金梁	紫宇	山東平度	德國哈來大學理科博士	外國文學系兼任講師	二十年九月
譚玉峯	希犖	山東濰縣	中德合辦大學畢業開封留歐學校教員同濟大學教員青島電話局科長主任商埠局股長秘書	外國文學系兼任講師	二十一年十月

職教員錄

科治瑪		德國	德國國民學校畢業美國機械師德國海軍供職青島禮賢中學教員	外國文學系兼任講師	廿一年十一月
王應偉	碩甫	江蘇吳縣	北平師大工大教員	數學系兼任講師	二十一年九月
叢汝珠	翼之	山東文登	日本早稻田大學商科畢業山東法專教務主任兼教員省立山大政經系主任兼法科教授	社會科學兼任講師	二十一年四月
鄭成坤		福建思明	燕京大學碩士	外國文學系教員	二十一年八月
戴自修	師正	雲南	中央軍校軍官研究班畢業革命軍第一軍十四師四十二團上尉副官特務連連長少校參謀特務營營長新編第十師少校機關槍連連長	軍事教官	十九年十二月
譚紉就		廣東新會	燕京大學畢業	外國文學系助教	二十年八月
薛兆旺	盛齋	山東陽穀	北大物理系畢業北平研究院物理研究所助理員	物理學系助教	二十一年九月
黎書常	季武	湖南瀏陽	北大理學士北平研究院理化部助理研究員	化學系助教	二十年二月
傅寶瑞	子玉	遼寧金縣	東北大學體專畢業	體育助教兼訓育指導員	二十一年九月
關匡漢		貴州貴陽	貴州陸軍講武學校及中央軍官學校憲兵科畢業革命軍第十師二十九旅五十八團機關槍連連長	軍事助教	二十年九月
劉君毅		四川仁壽	中央軍校軍官研究班畢業革命軍連營長少校副官上海公安局科員	軍事助教	二十年十月
祕道生		河北故城	山東武術教育講習所畢業鄉師國術團主任青島國術館辦事員	國術教師	廿一年十二月

學生姓名錄

中國文學系

二年級

學號	姓名	性別	籍貫	通訊處	備註
二三一七二	李長翼	男	湖南岳陽	岳州觀音閣街李萬興號轉	
二三一七六	李繁誾	男	江蘇蕭縣	徐州隴海路黃口東站信昌永轉	
二三一九八	劉位鈞	男	山東滕縣	滕縣杏花村	
二三二〇七	馬曰珠	男	山東陵縣	陵縣馬家集	休學
二三二一六	帥鴻勳	男	江西臨川	臨川羅針墟衛生堂	
二四〇〇六	張盛元	男	山東無棣	無棣城東哈喇莊	
二四〇一二	趙殿誥	男	山東章邱	膠濟鐵路郭店轉唐冶莊	
二四〇一五	劉培譽	男	山東陽穀	陽穀石家海	
二四〇一六	舒連景	男	山東聊城	聊城西北閣覺寺轉張舒莊	
二四〇一八	弓英德	男	山東觀城	觀城弓家莊	
二四〇一九	徐連彭	男	山東濰縣	濰縣寒亭鎮	

学生姓名録

二四〇四一	牛星垣	男	山東高密	高密景芝鎮東花市豐順號轉前屯
二四〇五五	李蔭芥	男	江蘇碭山	江蘇豐縣楊恒記收轉
二四〇五九	張樹芬	男	山東歷城	濟南南關佛山街五二號
二四〇六一	李鑑銘	男	山東壽光	山東昌樂稻田轉丁家樓
二四〇七六	鄭慕雍	男	山東鄆城	鄆城縣西二十里樊大樓
二四〇七七	王學易	男	山東菏澤	山東曹州城內廣生街二三號
二四〇八二	楊雲青	男	山東泰安	泰安靈芝街
二四〇八九	魏興南	男	山東禹城	禹城縣西南辛寨街轉魏家寨
二四〇九三	張震澤	男	山東長清	長清城南黑峪街
二四〇九五	張逢吉	男	山東滋陽	滋陽城西大家村
二四〇九八	張兆鳳	男	山東恩縣	山東泰安南關茂盛棧房
二四〇九九	張正坤	女	河南固始	固始分水亭柯家樓
二四一〇八	韓連珙	男	山東安邱	安邱韓家後
二四一一八	譚慶傳	男	山東博山	博山縣城東西石門莊
二四一三三	繆芸萃	女	山東歷城	濟南南關順成街三號
二四一三七	湯汝媛	女	雲南昆陽	雲南昆明四吉堆豆腐巷五號

一七八

二四 一四二	丁霈詳	男	山東日照	日照濤雒鎮燕貽堂	
二四 一四三	韓世遠	男	山東安邱	安邱南關裕泰號	
二四 一四五	石允暐	男	山東肥城	肥城南門外協和源	

三年級

學號	姓名	性別	籍貫	通訊處	備註
二三 一〇一	艾悅沺	男	山東濟陽	濟南西門裏小蒼街十六號單公館	休學
二三 一二五	鄭永清	男	山東東阿	東阿西南張秋鎮東鄭三里莊	休學
二三 一二九	周秉坦	男	山東歷城	濟南乾健門裏街四號	休學
二三 一四七	徐蘭田	男	山東泗水	泗水縣南苗館	
二三 一四九	許星園	男	山東蒲台	山東廣饒史家口轉許家莊	
二三 一五一	薛傳泗	男	山東東阿	東阿西南西汪村福盛全號轉蔡家窩莊	
二三 一五四	黃樹棟	男	山東滕縣	滕縣城裏文廟西	休學
二三 一五九	冉昭德	男	山東曹縣	曹縣後街冉寓	
二三 一六〇	冉繁琨	男	山東歷城	濟南普利門裏券門巷十號	休學
二三 一六七	耿錫典	男	山東濰縣	濰縣壩崖北頭公興祥號	
二三 一七三	李致祥	男	山東桓台	山東周村大街福順號	休學

學生姓名録　一八〇

二三	一七七	李符中	男	山東諸城	諸城西南門裏司馬坊西敦樸堂	
二三	一七九	李桂生	男	山東萊蕪	萊蕪縣東關鼎新書社	
二三	一八八	羅秀荷	女	廣東中山	青島觀海路十四號張敦禮堂	
二三	一九四	劉汝藩	男	山東沂水	山東益都南馬站轉	休學
二三	一九九	劉裕坤	男	山東昌樂	濰縣大柳樹鎮轉四泉莊	
二三	二〇一	呂漢鎔	男	山東莒縣	莒縣呂家閭西保和堂	休學
二三	二〇四	馬仲博	男	山東泰安	泰安縣夏張鎮	休學
二三	二〇六	馬維新	男	山東歷城	濟南西關石棚街二十二號	
二三	二一〇	龐澤波	男	廣東南海	青島中山路一一〇號	
二三	二三〇	丁觀海	男	山東日照	日照濤雒鎮前欲仁堂	
二三	二三五	臧瑗望	男	山東諸城	諸城建設局臧受田轉	
二三	二四一	曾發鈿	男	江西贛縣	贛縣第十區南塘墟王永春齋轉三溪村曾萬利號	
二三	二四四	崔連才	男	山東泰安	泰安城内福盛永布莊	
二三	二五一	王懋善	男	山東淄川	淄川城裏義興厚	
二三	二五三	王寶善	男	山東淄川	淄川城裏義興厚	
二三	二六四	魏景泰	男	山東高密	高密西關天增泰轉	

二三二七〇	吳樂梅	男	山東泰安	泰安城東邱家店轉崔家莊	休學
二三二八三	曹逸峯	女	河南固始	河南潢川縣北城大街	休學
二三二八五	王德箴	女	江蘇沛縣	沛縣隆泉煙莊轉	

外國文學系

二年級

學號	姓名	性別	籍貫	通訊處	備註
二四〇〇四	潘允文	男	河南郾城	郾城西南楊店四知堂藥舖轉	
二四〇一四	柳乃瑞	男	山東昌邑	昌邑卜莊街轉柳家莊	
二四〇二一	李子駿	男	山東臨清	臨清武訓小學轉	
二四〇二八	呂少恒	男	山東平原	平原城內十字街北許宅轉	
二四〇二九	李應明	男	山東蓬萊	蓬萊城東沙河大李家	
二四〇三〇	李世昌	男	山東泰安	泰安城南滿莊轉水泉莊	
二四〇四六	周文正	男	山東菏澤	菏澤閻什口	
二四〇八六	田玉山	男	山東歷城	濟南城西鄉西八里窪莊	
二四〇八七	魏振德	男	山東壽光	山東青州西皇城六號	
二四〇八八	李愷中	男	山東恩縣	恩縣城內義和堂藥店轉見馬莊	

學生姓名錄

學號		姓名	性別	籍貫	通訊處	備註
二四	〇九〇	王德懋	男	江蘇江寧	濟南高祥后十七號	
二四	〇九一	李　瑚	男	山東利津	濟南蕃安巷六號	
二四	〇九二	紀澤長	男	山東利津	濟南城內按察司街三十八號	
二四	一一一	郭良才	男	山西定襄	北平南城京報館轉	
二四	一一二	馬連均	男	山東益都	山東青州白衣庵街馬寓	
二四	一一五	韓　朋	男	山東泰安	泰安城內關帝廟街十九號	
二四	一〇九	梁興義	男	山東嘉祥	嘉祥城南梁家山	
二四	一二〇	齊東野	男	安徽桐城	安徽安慶孔城	
二四	一二七	宋默庵	男	山東臨清	臨清會通街裕品齋轉	
二四	一三五	唐月萱	女	安徽涇縣	安徽安慶蓄水池二十七號	
二四	一四六	黃冠羣	男	江蘇南通	南通小海鎮南	

三年級

學號		姓名	性別	籍貫	通訊處	備註
二三	一一〇	張淑齊	女	廣東東莞	青島台東鎮平定路六號	
二三	一二六	周　陵	男	山東聊城	山東東昌東北口	休學
二三	一三五	獁冷光	男	吉林濱江	哈爾濱道外中五道街二五號	

一八二

二三一三九	韓國棟	男	江西臨川	臨川展屏圩如蘭生雜貨號	
二三一六四	任於錫	男	山東長清	濟南緯一路北首路東三九〇號	
二三一六六	高鴻翥	男	山東諸城	青島福建路居易里	
二三一七八	李香亭	男	山東高唐	高唐城西李哥莊	
二三一八一	李實謌	男	山東清平	山東臨清后鋪葉宅轉	
二三一八九	劉飭浦	男	山東平度	平度西南鄉周戈莊轉劉家小莊	
二三二一三	彭麗天	男	廣東興甯	廣東汕頭興甯崗新興展	休學
二三二二九	丁金相	女	山東日照	日照濤雒鎮敬修堂	
二三二三三	蔡文顯	男	江西金谿	江西滸灣茂績米莊	
二三二四〇	戚榮晉	男	湖北沔陽	青島平原路新一號	
二三二七九	梁繡琴	女	浙江杭縣	北平東城大取燈胡同一號	

數理學系

一年級

學號	姓名	性別	籍貫	通訊處	備註
二五〇〇二	郝鍾珊	男	河北定縣	定縣城內公益錢局	

學生姓名錄

二五〇一四	劉學英	男	山東泰安	泰安城裏同蚨昌號	
二五〇一五	陳同新	男	河北慶雲	慶雲陳莊	
二五〇二〇	劉仁厚	男	江西南昌	南昌中山馬路三六號	
二五〇二一	梁邦傑	男	江西新建	江西南昌南海行宮十號	
二五〇二八	李　銘	男	河南內黃	內黃楚旺鎮西南街	
二五〇三二	劉智白	女	山東高苑	高苑武劉莊益和誠	
二五〇三四	郭用嫂	男	山東維縣	維縣城內郭宅街西首	
二五〇四六	朱延藹	男	山東昌邑	膠濟鐵路岞山郵局轉北孟永升泰	
二五〇五六	蔡維周	男	河南舞陽	河南郾城大新店後蔡	

二年級

學號	姓名	性別	籍貫	通訊處	備註
二四〇一三	丁振成	男	江蘇宜興	開封後敦經胡同二號	
二四〇三三	曹吉豫	男	吉林永吉	吉林省城新開門內維新街善宅	
二四〇三七	張麟閣	男	吉林永吉	永吉斯美香	
二四〇三九	俎祥麟	男	山東惠民	惠民縣塖場王家	
二四〇四七	俞啓威	男	江蘇江都	南京西華門頭條巷三一號	

二四〇四九	黃啓明	男	江西崇仁	江西臨川上頓渡轉交連城圩壽仁堂
二四〇五四	方敦孝	男	江蘇豐縣	豐縣建設局
二四〇六二	于修文	男	山東昌邑	膠濟鐵路岞山站轉西下灣
二四〇六七	張培元	男	山東汶上	汶上城內塘子街
二四〇六九	王金印	男	山東高唐	高唐城北五里舖
二四〇七〇	金有巽	男	山東德縣	德縣西關米市街
二四〇七四	牛振義	男	河南安陽	河南彰德恒茂永
二四〇八一	楊哲夫	男	雲南思茅	雲南府富春街通濟庵三號
二四〇九四	楊有楙	男	山東歷城	濟南新東門外七家村
二四〇九六	王熙強	男	山東安邱	安邱平原交牛沐兩益堂轉賈孟店子
二四一一三	李重祿	男	河北高邑	高邑縣車站復興成轉
二四一一四	李復初	男	河北滿城	吉林長春三馬路陶家胡同十號
二四一一七	趙懷亮	男	山東益都	益都城東鄭母郵局轉營子莊
二四一一九	高翔翎	男	遼甯遼陽	遼陽貰棚胡同高宅
二四一三二	吳蘭橋	男	山東博平	博平城東北吳楊二莊
二四一三六	黃家器	男	廣東澄海	廣東汕頭澄海三妃宮振祖祠

學生姓名錄

二四	一四七	陳傳勤	男	河南杞縣	開封柴火市三十四號	

三年級

學	號	姓名	性別	籍貫	通訊號	備註
二三	一六〇	張恒升	男	山東濰縣	濰縣北高里街郵局轉河南莊	
二三	一一六	江　煥	男	江西金溪	金溪滸灣前書街祥大轉江坊村	
二三	一二二	陳和均	男	山東魚台	濟南閣公祠街二十號	
二三	一四〇	韓寶珍	男	河北靜海	青島甘肅路十五號	
二三	一四八	許振儒	男	河南洛陽	洛陽南鄉司馬街	
二三	一六一	任國棟	男	山東臨沂	臨沂貞茂永號轉古城村	
二三	一九一	劉紀瑞	男	山東武城	武城子游廟	
二三	二〇二	路丕泉	男	山東泰安	泰安西南鄉安駕莊維新書局	
二三	二二二	談錫珊	男	湖南長沙	長沙沙河街十一號	
二三	二三六	曹金銘	男	山東鉅野	鉅野城內徐家街九號	休學
二三	二三八	曹信忱	男	山東高密	膠濟鐵路岞山站轉曹家	
二三	二五六	王壽衡	男	山東濰縣	濰縣城內增福街二十號	
二三	二六二	王聿相	男	山東費縣	山東臨沂西鄉義堂鎮轉東墠莊	

国立山东大学教职员录

（民国二十四年十二月国立山东大学油印本）

國立山東大學教職員錄

民國二十四年十二月印

職務	姓名	別號	性別	年齡	籍貫	任職年月	住址
校長	趙畸	太侔	男	四六	山東	二十一年十月	榮成路二十六號
助教兼校長室秘書	郭宣霖	雨林	男	三一	福建福安	二十年九月	齊東路五十七號
教務長	杜光塤	毅伯	男	三五	山東聊城	二十一年十月	齊東路二十八號
註冊課主任	張瑞鶯	紫離	男	三五	山東昌邑	二十三年八月	信號山路十三號
事務員	王壽之		男	三九	山東濰縣	二十年三月	萊蕪二路十五號
事務員	王經綸	子綍	男	三四	山東廣饒	二十二年二月	曹縣路芳園樓
書記	姜峻山		男	四四	山東平度	十九年六月	黃台路五十一號
書記	陳塏	伯昂	男	四二	山東歷城	十八年六月	第十三校舍
體育部主任	宋君復		男	三八	浙江紹興	二十一年九月	大學路五十號
助教	傅寶瑞	子玉	男	二八	遼寧金縣	二十一年九月	大學路五十號
助教	楊鍾秀		男	二五	河北武清	二十二年十二月	大學路四十八號
主任軍事教官	王文元	星魁	男	三二	山東臨邑	二十三年九月	大學路五十號

軍事教官	胡建	子敬	男	二九	湖南澧縣	二十三年九月	大學路四十八号
圖書館主任	胡文玉	鳴盛	男	四九	湖北應城	二十四年八月	第三校舍
事務員	陳頌	善堅	女	二八	湖南長沙	二十年九月	大學路二十六号
事務員	由繼系		男	三二	山東蓬萊	十九年五月	第三校舍
事務員	石誌華		女	二六	安徽壽縣	二十二年十一月	第三校舍
助理員	羅鳳翔		女	二六	廣東新會	十九年三月	湛山大路市中教職員住宅
助理員	薛孝儒		男	二九	北平	二十年一月	第十二校舍
助理員	王靜君		女	二六	山東諸城	二十二年七月	第三校舍
書記	聶少堂		男	四一	山東濟寧	十九年十二月	雲南路同興里六号
書記	張厚佩		女	二七	江蘇青浦	二十一年二月	第三校舍
書記	宋漢池		男	二四	湖男永綏	二十一年十一月	第十二校舍
書記	陳叔文		男	二六	山東諸城	二十二年九月	第十三校舍
秘書長	皮松雲	達吾	男	四〇	湖北枝江	二十三年一月	觀海二路五十一号

事務課主任	孟禮先		男	三九	山東安邱	十八年六月	信號山路十六號
事務員	王志軒		男	三五	山東益都	十八年六月	第十三校舍
事務員	宋錫波	榮甫	男	四二	山東城武	十八年十月	齊東路五十七号
事務員	王廼棟	雲甫	男	三八	山東諸城	二十二年七月	信號山路十六号
助理員	吳同倫		男	二五	河北大興	十九年十一月	齊東路五十七号
助理員	趙和生		男	三五	山東益都	二十年三月	信號山路十三号
書記	趙春霆	東垣	男	五五	山東益都	二十年九月	齊東路五十七号
會計課主任	劉本釗	康甫	男	四二	山東	二十年五月	黄縣路七号
事務員	劉芳椿	壽玄	男	三七	山東蓬萊	二十年十月	黄台路五十一號
事務員	劉景秀	東渤	男	二七	山東海陽	二十三年十一月	第三校舍
助理員	郜磊厂	仲黼	男	三二	山東歷城	十九年九月	常州路十一号
書記	竇金城	子長	男	四二	山東歷城	十九年十二月	第十二校舍
書記	陳宗濤	仲文	男	二三	山東福山	二十一年十二月	黄台路五十一号

兼出版課主任	劉本釗			見		前	
事務員	鄧以從		男	三二	安徽懷寧	二十年五月	第三校舍
助理員	杜原田	每坡	男	四三	山東廣饒	十八年六月	大學路五十六号
書記	阮行熙	畏三	男	三二	江蘇金山	二十年一月	第十二校舍
書記	李象東		男	二九	山東臨淄	二十年十月	黄台路五十一号
書記	邰式鑾	鳴世	男	二六	山東文登	二十年十月	壽張路復順里十五号
書記	阮介人		男	二三	山東蓬萊	二十四年八月	第三校舍
書記	王叔沂		男	二八	山東諸城	二十三年十月	第十二校舍
文牘課事務員	鍾季翔		男	五一	山東益都	二十四年九月	第三校舍
助理員	李慶三		男	三二	山東堂邑	十九年九月	東鎮郭路福和里九号
書記	胡錫侯		男	四三	山東益都	十九年十一月	興隆三路四十七号
校醫室主任	鄧初	仲純	男	四七	安徽懷寧	十九年八月	龍江路四号
助理員	華瓘	幼琳	女	三〇	江蘇江都	二十年九月	第三校舍

農學院事務員	李嗣濤		男	三三	山東泰安	十九年四月	濟南農學院
助理員	張崇志	尚之	男	二七	山東菏澤	二十三年七月	濟南農學院
助理員	周隆才	華甫	男	三二	山東朝城	二十三年一月	濟南農學院
助理員	趙子政	幼芳	男	二五	浙江紹興	二十三年一月	濟南農學院

文理學院院長	黃際遇	任初	男	五一	廣東澄海	十九年五月	第八校舍
中国文學系教授兼主任	張煦	怡蓀	男	四一	四川蓬安	二十一年九月	信號山路一七号
教授	聞宥	在宥	男	三五	江蘇松江	二十四年八月	萊蕪二路上海新村五号
教授	姜忠奎	叔明	男	三九	山東榮成	二十一年八月	本年因病休假
教授	游國恩	澤承	男	三六	江西臨川	二十年九月	萊蕪一路四十八号
教授	舒舍予		男	三八	北平市	二十三年九月	金口二路十七號
教授	胡鳴盛	文玉	男	四九	湖北應城	二十四年八月	第三校舍
講師	彭仲鐸	啸咸	男	四〇	湖南寧鄉	二十二年九月	第八校舍
講師	蕭滌非		男	三〇	江西臨川	二十二年八月	無棣四路甲二号
兼任講師	羅玉君		女	二八	四川岳池	二十四年十月	信號山路十七號
助教	賀祖羲	華予	男	三三	湖南攸縣	二十二年九月	第八校舍
外国文學系教授兼主任	洪深	淺哉	男	四二	江蘇武進	二十三年八月	萊蕪二路上海新村六号
教授	李茂祥	公瑞	男	三九	廣東清遠	二十三年二月	第三校舍

教授	蔣步誒		男	三八	浙江杭縣	二十年八月	登州路十号
教授	葛其婉	M.Sr.ggwang	女	三四	德国漢堡	二十三年八月	萊陽路十二号
講師	水天同		男	二六	甘肅榆中	二十三年九月	大学路三十六号
講師	王國華	哲安	男	四九	浙江寧海	二十二年九月	第八校舍
講師	朱傳霖	雨澗	男	三八	江蘇武進	二十四年十月	第八校舍
講師	周學普	啟明	男	三六	浙江嵊縣	二十三年八月	第三校舍
數學系教授兼代主任	李達	仲衡	男	二八	湖南平江	二十三年八月	萊蕪二路上海新村十四号
教授	黃際遇	任初	男	五一	廣東澄海	十九年五月	第八校舍
教授	陳傳璋	球如	男	三一	安徽懷寧	二十四年八月	第三校舍
講師	李先正	保衡	男	三七	湖北鍾祥	二十一年八月	萊蕪路四十八号
講師	宋鴻哲	智齋	男	三三	河南杞縣	二十年六月	大學路四十号
講師	李蕃	鋭夫	男	三一	浙江平陽	二十四年八月	第三校舍
助教	王熙强		男	二五	山東安邱	二十四年八月	第三校舍

物理系教授兼主任	王恒守	詠聲	男	三四	浙江海寧	二十一年八月	齊東路十五号
教授	王淦昌		男	二八	江蘇常熟	二十三年三月	第八校舍
教授	李珩	曉舫	男	三六	四川成都	二十二年十月	信号山路十七号
教授	何增祿		男	三六	浙江諸暨	二十四年九月	龍江路十九号
教授	鄭衍芬	涵清	男	三七	浙江慈谿	二十四年十月	本年上學期上海大同大學借聘半年
兼任教授	蔣丙然	右滄	男	五三	福建閩侯	二十三年九月	觀象台
講師	王普	貫三	男	三五	山東沂水	十九年九月	休假
講師	郭貽誠	式穀	男	三一	河北武清	二十年八月	第三校舍
講師	費爾	K.PFEIL	男	三三	德國	二十四年二月	廣西路二十八号
兼任教員	劉朝陽		男	三七	浙江義烏	二十四年九月	觀象台
兼任教員	薛鍾彝	叙倫	男	三五	江蘇興化	二十四年九月	觀象台
助教	許振儒	式衡	男	二四	河南洛陽	二十三年九月	第三校舍
助教	斯何晚		男	二六	浙江諸暨	二十四年八月	第三校舍

助教	金有巽	仲繹	男	二二	山東德縣	二十四年八月	第三校舍
助教	楊有楙	幼泉	男	二四	山東歷城	二十四年八月	第三校舍
化學系教授兼主任	湯騰漢		男	三五	福建	十九年八月	本年休假
教授	陳之霖		男	三乂	浙江新昌	二十三年八月	龍江路十九號
教授	邵德輝		男	三〇	江西都昌	二十四年九月	萊陽路十号
講師	石坦因	G. STEIN	男	三一	德国杜勒司蘭	二十三年八月	第三校舍
講師	王祖蔭	竹村	男	三二	河北高陽	二十一年十二月	信号山路十三号
講師	王文中		男	三四	河北蠡縣	二十三年八月	魚山路十五号
助教	葛春林		男	二九	江蘇溧陽	二十四年八月	第八校舍
助教	王葆華	春圃	男	二乂	山東禹城	二十三年九月	第三校舍
助教	句福長		男	二三	遼寧遼中	二十四年八月	第三校舍
助教	郭質良		男	二四	遼寧遼陽	二十四年八月	第三校舍
生物系教授兼主任	林紹文	元清	男	二九	福建龍溪	二十四年六月	萊蕪二路上海新村九号

教授	童第周	蔚孫	男	三四	浙江鄞縣	二十三年九月	信號山路十三號
講師	李素英	淑媛	女	二九	山東安邱	十九年八月	齊東路十五號
講師	曾呈奎	澤農	男	二七	福建廈門	二十四年八月	第八校舍
兼任講師	張愷	樂亭	男	四九	山東長山	二十四年三月	農林事務所
助教	高哲生		男	二六	山東沂水	二十三年九月	第三校舍
助教	何均	子平	男	二七	河南新安	二十三年九月	第三校舍
助教	閻有訓		男	二四	河南睢縣	二十三年九月	第三校舍
助教	莊孝德		男	二二	山東莒縣	二十四年八月	第三校舍
助理員	廖雪琴	伯梅	男	三三	廣東番禺	二十一年四月	第十二校舍
土木工程系教授	余立基		男	四一	安徽來安	二十四年九月	第三校舍
教授	吳柳生	維藩	男	三一	浙江東陽	二十三年九月	信號山路十一號
教授	蕭津	季和	男	三二	山東聊城	二十四年八月	第三校舍
講師	耿承	式之	男	三五	江蘇上海	二十四年二月	第三校舍

兼任講師	卜其爾	W. Boettcher	男	五〇	德国柏林	二十四年十月	港務局
助教	湯瑞鈞	子超	男	二八	江蘇溧陽	二十四年一月	第三校舍
助教	瞿吉全	子才	男	二八	河北行唐	二十三年十二月	第八校舍
機械工程系教授兼主任	周承佑		男	三四	江蘇江寧	二十二年八月	萊蕪二路二十三号
教授	張闓駿	急樵	男	三四	江西九江	二十二年九月	萊蕪二路二十号
教授	伊格爾	M. Igel	男	五五	德国	二十四年九月	金口一路九号
教授	金輅章	苕生	男	三七	江蘇嘉定	二十四年一月	龍江路十五号
講師	李良訓		男	三〇	山東濰縣	二十四年九月	第三校舍
助教	趙仲敏		男	二八	浙江諸暨	二十二年九月	大學路四十八号
助教	劉時蔭		男	二三	湖南益陽	二十四年八月	信号山路十一号
工場管理員	周旭東		男	三四	河北高陽	二十四年八月	第三校舍
農學院助教	劉萃傑	英甫	男	二六	山東菏澤	二十四年八月	暫住第三校舍

中華民國廿五年五月拾五日收到